COMO COMUNICAR-SE COM OS ANJOS

Um guia prático para entrar em contato com os espíritos celestes

Jane M. Howard

COMO COMUNICAR-SE COM OS ANJOS

Um guia prático para entrar em contato com os espíritos celestes

Tradução
RODOLPHO EDUARDO KRESTAN

Ilustrações
CRIS ARBO

EDITORA CULTRIX
SÃO PAULO

Título do original:
Commune with the Angels
A Heavenly Handbook

Edição	Ano
1-2-3-4-5-6-7-8-9	96-97-98-99

Impresso em nossas oficinas gráficas.

Este livro é dedicado à
Presença Angélica
que existe dentro de cada um de nós.
Que os leitores deste livro
sejam inspirados a abrir suas asas...
E A VOAR!

J.M.H.

Confiamos na procissão alada
dos anjos que vêm e que vão,
legião após legião, com passos cadenciados,
vestidos de luz.

Emily Dickinson

Sumário

Introdução

Acredito que estamos ingressando, na Terra, num novo período de iluminação em que os mistérios de Deus finalmente estão sendo revelados. Estamos começando a lembrar como era no início, antes da queda da humanidade.

Uma das maiores tragédias da nossa "queda" no caos de pensamentos e sentimentos desclassificados está no fato de termos criado o véu da ilusão que nos impediu de sermos capazes de comungar conscientemente com o reino angélico. Agora, com esse novo despertar, uma de nossas maiores alegrias será o fato de podermos novamente nos lembrar desses altruístas servidores de luz. O livro inspirador, oportuno e de grande ajuda escrito por Jane Howard amplia a nossa memória por meio de experiências palpáveis e de instrumentos que irão acelerar nossa habilidade de voltarmos a comungar com essas presenças angélicas que servem às correntes de vida na Terra.

Os anjos são servidores altruístas e desinteressados de Deus; para eles é uma oportunidade e uma alegria ajudar na Terra as pessoas que procuram se libertar da perda do contato com Deus.

Sem jamais falhar, os anjos respondem às preces e aos pedidos de toda a humanidade. Eles são alertados no momento em que o nosso coração se manifesta, quando um silencioso "que Deus me ajude" surge na nossa consciência. Nesse momento, dependendo das nossas necessidades, um ou mais anjos são enviados aos campos de nossas auras para nos trazer graça e assistência.

Os anjos são mensageiros de Deus, mas o serviço que prestam à humanidade não é bem compreendido. Existe uma lei cósmica imutável que exige que o pedido de ajuda venha da oitava de consciência na qual a ajuda é necessária. Além disso, essa lei leva em consideração o nosso dom do livre-arbítrio. Isso significa que o reino angélico não pode intervir na nossa vida a não ser que façamos um pedido nesse sentido. Depois, feito o pedido, a radiação, a presença e o poder retornam pela mesma corrente desse pedido, de acordo com as necessidades do momento.

Os anjos residem na atmosfera da Terra. Eles estão sempre vigilantes para perceberem o lampejo de luz que equivale a um pedido de S.O.S. enviado da humanidade para os reinos celestes. A necessidade é avaliada e depois a missão é encaminhada para aqueles anjos suficientemente treinados para terem no seu "mundo de sentimentos" a qualidade particular de radiação necessária para atender à prece. Essa qualidade estimula uma chama de conscientização dentro do coração da pessoa que faz o pedido. Na medida em que essa chama é acesa pela qualidade requerida junto à legião angélica, a pessoa passa a ser capaz de atrair a resposta para a sua oração. E a resposta sempre virá, dependendo da nossa disposição em aceitá-la.

É por meio da experiência que os anjos crescem, se desenvolvem e descobrem a alegria que encontram nos serviços que prestam. Eles até têm a permissão de testemunhar as mudanças da nossa consciência que ocorrem quando somos agraciados com as suas bênçãos. A felicidade e a alegria que brilham nos olhos deles quando vêem nossas transformações são um belo espetáculo. Eles vêem como nossas formas encurvadas se tornam eretas e como a nossa consciência sem esperanças se enche de fé. Eles retornam aos reinos da perfeição, energizados com o entusiasmo e com um ardente desejo de retornar à Terra, para ajudar mais e mais vezes, até que nada reste na vida exigindo ajuda, além da chama da divindade que arde no nosso coração.

A verdade contida nas páginas deste livro maravilhoso irá acender no seu interior uma gloriosa memória de um tempo muito remoto, quando os anjos eram nossos amorosos co-servidores. Ela também irá abrir a porta da oportunidade que lhe permitirá renovar essas abençoadas amizades. Divirta-se!

Seja bem-vindo no retorno ao lar,
Patricia Diane Cota-Robles

Prefácio

Há muitos anos, vivo minha vida diária sabendo que uma mão invisível está sendo estendida para me orientar e proteger. Já senti a energia de um par invisível de asas me envolvendo em amor quando mais necessitava disso. Desde os 11 anos de vida, sei que tenho um Anjo da Guarda, que é meu companheiro constante.

Também sei há muitos anos que todas as pessoas vivas têm um Anjo da Guarda e sei que você também tem um. Acredito que o principal motivo pelo qual você está lendo este livro é o fato de ter se sentido atraído pelos anjos e agora quer saber como deve fazer para poder sentir-lhes melhor a presença em sua vida. Se você já teve encontros com os anjos, é possível que esteja procurando meios de aprofundar e expandir essas experiências, exatamente como tantas outras pessoas já fizeram.

Como é que eu sei que existem anjos na minha vida? Porque, depois de anos de experiências de primeira mão, eu os transformei numa parte indispensável da minha vida. No meu caso, desenvolvi o dom de ser capaz de vê-los e de ouvi-los. É incomum, concordo; mas não é nada que você não possa conseguir também com uma boa dose de treino.

Quando eu era uma garota que crescia numa propriedade rural no interior do Estado de Maryland, as crianças da minha idade com as quais eu podia brincar eram muito poucas. E, assim, comecei a inventar amigos imaginários. No entanto, à medida que ia crescendo espiritualmente, esse fascínio pelos companheiros inventados evoluiu e se transformou numa amizade com seres angélicos que, apesar de serem invisíveis para muitos olhos humanos, se tornaram visíveis para mim nos meus anos de pré-adolescência. Minha disposição em ver o invisível abriu a porta para o reino angélico e encheu minha vida com visões, sons, encontros e beleza gloriosos.

Nos serviços religiosos e na escola dominical da igreja metodista, que minha família freqüentava, aprendi que era filha de Deus. Muitas crianças aprendem isso, mas eu *sabia* por instinto, desde muito pequena, que era amada e protegida por Deus e pelas legiões celestiais. Eu também sentia que tinha um relacionamento íntimo e muito forte com Jesus, mas foi somente depois de adulta que compreendi inteiramente a minha ligação com Deus e, principalmente, com os anjos. E foi mais tarde ainda que compreendi o fato de que muitas pessoas têm uma grande sede interior de conhecê-los melhor. Por causa dessa constatação, acabei dedicando minha vida a ensinar os outros a respeito do reino angélico e do amor que Deus tem por todos nós. Estou comungando com os anjos desde então — e você também pode fazer exatamente o mesmo.

Durante a elaboração deste livro, surpreendi-me refletindo a respeito do relacionamento que tenho hoje com os anjos e constatei que me é difícil lembrar uma época em que não tivesse ouvido as mensagens deles. Durante os anos da adolescência, minhas experiências se ampliaram, mas continuavam sendo interiores. Foi somente perto dos 30 anos que me foi dada a inspiração do que fazer com o meu dom.

Minha "chamada para o despertar" veio de Deus enquanto eu estava passando uma temporada de férias em Nova Jersey. Eu estava fazendo compras num *shopping*, quando encontrei uma espécie de "feira mística". Num impulso, decidi fazer uma consulta com uma numerologista. Escolhi uma minissessão de quinze minutos; é importante acrescentar que até então eu nunca tinha feito nenhum tipo de consulta mediúnica ou intuitiva.

A mulher ficou falando comigo durante uma hora inteira. Em diversas formulações, ela ficou repetindo sempre a mesma mensagem: "Não foi por mera coincidência que você veio a esta consulta. Você está prestes a passar por um momento em que um mundo inteiramente novo se abrirá para você. É importante que você reflita muito bem a respeito do que quer aprender; e você também deveria pensar muito bem a respeito do que quer *saber*. Os mestres e professores estão prontos para aparecer. As portas estão prestes a se abrir."

Essa consulta acabou se transformando numa das experiências mais transformadoras da minha vida. Surpreendentemente, essa mulher mencionou características e detalhes dos quais eu nada sabia, mas que minha mãe depois confirmou. Lembro-me de que, refletindo sobre as palavras dela, eu ficava pensando comigo mesma: "O que eu realmente gostaria de saber é como ela conseguiu dizer tudo isso!"

Imediatamente, lancei-me num currículo de estudos que pudesse me apresentar à maior quantidade possível de instrumentos espirituais. Com grande voracidade dediquei-me ao estudo da numerologia, da quiromancia, do tarô, do I Ching e de inúmeras outras modalidades. Também me esforcei muito para desenvolver minhas capacidades intuitivas. Quanto mais aprendia, mais aumentava minha curiosidade a respeito de mim mesma e dos mistérios da vida. Matriculei-me em todos os cursos imagináveis, desde desenvolvimento e canalização psíquica até evolução mediúnica. Eu queria fazer todos os cursos, ler todos os livros, ouvir todas as fitas gravadas que pudessem, de algum modo, contribuir para o meu crescimento espiritual. Durante esse período, interessei-me pelas doutrinas dos rosacruzes, dos martinianos e até mesmo dos maias.

Foi também nessa época que ingressei na Associação de Pesquisas e Iluminação (Association for Research and Enlightenment), uma das organizações mais sensatas do setor, dedicada às informações contidas nas impressionantes leituras psíquicas feitas por Edgar Cayce. Nos meus vários estudos espirituais, constatei que minha ligação com a A.P.I. teve um valor incalculável, pois me permitia o acesso pelo correio à grande biblioteca da Associação. Usei muitas das leituras de Cayce ao pesquisar o tema dos anjos para palestras e grupos de trabalho e também inclui algumas das mais pertinentes neste livro.

Apesar de todos os assuntos que pesquisei durante os anos em que queria ampliar meus conhecimentos, sempre quis aprender mais a respeito dos anjos. Nas décadas de 70 e 80 era difícil encontrar bons materiais referentes aos anjos. Não existia a abundância de informações que está à disposição de todos atualmente. Eu fazia perguntas sobre os anjos aos meus professores, mas as respostas eram limitadas. Decidi então que eu mesma precisaria preencher essa lacuna e, assim, iniciei a busca para encontrar todas as informações secretas que pudesse descobrir.

Tal como o rei Artur na versão cinematográfica do musical *Camelot*, “tropecei no meu destino” quando “tropecei” no desejo de saber mais coisas sobre os anjos.

A partir dos meus estudos, das práticas de meditação e da dedicação a esses temas, surgiu a constatação de que, apesar de todos sermos dotados de dons psíquicos, os meus pareciam ser mais facilmente acessíveis. De fato, sentia-me mais à vontade no mundo espiritual do que no mundo físico. Também constatei, à medida que acumulava informações sobre os anjos, que sabia mais a respeito deles do que a maioria dos demais interessados pelo assunto. Como resultado de todas as minhas pesquisas, eu estava me transformando numa "autoridade" nesse campo.

Meu caminho espiritual se expandiu para incluir o estudo de técnicas de cura com mestres e professores do mundo inteiro. Apesar de existir muitos nomes e muitas maneiras diferentes de cura, constatei que existe uma única fonte de cura: Deus. Meu interesse pela cura se ampliou e se transformou no desejo de prestar serviços reais a Deus. E quando formulei a pergunta: "Como posso servir?", a resposta me foi dada numa progressão de etapas. Gradativamente, fui encontrando meu nicho de atividade como leitora intuitiva, como terapeuta de mensagem e como curadora. Por fim, os três serviços juntaram-se numa técnica que passei a chamar de "Transformassagem".

À medida que comecei a produzir resultados consistentemente positivos para meus clientes, fui conduzida ao desenvolvimento de grupos de trabalho e de palestras sobre os anjos. Eu também os introduzi para as pessoas em sessões individuais. Foi assim que a técnica da Transformassagem evoluiu para a das Harmonizações Angélicas, que descrevo neste livro. Além disso, também sou sacerdote ecumênica (*interfaith*) ordenada e membro da Association of Interfaith Ministers. Recebi minha ordenação em 1989 pelo The New Seminary, fundado pelo rabino Joseph Gelberman, em Nova York.

Pouco importando que forma meu serviço tenha tomado para o mundo, acredito que este trabalho seja a maneira especial que Deus escolheu para trabalhar pelo meu intermédio. Para mim, é sempre Deus que cura, ensina e conduz, e eu estou satisfeita em ser uma fiel servidora, cuja vida foi abençoada por uma relação íntima com Deus, com Jesus, com o Espírito Santo e com todos os anjos.

Neste livro estão incluídas muitas histórias de como os anjos tocaram a minha vida e as vidas das pessoas que participaram das minhas palestras. Mudei os nomes de todos os personagens das histórias que conto para melhor respeitar sua privacidade, mas as histórias são todas verdadeiras. A boa notícia é que a mensagem parece ser a mesma em todas as histórias: que somos profundamente amados por Deus e pelos Seus anjos.

Para mim, as histórias que conto neste livro não servem apenas como apoio das teorias que tentam explicar a existência dos anjos mas de fato demonstram as verdades sobre os anjos, dos quais dependo na minha vida. Os anjos são seres iluminados e são eles, incentivados por Deus, que iluminam o caminho da vida para nós, desde que acreditemos neles e que procuremos evidências da orientação deles em nossas vidas.

Quando passo por momentos de ansiedade, posso sentir o amor deles me envolvendo e me garantindo que tudo está bem comigo. Quando enfrento um desafio físico ou emocional, eles me dão assistência, dando-me forças e aumentando a minha coragem. Eles farão tudo isso também por você. Com toda a certeza, à medida que você se conscientizar mais a respeito deles e aprender a comungar com eles, essas bênçãos serão multiplicadas muitas vezes.

Escrevi este livro como testemunho da verdade de que os anjos de fato são uma realidade. Sua finalidade é estimular a conscientização da presença dos anjos e abrir as portas para a amizade entre todos os membros do reino angélico e os seres humanos interessados.

Esses companheiros constantes chamados anjos são amigos fiéis e, como toda amizade, esta é construída sobre a base da compreensão mútua. Pela compreensão, na medida em que um fica sabendo de coisas sobre a vida do outro, os amigos são capazes de transformar o que têm em comum na energia do amor que dá apoio a ambos.

Como é que você faz para conhecer um amigo? Não existe maneira melhor de se compreender outra pessoa do que estudando-a atentamente. No caso dos anjos, você pode aprender a respeito deles por meio da leitura, acreditando neles e contactando-os pelas técnicas que ofereço nestas páginas. Procurando os anjos, aprendemos a afastar o véu que separa o reino de Deus do reino da humanidade. Estabelecendo contatos conscientes com eles, podemos fazer uma harmonização das vibrações e uma fusão das energias — uma fusão de sonhos — uma fusão da visão na nossa vida.

Exatamente como em qualquer amizade, saber mais a respeito do outro cria mais entusiasmo, mais amor, maior senso de unidade e, com o passar do tempo, você também acaba descobrindo mais coisas a seu próprio respeito. Lembre-se de que os anjos refletem de volta a você a mensagem de que você forma uma unidade com a totalidade da criação de Deus e, com fé e paciência, você aprenderá que forma uma unidade também com os anjos. Portanto, à medida que for descobrindo o mundo angélico de amor, das bênçãos e da assistência, você também redescobrirá o mundo de espírito, do qual você sempre fez parte.

Estou especialmente interessada em que você aprenda mais sobre os anjos, porque sei de muitas pessoas para as quais a leitura deste tópico deflagrou suas primeiras experiências angelicais. É como se dentro do nosso íntimo existissem energias gloriosas que se acumularam e estão apenas esperando pela oportunidade de serem liberadas. O elemento de catalisação pode ser um poema, uma história, um quadro ou uma canção. E possível que este livro seja o seu catalisador.

Venha comigo nesta jornada pelo reino dos anjos e pense nela como fazendo parte do uso de um elevador num edifício muito alto. Quando você nasceu, ficou no andar térreo. Para a sua percepção nessa idade, existia unicamente o andar térreo. Você não tinha aspirações de subir. Depois, por meio das suas experiências e das coisas que aprendeu, sua percepção de vida foi ampliada e você subiu ao andar superior. Todos os que deram os passos necessários para elevar a consciência espiritual subiram ainda mais. Mas quando você procurar descobrir os anjos, você se verá novamente no elevador, ouvindo uma voz celestial que diz: "Subindo!" Não existe limite para o quanto você pode subir no reino dos céus. Os anjos o ajudarão a descobrir que há centenas de andares acima do lugar onde você se encontra agora. Além disso, eles também o ajudarão a compreender que você forma uma unidade com o prédio todo e com todos os seus ocupantes.

A residência dos anjos é muito especial. Eles vivem no conhecimento perpétuo da sabedoria de Deus e numa profunda união com Ele. Nós, os humanos, freqüentemente nos esquecemos da nossa origem divina. Nós vivemos a solidão, a perda, a tristeza, os sofrimentos e a separação. Nossos irmãos e irmãs do reino angélico, no entanto, sabem que a separação não existe. Em conseqüência, por nós, eles "mantêm a fé" perpetuamente, mantendo-a para nós quando perdemos a fé em Deus e quando perdemos até a vontade de viver.

Convido você a ler este livro e a me acompanhar num passeio pela "Avenida dos Anjos", um caminho que será pavimentado com as experiências de outras pessoas e que, espero, o conduzirá a experiências angélicas próprias. Cada nova pepita de conhecimento angélico que você adotar no seu coração funcionará como um novo tijolo para ajudá-lo a construir o seu caminho espiritual de volta para Deus. Deixe que os anjos o ajudem nessa construção.

Espero que, por intermédio deste livro, você passe a conhecer os anjos, aprendendo a se comunicar com eles e aprendendo a amá-los tanto quanto eu. Que a amizade, o companheirismo e as bênçãos deles na sua vida façam com que você se aproxime cada vez mais de Deus.

Jane M. Howard
Upperco, Maryland, 1992

* * *

As referências ou citações da Bíblia são da versão editada pela LEB — Edições Loyola. As leituras psíquicas de Edgar Cayce são identificadas por números. As leituras originais podem ser encontradas na A.R.E. Library e na Edgar Cayce Foundation em Virginia Beach, Virginia.

CRIS ARBO

Capítulo 1

Acredite nos Anjos

"... bem-aventurados os que acreditam sem terem visto."
João 20:29

Pouco importa por quanto tempo eu viva, minhas lembranças da infância feliz que passei numa bela fazenda na região rural do Estado de Maryland jamais se apagarão. A vida nessa fazenda deu-me a oportunidade de conhecer os pequenos prazeres da vida rural e também me ensinou muitas lições importantes. E essas lições permitiram que eu aprendesse muito cedo que, como nos lembra o Livro do Eclesiastes, para tudo existe uma época certa, um momento certo e uma finalidade definida.

Todas as manhãs, eu acordava com o cantar do nosso galo e dava as boas-vindas para um novo dia repleto de excitantes experiências. À noite, eu ouvia os grilos conversando nos buracos e sabia que quando as galinhas d'angola se acomodavam no pé de magnólia, estava na hora de repousar. A primavera era a época do plantio e o outono era o tempo da colheita. Eu aprendi a apreciar a alegria dos novos começos por meio do nascimento dos bichos da fazenda e dos animais de estimação, e também passei a reconhecer que a morte é uma parte natural do ciclo da vida.

Meus pais incutiram-me um grande respeito pela natureza e desse respeito se originaram minhas convicções quanto à importância da cooperação entre todos os reinos de Deus. Observando a minha família no trabalho, aprendi a importância da liderança para a terra e para os animais sob nossos cuidados. Graças aos valores antigos dos meus pais, aprendi a mensagem da responsabilidade pela minha própria vida e por tudo o que Deus colocou à minha disposição.

Quer eu estivesse vagando pelos prados cobertos de dentes-de-leão, quer estivesse nadando numa lagoa de águas límpidas, todas as minhas experiências da vida rural apresentavam-me à grandeza de Deus e demonstravam-me claramente que Deus é glorificado na totalidade da criação. Mesmo quando criança, eu já era capaz de perceber isso. E, até hoje, sempre me sinto mais feliz quando tenho a oportunidade de estar ao ar livre e em contato direto com a natureza.

Eu sou a caçula de uma família de seis filhos. Meus irmãos mais velhos tinham suas próprias vidas, e, como a nossa fazenda era isolada, havia poucas outras crianças da minha idade, com as quais eu pudesse brincar. Como resultado disso, comecei a inventar amigos, como as crianças costumam fazer. Finalmente, acabei desenvolvendo um relacionamento muito agradável com os meus amigos "imaginários", que eu tranqüilamente incluí no círculo da família. E, de maneira geral, todos aceitavam sem grandes problemas os meus amigos de "faz-de-conta".

Minhas primeiras experiências com os anjos, entretanto, tiveram início aos onze anos de idade, quando comecei a sentir a presença de um enorme ser acima da minha cama, tomando conta de mim quando eu ia dormir. Essa presença era tão grande que assumia a aparência de um enorme baldaquim de luz branca que envolvia todo o teto do quarto. Nesses tempos remotos, havia apenas uma espécie de percepção entre nós. Eu podia ver aquele ser e sabia que ele também me via, mas não nos falávamos. E depois de certo tempo não havia mais dúvidas de que se tratava de um anjo, porque na minha percepção infantil ele passou a ter o aspecto exato dos anjos que eu tinha visto nos cartões de Natal.

Eu tinha um relacionamento pessoal com Jesus desde que fora apresentada a ele pela minha família e pelos professores da escola dominical, de maneira que eu "sabia" dentro de mim mesma que o ser que estava presente no meu quarto era amigo de Jesus. Imediatamente aceitei de bom grado o anjo na minha vida e nunca questionei se a presença dele era certa ou não.

Na adolescência, conscientizei-me de que esse amigo de luz estava comigo também em outros momentos do dia, e não demorou muito para que eu começasse a conversar com ele. Ainda hoje tenho a reputação de falar comigo mesma, mas basicamente era apenas uma questão de compartilhar com meu amigo angélico aquilo que estava sentindo e pensando. Graças a esse ato de compartilhar e da ajuda que comecei a receber em troca, o anjo acabou se tornando meu confidente mais íntimo.

A percepção desse anjo acabou me levando a compreender que, na verdade, existe um grande número de anjos em volta de nós e que eles nada mais desejam do que serem capazes de ajudar a todos nós. Foi por compreender isso que dediquei a minha vida a ensinar aos outros os fatos referentes ao reino dos anjos e ao amor que Deus tem por eles. Tenho comungado com os anjos desde essa época.

Há muitas maneiras de entrar em comunhão com os anjos e fico feliz por ser capaz de compartilhá-las com o leitor neste livro. Uma das melhores formas para começar é você permitir a si mesmo a experiência dos simples prazeres da vida, como gastar tempo para apreciar as maravilhas da natureza, como eu fazia. Sinto-me como se tivesse sido criada por um casal de anjos humanos, Martha e Robert Howard, pois esse foi o grande presente que eles me deram como mestres paternos: o costume de passar o tempo apreciando as coisas que Deus nos dá de graça.

Acredito que a família de Deus não inclui apenas os seres humanos, os animais e as plantas, mas também uma vasta hierarquia de inteligências espirituais que ajudam a governar o universo, além de ajudar as pessoas comuns, como você e eu, a manter os nossos erros num nível mínimo. Essa hierarquia inclui os 24 anciãos mencionados no Apocalipse de São João e as forças elementares citadas nas leituras psíquicas de Edgar Cayce. Além disso, existe ainda um conjunto colorido e poderoso de seres — os anjos — cuja finalidade é nos ajudar a viver nossas vidas de forma plena e pacífica. Deus criou o reino dos anjos para ajudá-lo na manifestação da forma física do reino da natureza e para ajudar o reino humano no seu crescimento.

Pense na criação como tendo nascido de uma única centelha divina. Toda a criação passou a manifestar-se a partir de Deus — pensamentos, sentimentos, todas as ocorrências naturais, todas as formas, todos os seres, toda a vida. Deus não criou apenas o visível, mas também o invisível, e os anjos fazem parte desse reino. Eles foram criados para transmitir a todos a mensagem do bem absoluto de Deus para a totalidade da criação.

A palavra "anjo" é derivada de *angelus*, que em latim significa "mensageiro". A palavra hebraica *malak*, usada no Antigo Testamento, significa que os anjos são "delegados" ou "embaixadores" de Deus. Os dois termos nos mostram que os anjos exercem a função de mediadores para atender no relacionamento entre Deus e a humanidade, e também entre Deus e os outros reinos.

Os anjos realmente são espíritos que ocupam a posição de ministros no reino humano. O *Webster's Dictionary* define ministro como aquele que fornece ajuda a outros ou quem atende às necessidades e desejos dos outros. Sou testemunha pessoal de como as vidas de centenas de clientes e alunos mudaram graças à intervenção dos anjos. Pessoas me revelaram histórias de como anjos vieram salvá-las e de como lhes ministraram ajuda em momentos de grande necessidade.

Como viajo freqüentemente de carro, já tive muitas experiências nas quais anjos vieram me ajudar quando eu estava ao volante. Certa vez, tarde da noite, voltando para casa depois de uma palestra, eu estava acelerando para entrar na rampa que leva à estrada que circunda Baltimore, quando o pedal emperrou e eu não conseguia soltá-lo. Fiquei tão apavorada que, em voz alta, fiz uma rápida oração pedindo o socorro dos anjos.

Imediatamente, comecei a procurar um espaço livre na beira da estrada, onde pudesse colocar meu carro sem bater nos outros. Depois de ter reconhecido um lugar apropriado, coloquei a transmissão em posição de parar. O carro chacoalhou fortemente por um ou dois segundos, enquanto passava de 50 milhas por hora para a imobilidade total. Depois de recuperar minha compostura, tentei recolocar o carro em movimento, mas alguma coisa não dava certo. No momento em que puxei a embreagem, provavelmente danifiquei alguma coisa no motor. Pedi que os anjos me ajudassem, porque lá estava eu, no meio de uma estrada movimentada, a milhas de distância da saída mais próxima e já eram 10 horas da noite. O meu medo de dirigir um veículo desgovernado sumira, mas agora eu estava enfrentando o medo de ficar num carro quebrado, sozinha e no meio da noite. Outra vez, voltei a rezar para os anjos, dizendo em voz alta: "Por favor, mandem alguém que possa me ajudar!"

Passados alguns minutos, um casal de meia-idade estacionou sua camioneta ao meu lado. As primeiras palavras que a mulher me disse após eu ter baixado o vidro foram: "Não tenha medo, somos cristãos." Nessa altura, preciso acrescentar que muitas das pessoas às quais contei essa história não concordam com o que fiz em seguida, por causa de todas as coisas estranhas que acontecem neste mundo. No entanto, após ter trocado algumas frases com a mulher, eu entrei na camioneta deles e me sentei ao lado dela. O casal levou-me até o posto de gasolina mais próximo, onde consegui encontrar ajuda profissional.

A caminho do posto, a mulher me contou os motivos pelos quais tinham parado. Eles tinham uma filha da minha idade e esperavam que, graças à disposição deles em ajudar uma pessoa estranha como eu, alguém no futuro também daria ajuda à filha deles, caso ela estivesse numa situação semelhante. Não hesitei em entrar na camioneta por causa da minha convicção da presença de Cristo e de que os anjos estavam comigo e que, se eu perdesse a vida por causa dessa decisão, eu morreria acreditando no Senhor. Mais tarde, durante a conversa, descobri que apesar de o acidente ter ocorrido a 50 milhas de distância de casa, o casal morava numa pequena comunidade rural ao lado da minha cidade e que até conheciam uma parte da minha família. Eu realmente acredito que os anjos enviaram essas pessoas para me ajudar naquela noite.

Essa é apenas uma das muitas ajudas angelicais que recebi. Como consultora, freqüentemente me pedem para entrar em contato com os anjos em nome dos clientes e as formas inesperadas que a ajuda deles pode assumir nunca deixa de me surpreender. A verdade é que os anjos podem nos ajudar de verdade, da mesma forma como faziam nos tempos do Antigo e do Novo Testamento. Reflita sobre algumas das maneiras misteriosas pelas quais eles ajudaram os antigos profetas, e comece a pensar — faça isso agora! — a respeito das possibilidades da presença deles na sua vida.

Abraão foi visitado em sua tenda por três estrangeiros, um dos quais lhes disse que sua esposa, Sara, de 69 anos, conceberia um filho. Quando Isaac nasceu, Abraão soube que tinha sido visitado por Deus e pelos Seus anjos (Gênese 18). Mais tarde, quando estava se preparando para matar Isaac durante um sacrifício, foi um anjo que tocou em sua mão, dizendo-lhe que ele já tinha provado suficientemente seu amor por Deus (Gênese 22).

Isaías viu os gloriosos anjos cercando o trono de Deus e os ouviu clamando: "Santo, santo, santo é o senhor dos exércitos. Sua glória enche toda a terra" (Isaías 6:3). E foi um serafim que pegou uma brasa ardente do altar e tocou os lábios de Isaías, abençoando-o (Isaías 6:6-7).

Um anjo apareceu a Zacarias, dizendo-lhe que Deus ouviria suas preces pedindo um filho e que sua esposa Isabel ficaria grávida e que o filho se chamaria João. O anjo que transmitiu a mensagem disse: "Eu sou Gabriel, o que permanece de pé na presença de Deus e fui enviado para falar contigo e anunciar esta boa nova" (Lucas 1:19). Gabriel também foi enviado por

Deus para falar com Maria. Essa aparição é conhecida como Anunciação porque o anjo anunciou a ela o futuro nascimento de Jesus (Lucas 1:26-35).

Um anjo procurou José, aconselhando-o a não ter medo de tomar Maria como esposa (Mateus 1:20). Outro lhe disse para fugir para o Egito, uma vez que Herodes estava tentando encontrar Jesus, com a finalidade de matá-lo (Mateus 2:13). O anjo avisaria José mais tarde, quando já não houvesse perigo de retornar para casa em Nazaré (Mateus 2:19-20).

Quando Jesus estava com 30 anos de idade, Ele foi para o deserto, onde foi testado por Satã. Lá os anjos cuidaram dele, após ter passado pelo teste (Mateus 4:1-11). E o próprio Jesus nos ensinou a respeito dos anjos. Ele disse: "Deixai as crianças em paz e não as impeçais de virem a mim, pois o reino dos céus é daqueles que são como crianças!" (Mateus 19:14). "Cuidado! Não desprezeis um só destes pequeninos! Porque eu vos digo que os seus anjos, no céu, contemplam sem cessar a face de meu Pai que está nos céus" (Mateus 18:10).

Quando Jesus rezou no Jardim do Monte das Oliveiras, foi um anjo que veio confortá-Lo e dar-Lhe forças enquanto os discípulos dormiam (Lucas 22:43). Na manhã da ressurreição, um anjo disse às duas mulheres que haviam ido até o sepulcro de Jesus: "Deixai esse medo! Bem sei que procurais Jesus, o crucificado. Não está aqui porque ressuscitou como havia predito... Ide depressa dizer aos seus discípulos: 'Ele ressuscitou dos mortos e vos precede na Galiléia...'" (Mateus 28:5-7). Um anjo libertou Pedro da prisão (Atos 12:11) e, no Apocalipse, São João fala sobre os "milhões e milhões de anjos que estavam em volta do trono" de Deus (Apocalipse 5:11).

No livro apócrifo Tobit, Deus envia o arcanjo Rafael para ajudar Tobias numa viagem para cobrar uma dívida devida ao seu pai cego, Tobit. Durante a viagem, um peixe enorme salta da água atrás de Tobias. Rafael diz a Tobias para pegar o coração, a vesícula e o fígado do peixe e preparar um remédio com eles. Quando Tobias voltou para casa, foi aconselhado por Rafael a colocar o remédio sobre os olhos do pai. Imediatamente, a visão de Tobit foi restaurada. Mais tarde, ele ouviu Rafael proclamar: "Eu sou Rafael, um dos sete anjos do Senhor, que apresentam as orações dos santos e que entram e saem diante da glória do Sagrado" (Tobit 5:16, 6:1-8, 11:7-15, 12:15).

Há várias outras histórias de anjos na Bíblia — de Ló a Daniel e de Jacó a Elias — que nos revelam como é completa a companhia e a guarda dos anjos para a humanidade. Os anjos são mencionados em quase metade dos 66 livros que formam a Bíblia.

Essas belas histórias bíblicas revelam com clareza que os anjos sempre estiveram "à nossa disposição". E se eles estavam em estado de prontidão naqueles tempos, por que não haveríamos de acreditar que estão preparados para nos ajudar *agora*?

Eu já tive evidências suficientes para saber que você não precisa ser um profeta para receber milagres ou mensagens dos anjos. Uma jovem que conheço me contou sua experiência pessoal de como um anjo lhe salvou a vida.

Essa mulher trabalha como enfermeira na unidade de tratamento intensivo de um hospital. Certa ocasião, por causa de colegas doentes, ela foi obrigada a trabalhar turnos dobrados. Ela explicou que, quando se está trabalhando num hospital, a adrenalina é suficiente para manter qualquer pessoa em atividade constante, mas assim que você se senta no carro para voltar para casa, a fadiga acumulada faz com que se sinta como se tivesse perdido todas as forças.

Certa noite, quando estava voltando para casa depois de muitas horas de trabalho, ela foi derrotada na luta contra a exaustão e adormeceu ao volante. Seu carro chocou-se com um poste ao sair da pista de uma estrada rural. Com o impacto, ela acordou e percebeu que estava presa pelo volante, incapaz de se mexer. Numa confusão de emoções ela se sentiu amedrontada e sozinha, imobilizada numa estrada rural sem nenhum outro carro por perto. Ela lembra de ter rezado a Deus pedindo ajuda, quando saindo do nada surgiu um rapaz de cabelos claros, que lhe assegurou que tudo se resolveria. Ela se recorda de como ele movimentou o volante aparentemente sem nenhum esforço, libertando-a de sua prisão. Momentos mais tarde, o carro se incendiou.

A visão do carro em chamas foi uma das últimas imagens das quais ela se lembrava antes de ser despertada de um estado semiconsciente pela polícia. Ela continuava no local do acidente e a equipe paramédica estava cuidando dela. Mais tarde, quando perguntou a um policial onde estava o seu salvador de cabelos claros, o policial levantou os ombros, dizendo que ninguém no local se encaixava nessa descrição. Na verdade, o próprio policial estava tentando descobrir como a mulher conseguira sair do carro, uma vez que não havia evidência alguma de que outras pessoas tivessem estado no local antes da chegada da polícia. Essa jovem está firmemente convencida de que foi um anjo que atendeu aos seus pedidos de ajuda.

Os anjos também nos trazem mensagens referentes à nossa verdadeira identidade: que formamos uma unidade com "tudo o que existe", com o visível e o invisível, desde que saibamos lembrar de como fazer para ouvir essa verdade. Eles nos mostram que formamos uma unidade com o vento, com o sol, com as flores; que formamos uma unidade com os próprios anjos e com Deus.

E qual é a importância de compreender que formamos uma unidade com Deus? A resposta é simples: isso pode abrir nossos olhos para ver e nossos ouvidos para ouvir a mensagem dos anjos, de que Deus está sempre preparado para enviar ajuda quando necessitamos dela, exatamente como a ajuda foi enviada para mim na história que contei e para a enfermeira desse último episódio.

Quanto mais nos sintonizamos com a verdade e o amor de Deus, tanto mais harmonia iremos atrair para nossos pensamentos, os nossos relacionamentos e a nossa vida. Os anjos sempre nos encorajam a manter as nossas vibrações perto de Deus e a nos esforçar constantemente por uma sensação de unidade, pela sensação de que nossos corações estão batendo em sincronia com o coração do Divino.

Quando temos a sensação de que estamos separados de Deus, funcionamos sob a "Lei dos Opostos", tal como Alex Jones descreve em seu livro *Creative Thought Remedies.*[1] E quando operamos nos termos dessa lei, nós nos forçamos a funcionar em meio às influências simultâneas de energias harmoniosas e não harmoniosas. Isso cria a separação entre a nossa personalidade e a nossa alma, resultando na cegueira diante da nossa afinidade com a vida como um todo — a sensação de formarmos uma unidade com os elementos, o sol, as flores, os anjos e Deus. Quando perdemos essa sensação de unidade, trocamos a verdade pela ilusão — uma ilusão de solidão, de carência, de dor e de sofrimento, que só serve para aumentar ainda mais os nossos problemas.

Levando uma vida de separação, constatamos que estamos nos preocupando com o mundo da matéria. E quando isso ocorre, a matéria se torna o ponto focal na vida, e esperamos que ela nos agrade, nos entretenha e, às vezes, até que ela nos salve. Apesar de a energia que compõe a matéria ser eterna, sua forma sempre é finita e mortal. Por esse motivo, quando nos apoiamos no que é finito, estamos nos colocando numa posição que só pode resultar em desapontamento, em sensações de abandono e de desilusão.

Deus nos deu o glorioso dom do livre-arbítrio e os anjos nos encorajam a usar esse livre-arbítrio para optarmos pela sincronização com a energia de carga positiva (originada de Deus) e não com a energia de carga negativa (originada dos seres humanos). Os anjos nos encorajam a criar luz e não sombras em nossa vida. Eles nos mostram a alegria de amar e não de odiar. Eles nos demonstram a bênção da paz, não a guerra — desde que procuremos a inspirada orientação deles em nossa vida.

É uma questão de livre-arbítrio acreditar ou não na existência dos anjos. Nas palavras do Mestre Jesus: "Tudo é possível para quem tem fé." (Marcos 9:23). Você primeiro precisa optar por acreditar: tendo feito isso, você se abre para possibilidades ilimitadas de contato com os anjos, para ouvir, ver e conversar com eles.

Eu acredito nos anjos porque na minha própria vida encontrei provas de que os anjos acreditam em mim. Eles acreditam em mim assim como também acreditam em você. Eu me lembro claramente de um gelado dia de ano-novo há dois anos, quando de repente me conscientizei da presença do meu Anjo da Guarda. Como estava em meio a um doloroso processo de divórcio, perguntei ao meu anjo que palavras de apoio ele poderia me dar para o ano repleto de incertezas que eu estava começando.

Eu me senti levada pelo anjo a ligar o rádio. Ao fazer isso, ouvi uma canção que eu desconhecia até aquele momento. O refrão da melodia continha o verso "Eu vou cuidar da sua alma". Senti que essas palavras me tocavam o coração e soube que, apesar de todas as incertezas da minha vida, eu teria o apoio e o amor do meu Anjo da Guarda. Juntos, seríamos capazes de enfrentar *qualquer coisa*.

Lágrimas correram pelo meu rosto enquanto ouvia a canção, e soube que o meu anjo estava transmitindo a mensagem de que eu não teria de me preocupar com o futuro, encontrando paz no conhecimento de que as necessidades de minha alma sempre seriam supridas por Deus. Se alguém me pedisse para pensar a respeito dos momentos especiais da minha vida em que tive oportunidade de sentir o poder do amor, essa experiência sem dúvida alguma seria incluída.

Inspirada por essa "conversa", pedi a um desenhista da agência de publicidade em que trabalho que montasse um cartaz para mim. Ele está emoldurado e eu o pendurei acima da minha mesa de trabalho, em casa. Seus dizeres são: "Não se preocupe com o amanhã. Deus já está lá."

Elaine é outra mulher que encontrou esperança e inspiração com os anjos. Ela tem 49 anos de idade e uma figura que eu descreveria como "frágil". Sinto que essa fragilidade física é um reflexo na sua fragilidade emocional. Ela veio de uma família problemática, na qual foi exposta a abusos físicos e sexuais. Ela passou por três casamentos fracassados, todos eles continuações das suas primeiras experiências familiares. Apesar de não ter tido filhos, ela teve dois abortos durante esses casamentos. Num esforço para escapar de todos os sofrimentos de sua vida, ela acabou viciando-se na bebida. Quando a conheci, seu estado era desesperador. Ela estava doente e sofrendo muito.

Uma boa amiga de Elaine sabia dos seus problemas. Ela também sabia que Elaine não estava disposta a admitir qualquer necessidade de ajuda. Não sabendo que outra coisa poderia fazer, essa amiga lhe deu um bonito Anjo da Guarda de porcelana. Como Elaine me contou mais tarde, "foi como se essa figura trouxesse uma nova energia para a minha vida. Ele se tornou um guardião 'vivo', que cuidava de mim".

Sempre que Elaine pousava os olhos cheios de esperanças nessa figura de porcelana, ela recebia, de forma inesperada, uma sensação cálida, encorajadora e amorosa que a inundava totalmente. Ela diz que o momento em que foi presenteada com essa figura trouxe de volta à sua vida o desejo de viver que havia perdido. Deve ser mais do que uma simples coincidência o fato de que pouco depois de a figura de porcelana ter entrado em sua vida, ela ter tomado a decisão de assumir as rédeas de seu destino. Ela ingressou num grupo de ajuda para superar o vício, pedindo à amiga que lhe dera o anjo que a acompanhasse.

Obviamente, a "energia" que Elaine sentia não vinha do anjo de porcelana. Em meditação, vi como Elaine foi realmente ajudada por dois anjos — a presença angélica que acompanhou o presente da figura e o anjo terrestre que o deu a ela.

Tive a oportunidade de ver outras espantosas demonstrações da proteção oferecida pelos anjos na minha própria vida e fui informada de muitas experiências desse tipo feitas por outras pessoas.

Houve, por exemplo, o caso de Adam, jovem ciclista de York, no Estado de Pennsylvania, que foi atropelado pelas costas por um motorista embriagado. O impacto lançou sua bicicleta diretamente diante de outro carro, que o atropelou. Em vez de parar, o carro passou por cima das pernas do rapaz, mas, milagrosamente, ele escapou com apenas alguns arranhões.

Havia até a marca dos pneus nas suas pernas. Tempos depois, Adam concordou em ser hipnotizado numa tentativa de compreender o que acontecera durante os segundos que se passaram entre o impacto que o derrubou da bicicleta e o momento em que o carro passou por cima dele — período de tempo curto demais para poder ser lembrado pela mente consciente.

O processo hipnótico revelou que durante aqueles poucos segundos uma presença angélica envolveu Adam num campo de energia que impediu que ele fosse ferido pelo automóvel. Adam disse que viu essa presença envolver seu corpo físico "numa capa de luzes de neon". A força elétrica da presença angélica mudou o campo de energia de Adam para uma freqüência mais elevada, de maneira que ele escapou sem ferimentos, apesar de o carro de 1 tonelada de peso ter passado sobre o seu corpo.

Os anjos também podem envolver-nos com suas mensagens de amor, de paz e de alegria, elevando os nossos pensamentos e inspirando-nos gestos de grandeza. Eles tentam trazer para nossas vidas uma rica sensação de contentamento com aquilo que somos.

Se ao menos pudéssemos ouvir os belos murmúrios dos anjos que dizem "Venha, meu querido filho de Deus. Estenda suas asas magníficas e voe!", então estaríamos começando verdadeiramente a compreender o caminho da alma que nos conduzirá para as bênçãos e a felicidade. Você prestaria atenção se soubesse que pode ouvir essa mensagem vinda dos campos angélicos? Existem muitas formas pelas quais você pode fazer isso: meditando, rezando, sincronizando-se e outras.

A finalidade deste manual é ajudar você a encontrar seu caminho para a conscientização do mundo dos anjos. Se você se sentir confuso quanto à sua vida, sem saber para onde vai, nem o que deveria fazer, então eu sugiro que tente usar as técnicas descritas neste livro para olhar para o céu e para os anjos em busca de inspiração. Existe muita ajuda pairando em volta de você e sobre você a cada hora, a cada minuto, a cada segundo do dia — ajuda que apenas precisa ser captada, como Adam e Elaine compreenderam.

Com sua visão interior focalizada no céu e nos anjos, você descobrirá a verdade de quem você é, qual o seu propósito nesta vida e muito mais. Tudo isso surgirá de uma maneira brilhante. E quando você olha com fé para os anjos, pode até enxergar a luz de Deus. Você pode ver como a escuridão é afastada da sua vida, permitindo que ela seja inundada de prazeres e de felicidade. Há muitos modos de fazer isso.

Mantenha sempre a sua atenção voltada para as leis celestiais e tente encontrar os caminhos do céu na sua vida. Os anjos têm uma perspectiva mais ampla de todos os seus problemas. Tentando visualizar sua dificuldade do ponto vantajoso de um anjo em meio a uma nuvem de luz, você terá uma visão muito mais ampla e abrangente do desafio enfrentado. Deus e os anjos sempre enxergam a "imagem mais ampla".

Olhando para o céu e para os gloriosos anjos de Deus à procura do reflexo de quem você é, você se verá como alguém que é único, especial e amado. Permitindo conscientemente que os anjos coloquem as asas deles ao seu redor, você se sentirá envolvido por uma nova paz de Deus, capaz de preenchê-lo na sua totalidade. Simplesmente por pedir, você começará a enxergar-se tal como Deus o vê, completo e perfeito. Você sentirá a satisfação inigualável decorrente dessa nova conscientização de que tudo está bem com a sua alma e na sua vida.

Não importa quão escura você pense que a vida se tornou, não importa qual seja o problema ou o dilema que está enfrentando, simplesmente erga os olhos para o céu e procure a "iluminação" junto aos anjos de Deus. Permita que a glória e o esplendor do céu o inundem. Deixe que o amor de Deus e as bênçãos dos anjos preencham a sua mente, o seu corpo e a sua alma. Deixe que a cura preencha todo o seu ser. Na medida em que for lendo, eu quero que você fique animado e entusiasmado com este livro, porque pretendo compartilhar com você as meditações e as técnicas que poderá aplicar em todas as áreas da sua vida.

Fui inspirada por muitos escritores e poetas que anunciaram sua crença nos anjos. Flower A. Newhouse, autora de numerosos livros que abordam temas relacionados com o reino angélico, escreveu: "De maneira geral, sempre estamos interessados em ampliar e expandir o círculo de nossas amizades no plano exterior. Por que haveríamos de limitar o número dos que nos fazem companhia? Deveríamos manter esse entusiasmo em aumentar a amplitude dos nossos contatos até que, graças a buscas incessantes, o nosso amor inclua a multidão ilimitada de todos os que trabalham a serviço de Deus."[2]

Charles Fillmore compartilhava a sua crença quando definia um anjo como "um mensageiro de Deus; a projeção para a consciência de uma idéia espiritual direta da Fonte, Jeová. A palavra da Verdade, na qual está centralizado o poder de Deus em superar todas as crenças e condições limitadas".[3] Quando você fizer os exercícios que descrevo neste livro, terá a oportunidade de sentir esse poder que não tem limitações.

O poeta R.H. Stoddard escreveu a respeito do serviço dos anjos no seu *Hino ao Belo*:

"Em torno dos nossos travesseiros,
escadas douradas se erguem,
e subindo e descendo pelos céus,
com sandálias aladas nos pés,
os anjos vêm e vão,
os Mensageiros de Deus!"

Constantemente, os escritores expressam a crença de que os anjos são mensageiros do Criador e que também são nossos companheiros e amigos.

Quando acreditamos nos anjos e aprendemos a trabalhar com eles, descobrimos como incutir harmonia e equilíbrio na nossa vida e no mundo que nos cerca. Dessa maneira, permitimos que a paz, a harmonia e a felicidade passem a existir entre todos os membros da família de Deus. O seu mundo e o mundo que o cerca não poderiam gozar de mais paz, harmonia e felicidade neste momento de evolução pessoal e planetária?

Da mesma forma como Deus criou os anjos para que presidissem sobre toda a natureza, Ele deu a cada um de nós um anjo pessoal que nos serve de fiel companheiro ao longo da vida. O papel do seu anjo é o de lhe dar assistência enquanto você estiver aqui na terra. Esse anjo atua como um mensageiro de Deus para guiá-lo, para protegê-lo e amá-lo. O seu anjo é conhecido como "Anjo da Guarda", porque ele o guarda, protegendo-o de todos os males. Não se esqueça disso. Você tem um Anjo da Guarda que o ama assim como Deus também o ama.

Edgar Cayce, o famoso clarividente, tinha muito a dizer a respeito dos anjos da guarda. Segundo seu biógrafo, Thomas Sugrue, a descoberta dos dons de Cayce quando adolescente coincidiu com um encontro angélico. Cayce, que mais tarde viria a ser conhecido como "o profeta adormecido", era capaz de induzir em si mesmo um estado semelhante ao sono, durante o qual ele fazia "leituras" mediúnicas das pessoas que o procuravam. Nessas leituras, realizadas no decorrer de um período de cinco décadas, ele forneceu uma enorme gama de informações a respeito de muitos assuntos a milhares de pessoas. As leituras, num total superior a 14 mil, são conhecidas por números para proteger a identidade dos que o procuravam.

Na leitura psíquica 405-1, Cayce disse: "Há sempre, para cada alma, aqueles que podem ser chamados de guias ou de anjos da guarda, que ficam de pé diante do trono da graça e da misericórdia." Os anjos são mensageiros entre Deus e nós. Eles ajudam a fazer com que a terra se assemelhe mais ao céu e também a concretizarem as palavras do Pai Nosso: "Seja feita a Tua vontade, assim na terra como no céu."

Deus é onipresente; é fonte, abastecimento e apoio de toda a criação, e os anjos ajudam a fornecer esse abastecimento e apoio a nós. Eles nos trazem Dele a direção, o amor, a sabedoria e os bons julgamentos. Deus nos ama e nos ajuda a desenvolver nossos talentos e capacidades de maneira produtiva e os anjos fornecem a inspiração, de maneira a podermos descobrir os nossos verdadeiros dons. Os anjos ajudam a manifestar a bondade de Deus para nós de maneiras maravilhosas e em medidas ilimitadas.

É um consolo maravilhoso saber que, pouco importa a nossa idade ou o que estejamos passando na vida, o apoio de Deus está sempre conosco. Quando a vida parece estar nos seus momentos mais sombrios, a luz dos anjos pode iluminar o nosso caminho. Para que isso aconteça, basta *acreditar.*

Deus tem um plano divino para tudo. Para cada um de nós na Terra, Ele tem um plano que nos encoraja a sermos tudo o que podemos ser. Ele tem um plano para cada nação e para o próprio planeta. Os anjos facilitam esses planos para os indivíduos, para os grupos e também para o planeta. O seu Anjo da Guarda cuidará de você durante toda a sua vida, oferecendo-lhe assistência à medida que o seu plano pessoal for sendo desenvolvido.

Além do seu próprio Anjo da Guarda, você também recebe — independentemente de saber disso ou não — a assistência de anjos especializados. Vamos citar apenas alguns deles: existem anjos do nascimento, que ajudam as mães e os bebês; anjos que ajudam a alma no momento da transição para fora do plano terrestre; anjos de cura, que trabalham com médicos e enfermeiras; anjos da música, que ajudam os músicos, os compositores e os cantores; e anjos de devoção, que estão presentes nos lugares onde as pessoas se reúnem para honrar a Deus. Na verdade, existe um número ilimitado de anjos, realizando o plano generoso e ilimitado de Deus, ampliando e irradiando o ideal dos seus serviços particulares.

Conforme mencionei, tive a oportunidade de ouvir histórias e mais histórias a respeito de pessoas cujas vidas foram modificadas pelos anjos e pelas suas mensagens do amor eterno de Deus. Uma dessas histórias é a de Donna, que suportou uma infância de abusos e de negligência. Sua mãe era uma prostituta que a abandonou aos dois anos de idade. Ela nunca soube quem era o seu pai. Sua infância foi passada numa seqüência de casas de pessoas estranhas. Sua dolorosa existência continuou com os relacionamentos que escolheu na vida adulta. Ela se envolvia com homens que tinham tanto medo de relacionamentos íntimos e de compromissos quanto ela, de maneira que acabou sendo abandonada por todos eles. No seu modo de pensar, essas rejeições ecoavam a mensagem de que ela não era amada e de que ninguém a queria.

Donna por fim chegou a um ponto em que achou que a vida não era mais tolerável. Certo dia, viu-se parada numa praia, pensando seriamente na possibilidade de entrar no oceano e terminar com tudo. Sentindo a intensidade desse vazio, ela foi forçada a cair de joelhos e a soluçar desesperadamente, pedindo a ajuda de Deus.

Quando abriu os olhos, de repente percebeu que estava ajoelhada em meio a uma enorme escultura de areia no formato de um coração e, dentro desse coração, alguém havia escrito três palavras: "Eu te amo."

Donna sentiu alguma coisa acontecendo no seu interior quando releu essas palavras. Era como se uma pequena luz estivesse sendo reanimada dentro dela, depois de todos aqueles anos de sofrimento. Como resultado disso, ela encontrou dentro de si mesma a coragem para procurar pôr um fim à loucura que estava vivendo — não através da morte, mas procurando a ajuda profissional de um conselheiro.

Donna foi abençoada nesse dia. Ela contou-me essa história quando a conheci num dos meus grupos de trabalho. Apesar de não ter visto a mão que rabiscara a mensagem divina na areia, ela acredita que a mensagem tenha sido deixada lá especialmente para ela e que ela fora guiada até o lugar por um guardião invisível, um anjo a cuja guarda havia sido confiada.

Algumas pessoas acham que acreditar nos anjos é muito bom, desde que se tenha tendências religiosas, mas costumam acrescentar que isso não serve para todos. No entanto, se acreditamos que Deus e a Sua criação existem para todos, os anjos também existem para todos. É uma função natural do reino dos anjos prestar assistência a todos os membros da família humana, independentemente de sua raça, cor ou credo. Os anjos dão assistência a cada um de nós em todos os aspectos da nossa vida, pouco importando se acreditamos neles ou não. No entanto, quando acreditamos neles, eles podem ajudar ainda mais — e o fazem de maneiras dramáticas.

Se você ainda não se sente inteiramente à vontade com a palavra *acreditar* e está indeciso, não sabendo se deve ou não acreditar nos anjos, eu aconselho que você faça um tentativa com eles e com as idéias contidas neste livro. Com toda certeza, você ficará surpreso com a diferença que eles poderão representar na sua vida.

Em seguida, apresento um pequeno teste, elaborado com a finalidade de ajudá-lo a compreender como os anjos têm acreditado em você e o têm ajudado durante toda a sua vida. Por um momento, reflita honestamente sobre as respostas que dará ao teste. É possível que você fique um bocado surpreso com os resultados.

O Teste Pessoal dos Anjos

1. Você já esteve em alguma situação na qual teria preferido retroceder, mas alguma coisa lhe deu a coragem necessária para ir em frente?

2. Alguma vez você já teve vontade de sair correndo, mas alguma coisa inexplicável o ajudou a ficar onde estava?

3. Você já registrou alguma vez um impulso de dar a uma outra pessoa algum objeto de que você gostava muito? E depois, você não ficou impressionado com a bênçãos que esse seu presente representou para a outra pessoa?

4. Alguma vez você teve a forte sensação de que é preciso abrir mão de alguém muito íntimo, quando na verdade preferiria manter essa pessoa para sempre na sua vida?

5. Alguma vez você já deparou com a necessidade de dar um primeiro e ousado passo, não sabendo de onde lhe veio a inspiração para fazer isso?

6. Alguma vez você foi afastado de uma situação de perigo ou de fazer uma péssima escolha, sem saber o quê ou quem realmente o protegeu?

7. Alguma vez você já se sentiu confuso num momento crítico, recuperando a clareza necessária no último instante?

8. Alguma vez você sentiu que as condições da sua vida eram tão intoleráveis que você queria chorar, mas depois, de repente, surgiu uma nova e divertida perspectiva, fazendo tudo parecer tão absurdo que a sua única vontade passou a ser a de rir muito?

9. Alguma vez você constatou com espanto que uma situação irremediavelmente confusa de repente se tornou perfeita para todos os envolvidos?

10. Alguma vez você sentiu que estava encalhado, amarrado ou limitado, só para descobrir, numa retrospectiva posterior das coisas, que aqueles bloqueios na verdade o ajudaram na sua metamorfose e no seu crescimento espiritual?

Se respondeu afirmativamente a alguma das questões acima, isso provavelmente significa que você recebeu uma orientação celestial e, com toda a probabilidade, a intervenção dos anjos. É a mão invisível e incansável de Deus que envia os anjos para ajudá-lo nessas ocasiões. Os anjos nos vêem como se fôssemos "diamantes não lapidados", e estão sempre ajudando a nos polir com a luz de Deus.

É possível que você esteja perguntando a si mesmo: "Muito bem; se eu considerar a possibilidade de os anjos existirem, como posso fazer para entrar em contato com eles?"

Eu aconselho que você se abra para as seguintes possibilidades: procure pela presença de anjos na sua vida, mas não necessariamente por uma visão. Ouça o que os anjos têm a lhe dizer, mas não tente reconhecer-lhes a voz.

Em outras palavras, permita que os anjos o surpreendam, comunicando-se com você da maneira pela qual *eles* optarem. Sua experiência angélica poderá assumir a forma de uma iluminação, de uma possante corrente de cura pulsando no seu ser ou de um suave abraço etéreo e de um murmúrio revelando o quanto você é amado.

Existe uma nova conscientização ocorrendo atualmente a respeito do reino dos anjos, o que fica evidente pelo aumento de artigos e livros que estão sendo escritos a respeito do assunto. Existe também um aumento de mercadorias associadas a anjos no comércio, toda uma gama de itens à disposição dos que gostam de anjos: calendários, cartões, broches e outras coisas. Fico animada com o fato de o mundo estar ficando mais consciente dos anjos, porque conhecer os anjos equivale a conhecer Deus. Afinal de contas, a missão dos anjos é justamente a de transmitir a luz e o amor de Deus.

Recentemente, fui entrevistada a respeito dos anjos e do meu trabalho com eles pelo repórter de um jornal. Vou repetir aqui uma declaração que fiz nessa entrevista. "Quando pessoas em número suficiente acreditarem nos anjos, quando a energia dos anjos estiver se irradiando por meio de uma quantidade suficiente de pessoas, a Terra se transformará no céu. E isso ocorrerá de um instante para o outro."

Muitos acham que apenas pessoas com dons especiais podem ver ou comunicar-se diretamente com os anjos. Isso é verdade apenas em parte. Eu certamente me enquadro nessa categoria, mas o dom que possuo, na verdade, foi dado por Deus a todas as pessoas. Espero sinceramente que este livro possa encorajá-lo a descobrir esses dons e a desenvolvê-los de tal modo a provocar encontros com os anjos também na sua vida.

É possível que eu tenha conseguido convencê-lo da ajuda potencial dos anjos na sua vida. Você pode estar dizendo agora: "Eu adoraria me comunicar com os anjos. O que tenho de fazer?"

Às vezes, basta um pequeno sacrifício da sua parte para iniciar. Sacrifício é uma pequena palavra que significa fazer uma pequena oferenda. Estou apenas sugerindo que você considere a possibilidade de fazer uma oferenda a Deus e aos anjos — uma oferenda de boa-fé. Por exemplo, sacrifique a Deus os seus pensamentos negativos, ou então ofereça os seus pensamentos derrotistas e as suas dúvidas. Não existe motivo algum para carregar essa bagagem excessiva consigo na estrada que leva ao céu. Essas coisas só atrapalham a verdadeira comunicação com os anjos.

Para compreender o reino dos anjos, você também terá de estar disposto a oferecer — ou seja, a se livrar — de todos os equívocos sobre os reinos celestes que podem ter-se acumulado na sua vida.

Todos são convidados a participar do banquete de Deus. Mas exatamente como os que se preparam para jantar costumam lavar as mãos antes, eu aconselho você a se lavar, eliminando toda a negatividade que possa lançar uma sombra de dúvida sobre essa nova experiência que você está introduzindo na sua vida.

Ofereça todos os sentimentos de dúvida e de falta de amor-próprio. Substitua o pensamento "Eu não sou suficientemente importante para ter um encontro com os anjos" pela afirmação "Eu mereço a convivência com os anjos. Quero participar das riquezas de seu amor e da sua assistência". Ofereça o sentimento de não ser suficientemente bom e afirme: "Sou um filho bom e perfeito de Deus."

Antes de começar a falar a respeito dos anjos propriamente ditos e do seu fascinante reino, quero que você tente uma meditação muito simples. Leia a descrição primeiro e, depois, tente fazê-la do início ao fim sem a ajuda do livro.

Meditação do "Minuto Angelical"

Comece fechando os olhos e visualizando a luz dos anjos que o envolvem. Veja como está sentado tranqüilamente à luz desses seres brilhantes. Imagine que está repousando e receptivo às visões e aos sons dos anjos. Acredite na existência deles, visualizando-os como criaturas elevadas com luz ao seu redor. Saiba que eles só estão presentes porque o seu amor e o seu desejo os atraiu. Você ficará realmente espantado com a energia que receberá desse único instante de comunhão com os anjos. Inspire profundamente a luz deles e saiba que eles o cercam por todos os lados — porque é exatamente isso o que eles *fazem*.

Deixe que os anjos eliminem as confusões que se estendem na sua mente feito teias de aranha. Deixe que eles ajudem você a relaxar os músculos. Aceite deles o presente da energia, do poder, do amor, da paz e da felicidade.

Se você está se sentindo sozinho, descanse na luz dos anjos e sinta a proximidade deles. Sinta a presença de Deus no seu interior. Isso acontecerá quando você começar a perceber o amor dos anjos e o companheirismo deles ao seu redor.

Se algum coisa o perturbou hoje, permita que a luz dos anjos envolva e cure essa mágoa ou desapontamento. Você ficará espantado com a mudança que eles podem provocar na sua atitude. Com fé, sinta como uma suavidade e uma disposição para o perdão passam a envolvê-lo. A harmonia se instalará na sua vida quando você fizer isso.

Se estiver ansioso por causa de algum acontecimento futuro, deixe que a luz dos anjos o ilumine e o deixe repleto da serenidade e da calma de Deus, com a certeza de que sua vida sempre está na mais divina ordem. E com essa garantia, você pode viver o eterno agora.

A presença dos anjos o agasalha e o envolve num suave e protetor manto de paz.

* * *

Reserve um momento todos os dias para "sentir" os anjos na calma dessa breve meditação. Mostre-se disposto a iluminar a sua vida com o amor dos anjos num momento mágico de percepção do céu. Isso pode acontecer a você da mesma maneira como aconteceu comigo. Se tomar essas simples medidas e praticá-las com freqüência, dentro de alguns anos você concluirá que o desejo de comungar com os anjos foi uma das decisões mais brilhantes que tomou na sua vida.

COMO
COMUNICAR-SE
COM OS ANJOS
·CRIS ARBO·

Capítulo 2

Aprenda sobre os Anjos

"Pois nada há oculto que não deva ser descoberto. E nada se faz em segredo que não deva ser publicado."
Marcos 4:22

Estamos em meio às grandes mudanças que estão ocorrendo na Terra. Basta ligar o rádio ou a televisão, ou ler um jornal, para nos conscientizarmos de como o nosso mundo está mudando. A derrubada do muro que dividia Berlim em duas cidades e o colapso do governo comunista na União Soviética são apenas duas das mudanças que ocorreram recentemente. Por causa da magnitude dessas mudanças, muitas pessoas acreditam que este não é apenas mais um momento da história, mas um "momento cósmico", que envolve não só o reino humano, mas a totalidade do reino de Deus.

Como indivíduos estamos nos conscientizando de que fazemos parte de uma família global. Compreendemos agora que qualquer coisa que aconteça aos nossos irmãos do outro lado do planeta também nos afeta. Estamos despertando para a verdade de que estamos todos juntos neste mundo e que encarnamos neste momento especial justamente para vivenciar um grande progresso em termos individuais, globais e cósmicos.

Esta magnífica época de mudança e de desenvolvimento na verdade está sendo vivenciada por todos, se bem que em diferentes níveis de consciência e de compreensão. Trata-se de uma época que exige cooperação entre todos os reinos, mas que ao mesmo tempo oferece uma sintonização perfeita entre a multidão dos anjos e a raça humana. Por meio dessa sintonização, aqueles dentre nós que estão aproveitando as oportunidades deste "momento cósmico" também estão aprendendo a trabalhar juntos, numa cooperação intensa, com a finalidade de provocar a concentração das palavras do Pai-nosso: "Santificado seja o teu nome: venha a nós o teu reino, assim na terra como no céu" (Lucas 11:2). Tendo trabalhado pessoalmente com os anjos durante muitos anos, senti um aumento dramático nas visitas deles à Terra. Os anjos estão em maior contato com a terra e com seus habitantes do que em qualquer momento anterior. A verdade é que necessitamos dessa ajuda, e ela está sendo fornecida a nós por Deus por meio de seu generoso influxo.

No passado, geralmente era em torno das festas religiosas que se sentia o apoio dos anjos de forma mais intensa. A explicação está no fato de que na época dessas festas, mais pessoas se sintonizavam com a paz, o amor e a felicidade — características básicas do reino dos anjos. Nesses momentos de festas, o véu que separava os reinos de Deus e a humanidade ficava mais transparente. Acredito que esse véu finalmente foi erguido e que todos os que quiserem caminhar e conversar com os anjos podem fazê-lo agora, com grande facilidade em qualquer dia do ano.

Quando nos debruçamos sobre o estudo do reino dos anjos, fazemos uma investigação mais profunda acerca dos mistérios do Criador. Mergulhamos num mundo de amor quando ingressamos no mundo dos anjos. Muitas pessoas acham que os anjos não passam de personagens fictícias de contos populares ou de imagens representadas em quadros do Renascimento — homens e mulheres alados, que ficam voando de um lado para o outro fazendo coisas boas. Outros preferem não acreditar nos anjos simplesmente por não serem capazes de vê-los ou de ouvi-los com seus sentidos humanos comuns.

A razão desses equívocos, obviamente, está no fato de os anjos serem espíritos — eles não têm um corpo. Eles são feitos de um material mais sutil e mais leve, que não é físico na sua natureza. Os anjos também ressoam com uma vibração muito mais rápida, totalmente diferente da densa vibração com que operamos aqui no plano terrestre. Mas o simples fato de você não ser capaz de ver os anjos não significa que eles não existam!

Porém, como retratar os anjos, se eles não têm corpos? Pode ajudar se você pensar na vibração deles como semelhante à de um ventilador de teto em movimento. Quando as lâminas do ventilador estão girando em grande velocidade, você não consegue vê-las, mas isso não significa que elas não estejam ali. Os anjos vibram tão depressa que, como as lâminas de um ventilador, você não pode vê-los com seus olhos físicos, mas mesmo assim eles existem.

Mas nós temos outros olhos com os quais vemos os anjos. Gosto de me referir a eles como sendo os "olhos da alma". Do mesmo modo em que temos os sentidos físicos comuns, também temos sentidos superfísicos; ou seja, sentidos cujas percepções estão associadas com o que Carl Jung chamava de parte superconsciente da mente, que está conectada com a mente onisciente de Deus.

Cada sentido físico ou externo também tem um equivalente interno, que está em contato direto com Deus. Por exemplo, existe um "ouvido da alma" e um "olho da alma". Além disso, como cada um dos nossos sentidos externos está em contato com a nossa mente exterior, cada sentido interno está em contato com a mente onisciente de Deus.

As palavras "clarisciência", "clarividência" e "clariaudiência" significam, respectivamente, "sensação clara", "visão clara" e "audição clara". Esses três tipos de percepção referem-se aos sentidos superfísicos. Desenvolvendo conscientemente esses sentidos interiores por intermédio da meditação, da oração e de exercícios de desenvolvimento psíquico, podemos adquirir fluência para ver, ouvir e sentir os integrantes de outros reinos. Quando usamos nosso sentido superfísico da visão para desenvolver nossa clarividência, somos capazes de ver os anjos frente a frente. O mundo está repleto de seres invisíveis que estão apenas aguardando que os exploremos com os nossos três sentidos adicionais.

No entanto, os anjos e os humanos são bastante diferentes em muitos aspectos. Os anjos são puro espírito. A energia que forma o corpo deles é mais sutil do que a que forma o nosso. A natureza toda de um anjo é imortal, ao passo que nós, humanos, somos formados de uma alma espiritual, imortal, ligada a um corpo material, mortal. Os anjos não estão sujeitos ao crescimento e ao declínio; no entanto, como humanos, temos de ingressar num corpo ao nascer e deixá-lo no momento de nossa morte física.

Os anjos são criações de Deus e seus mensageiros. Eles têm mente e vontade e, além disso, uma quantidade ilimitada de força, poder e sabedoria. Os anjos são os guardiães da gloriosa criação de Deus como um todo. Eles governam a vida dos animais, das plantas, das flores e das árvores. Eles também dão assistência à vida humana e guardam o reino dos ideais puros.

O reino dos anjos é dividido em quatro categorias principais: anjos que trabalham com a vida vegetal; anjos que trabalham com os elementos;

anjos que trabalham com animais; e anjos que trabalham com seres humanos.

Os anjos que trabalham com as plantas são conhecidos como Devas, e ajudam a governar a força vital que existe na vida das plantas da Terra, nas flores e nas árvores. Os Devas ajudam na germinação e na frutificação no mundo inteiro. Uma planta de crescimento saudável, que, em geral, na nossa opinião, é simplesmente o resultado do sol brilhando sobre uma semente plantada no solo, é, na verdade, o resultado dos cuidados dispensados por um Deva. Portanto, se você tiver um lindo tomateiro na sua horta, agradeça ao Deva do seu quintal.

Também é importante compreender que muitos agentes de cura trabalham numa associação íntima com os Devas. Os Devas são maravilhosos professores e guias, informando-nos quais essências de plantas e de flores devemos usar para a cura. Aliás é uma experiência muito prazerosa, quando você estiver passeando numa floresta, simplesmente abraçar uma árvore! O Deva da árvore imediatamente irá devolver-lhe o abraço!

Eu me lembro de ter freqüentado um curso de desenho há vários anos. O nosso professor levou a classe inteira para um passeio ao ar livre, sugerindo que fôssemos inspirados pela natureza. E depois de termos tido a inspiração, voltássemos à sala de aula e desenhássemos o que mais nos havia impressionado. Encontrei uma árvore maravilhosa, que envolvi nos meus braços e apertei com toda a força. Pude sentir a energia dévica reagindo ao meu abraço e devolvendo meu carinho com um amor igual. Fiquei inspirada, sim, mas não para voltar à aula. Preferi fazer gazeta e passei o resto do dia no bosque.

Os Elementais, outra categoria no reino angélico, são literalmente o que seu nome em hebraico indica: são os espíritos dos elementos. Os Elementais têm "corpos" feitos dos elementos que governam. Você pode pensar nos Elementais como significando a "mente de Deus" — ou seja, "El" significando *Deus*, "e" significando *de*, e "mental" significando *mente*. Talvez você já tenha ouvido nomes diferentes do folclore para esses pequenos trabalhadores, tais como silfos (os Elementais do ar); gnomos, duendes e fadas (os Elementais da terra): elfos e ondinas (os Elementais da água); e salamandras (os Elementais do fogo).

A maioria das antigas culturas homenageava a natureza em suas religiões. É uma pena que tantos dentre nós tenham hoje perdido o contato com o mundo da natureza, esquecendo o parentesco que têm com os Devas e com os Elementais. Mas eu não acredito que o paraíso esteja perdido. Amando a terra e enviando-lhe a nossa energia de cura durante a meditação, estamos transmitindo uma mensagem aos Devas e aos Elementais, dizendo-lhes que queremos viver em harmonia com eles e, também, que queremos ser responsáveis no nosso papel de administradores.

Os membros do reino angélico que supervisionam os animais são conhecidos como Áqui. Dentro da ordem dos Áquis existem duas subdivisões conhecidas como Budiels e Folatels. Os Budiels são seres angélicos que cuidam da evolução de cada espécie animal; os Folatels cuidam do bem-estar físico dos animais.

A quarta categoria inclui os anjos que trabalham com os seres humanos. É de grande ajuda, nesta altura, lembrar que todos os anjos são criações de luz. Quando vistos em visões ou meditações, eles em geral aparecem com uma forma humana brilhante, radiante, impressionante e etérea. No entanto, assim que você finalmente vir um anjo, você se lembrará de sua outra expressão claramente não humana. Os anjos possuem dentro de sua consciência uma magnífica presença do "outro mundo". Eles aparecem como seres luminosos de luz, com auras radiantes que têm tal energia dinâmica que lhes permite fundir-se com a nossa própria energia, fornecendo-nos uma transfusão de luz. É impressionante testemunhar e sentir como eles se fundem com a nossa energia.

Mergulhada em meditação profunda, pude examinar os anjos atentamente. Constatei que eles têm centros de força e linhas de energia dentro dos seus "corpos de luz". Na arte e na literatura, eles foram retratados com asas luminosas de cores brilhantes, mas essas "asas" não são realmente o seu meio de locomoção. Os anjos têm a capacidade de se movimentar rapidamente apenas pelo exercício da vontade. A idéia de eles terem asas originou-se da maneira como as testemunhas oculares no decorrer dos tempos descreveram a energia que emana dos seus corpos.

Uma das melhores maneiras de compreender como você pode sentir os anjos é examinando o reino fascinante dentro do qual eles existem. Na Terra você pode descobrir uma hierarquia organizada de vida — dos mais simples protozoários unicelulares até a complexidade do ser humano —, mas nos reinos superiores essa hierarquia continua até, finalmente, chegar à Fonte, ou seja, a Deus. O reino angélico não é diferente de qualquer outro segmento da criação de Deus. Os anjos existem em muitos níveis, e as várias classes de anjos estão encarregadas de tarefas específicas a serem desempenhadas no universo.

Uma das autoridades mais reconhecidas a respeito do reino dos anjos é Dionísio, contemporâneo do apóstolo São Paulo. Ele é mencionado na Bíblia, mais precisamente em Atos 17:34: "Alguns homens contudo aderiram a ele e abraçaram a fé. Entre eles achavam-se Dionísio, o Areopagita, uma mulher de nome Damaris e outros com eles."

Depois de terem sido convertidos por São Paulo, Dionísio e sua esposa Damaris foram batizados. Homem de destaque, ele estudou com São Paulo durante muitos anos e, finalmente, tornou-se bispo de Atenas.

A Lenda Dourada de Jacob De Voragine nos fornece o seguinte relato: "Diz-se que Paulo comunicou a ele as coisas que tinha visto quando foi levado ao terceiro céu, e esse mesmo Dionísio parece insinuar-se em muitos pontos. Como ele escreveu com tanta maestria e clareza sobre a hierarquia dos anjos, sobre suas ordens, disposições e funções, não é possível imaginar que ele tenha aprendido isso com outra pessoa, mas que ele mesmo foi levado ao terceiro céu, onde teve a oportunidade de ver todas essas coisas."[1]

Manly P. Hall, em seu livro *The Blessed Angels*, afirma que Dionísio esteve presente por ocasião da morte de Maria, a mãe de Jesus, e que foi queimado como mártir em 95 d.C.[2] Dionísio é mencionado por muitos dos antigos padres da igreja, inclusive por São João Damasceno em sua obra *De Fide Orthodoxa*, merecendo o crédito por ter criado uma ordem e um sistema da hierarquia no reino angélico que continuam sendo muito respeitados por muitos teólogos.

Em sua obra *A Teologia Mística e as Hierarquias Celestes*, Dionísio enumera nove coros de anjos em ordem decrescente, partindo dos "Serafins" e chegando aos "Anjos". (Vide Figura 2.1.) Ele foi o primeiro a organizar esses nove coros em três hierarquias distintas, apesar de confessar uma incerteza quanto à possibilidade de sua interpretação ser completa, quando escreve: "Pois, quanto mais subimos na contemplação, tanto mais limitadas se tornam as nossas expressões acerca do que é puramente compreensível... passamos não apenas pelo laconismo da palavra, mas também pelo silêncio absoluto, tanto de pensamentos, como de palavras... Ficamos totalmente sem voz, na medida em que somos absorvidos por Aquele que é totalmente indizível."[3]

Os nomes das nove ordens de anjos, às quais Dionísio se refere, podem ser encontradas na Escritura. Em Colossenses 1:16, Paulo faz referência a algumas das ordens: "Porque todas as coisas foram criadas nele, no céu e na terra, as visíveis e as invisíveis, tronos, soberania, principados, potestades, tudo foi criado por ele e para ele..."

Se bem que todos os membros dessas ordens sejam conhecidos pelo nome de "anjos", essas categorias estabelecem divisões por função e vibração, dependendo de sua relativa proximidade do trono de Deus ou da Terra. Os membros dos três coros que formam cada uma das três hierarquias, conseqüentemente, também compartilham de uma "semelhança" divina.

Segundo Dionísio, o primeiro nível do reino angélico é conhecido como "Hierarquia Suprema" ou a "Nuvem de Testemunhas Silenciosas Diante do Trono de Deus". Ele inclui os Serafins, os Querubins e os Tronos.

O nome *Serafim*, traduzido do hebraico, significa "queimar" e, do grego, "os inflamantes". Eles são os membros do grupo angelical que queimam com a energia mais intensa do amor divino. Todos os que tiveram visões dos Serafins, descrevem-nos como rodeando o trono de Deus e entoando num coro incessante: "Santo, santo, santo."

O grupo dos Serafins dedica suas invocações à glória eterna do Criador, e o cântico deles é uma criação de valor próprio. A energia dos Serafins é transmitida em ondas por toda a criação de Deus, inspirando todos os que, reconhecendo a glória do Criador, se aproximam dessa forte vibração.

Um compositor, por exemplo, debatendo-se com uma composição no piano, pode entrar em contato com essa energia criativa e recebê-la na forma de uma série inspirada de notas. Dentro da mente do compositor, essa idéia irá "queimar" com uma energia de amor que pode ser expressa por meio do seu trabalho.

Há muitas pessoas hoje na Terra que se esforçam por viver de acordo com o amor divino. Essas pessoas estão sintonizadas com a vibração seráfica. Quando estou criando algo, talvez quando estou "compondo" uma carta a um amigo e quero que as palavras reflitam uma mensagem especial, invoco a presença dos Serafins para me ajudar, inspirando-me a escrever palavras de amor.

Os Serafins são espíritos de amor. Sempre que se sentir desamado em sua vida, basta pedir em voz alta que um Serafim o ajude. Eles podem afastar qualquer energia que seja menor do que a perfeição pura do amor eterno que Deus tem por você. Existe nesses seres gloriosos uma exuberância que irá envolvê-lo e elevá-lo, deixando-o repleto com a essência do amor.

Se os Serafins ardem com o amor, os Querubins emanam a sabedoria de Deus. Eles ajudam a irradiar o espírito da verdade, de modo que todo ser vivo é orientado para o crescimento renovado, para o renascimento e para a evolução. O nome *Querubim*, em hebraico, significa "esplendor do conhecimento". As várias maneiras pelas quais a Bíblia descreve o papel deles faz com que eu pense neles como "guardiães celestiais". Um Querubim foi colocado no paraíso para proteger a árvore da vida (Gênese 3:24). Moisés foi instruído a fazer imagens de Querubins para servirem de guardiães do Tabernáculo (Êxodo, 25:18-22).

Os Querubins são os guardiões da sabedoria. Ao invocá-los, você estará convidando para a sua vida o poder do conhecimento e da utilização da sabedoria de Deus. Sempre que alguma coisa adversa está acontecendo na minha vida, e eu me vejo perguntando: "Por que preciso disto?", freqüentemente peço que os Querubins me iluminem e me mostrem como o conhecimento de Deus me é revelado naquela situação.

Os Tronos trabalham com a glória e a justiça dos julgamentos de Deus e são conhecidos pela sua característica dominante, que é a firmeza. Eles compartilham com os Serafins e os Querubins a honra de estarem mais próximos de Deus do que todos os outros anjos. Dionísio descreveu-os como seres espirituais que "permanecem no maior poder, imóveis e perfeitamente estabelecidos no Mais Elevado, recebendo a Imanência Divina acima de todas as paixões e matérias, manifestando Deus, mantendo-se atentamente abertos para as participações divinas".[4]

Quando você descobrir que talvez esteja perdendo a fé ou a confiança na sua vida, invoque a presença dos Tronos para que o favoreçam dotando-o de sua energia e constância. Pelas suas radiações, os Tronos podem ensinar-nos a fazer julgamentos sábios.

O Trono de Deus		
HIERARQUIAS	COROS	PALAVRAS-CHAVE
Hierarquia Suprema	Serafins	Ardendo de amor
	Querubins	Guardiães de sabedoria
	Tronos	Julgamento/Constância
Hierarquia Média	Dominações	Administradores da vontade de Deus
	Virtudes	Coragem/Milagres
	Potestades	Lei de causa e efeito
Hierarquia Inferior	Principados	Religiões, nações, líderes
	Arcanjos	Emissários urgentes de Deus
	Anjos	Proteção/Serviços
Humanidade		

Figura 2.1 – As três hierarquias e os nove coros dos anjos segundo Dionísio.

Resumindo, o primeiro nível do reino dos anjos, a "Hierarquia Suprema", é formada pelos Serafins, pelos Querubins e pelos Tronos. Os Serafins nos inspiram com amor, os Querubins nos iluminam com a sabedoria, ao passo que os Tronos nos ensinam a ser justos e a não permitirmos que nossos pés se desviem do caminho certo.

O segundo nível do reino dos anjos é conhecido como "Hierarquia Média" ou "Ordens Avançadas", incluindo as Dominações, as Virtudes e as Potestades que estão um degrau abaixo da "Hierarquia Suprema" em termos de vibração.

As Dominações regulam as atividades e os deveres dos anjos. Eles são os administradores da vontade dos Tronos, que trabalham com a justiça e o equilíbrio de Deus. As Dominações formam o "Departamento de Planejamento" de Deus, pois é nesse setor que os planos para o desenvolvimento da vida têm início. Dionísio reconheceu a importância desses anjos: "Eles são verdadeiros senhores, aspirando perpetuamente o verdadeiro domínio e a Fonte de todos os domínios... sempre identificados com a fonte Divina do domínio."[5]

Sempre que pessoas me dizem que estão confusas por não saber como as condições irão se desenvolver, eu as encorajo a invocar a energia das Dominações.

Há um dito popular que nos encoraja a "nos desapegar e a deixar que Deus" desenvolva o plano divino em nossas vidas. Eu acredito que Deus é compreensivo a ponto de permitir que as Dominações se encarreguem da administração de Seus planos divinos. As Dominações são os delegados da hoste angélica.

As Virtudes são os anjos que são fazedores de milagres. Eles exemplificam a essência da integridade espiritual e são conhecidos por fazer com que as coisas impossíveis se tornem possíveis. As Virtudes fazem milagres diariamente. Quando você precisar de um milagre, não hesite em invocá-las. Segundo Dionísio, "O nome das sagradas Virtudes significa certa virilidade poderosa e inabalável que emana das energias do próprio Deus; que não é fraca nem frágil no que toca à recepção das Iluminações divinas que lhe são outorgadas; que cresce para cima em totalidade de poder até sua completa absorção por Deus; que jamais se rebela contra a Vida Divina por causa de sua própria fraqueza, mas se eleva, imperturbável, até a Virtude superessencial, que é a fonte de todas as virtudes".[6]

A essência das Virtudes nunca é abalada. Eu acredito que algumas figuras históricas como Joana D'Arc, a jovem francesa que ouvia vozes que a inspiravam a liderar um exército, na verdade conversava com as Virtudes.

As Potestades mantêm a ordem no caminho que leva ao céu. Elas cuidam da lei de causa e efeito. Sinto que a função das Potestades é a de manter controle sobre as entidades do mal. Esses anjos não se utilizam de uma força tirânica, mas trabalham com o poder da luz de Deus para fazer com que as forças da sombra se mantenham na linha. Quando você se sentir oprimido pela negatividade que o cerca e quando estiver cansado do que considera serem ataques constantes, invoque a assistência das Potestades. Elas ajudarão você a manter sob controle as influências negativas, até ficar suficientemente forte para controlá-las com a sua própria luz, com a sua força e com o seu poder.

A "Hierarquia Média", portanto, é formada pelas Dominações que administram a vontade de Deus; pelas Virtudes, que são os anjos fazedores de milagres; e pelas Potestades, que mantém sob controle as forças negativas.

O terceiro nível do reino dos anjos é conhecido como a "Hierarquia Inferior" ou como as "Linhas dos Anjos". Esses são os membros do reino que nós, como humanos, conhecemos mais intimamente. Esse terceiro nível é formado pelos Principados, pelos Arcanjos e pelos Anjos.

Os Principados presidem sobre nações, províncias e governantes. Eles são os protetores dos líderes religiosos e seculares, tentando inspirar essas importantes figuras a tomar as decisões mais corretas. Eles não guardam nem direcionam a política de uma nação específica, porque o interesse deles está voltado para os esforços humanitários e para a realização do plano divino junto às pessoas, às nações e ao planeta. Seus deveres são descritos por Dionísio: "O nome dos Principados Celestes significa a característica de príncipes e de autoridades que eles têm numa ordem que é sagrada e apropriada aos Poderes principescos, e significa igualmente que eles estão completamente voltados para o Príncipe dos Príncipes, liderando os outros como Príncipes que são."[7]

Os Arcanjos talvez sejam os mais conhecidos desse grupo de anjos. Eles têm sido enviados como mensageiros em missões e para resolver questões de grande importância no decorrer de toda a história bíblica. Os Arcanjos servem como "intérpretes" entre os membros hierárquicos das ordens espirituais superiores e a humanidade. Eles são líderes que comandam legiões de anjos na realização da vontade de Deus. Dionísio descreveu-os da seguinte forma: "Os Arcanjos imprimem em todas as coisas o Selo Divino, pelo qual o universo é a palavra escrita de Deus; eles fornecem à alma a luz espiritual por meio da qual ela pode aprender a ler esse livro divino, e também a conhecer e usar corretamente suas próprias faculdades. Os Anjos atendem a todos os homens e às coisas da Natureza, purificando-as e enaltecendo-as."[8]

Os Arcanjos receberam nomes, muitos deles bastante conhecidos: o Arcanjo Miguel, cujo nome é derivado do hebraico, significando "ele que é como Deus"; o Arcanjo Gabriel, cujo nome significa "a força de Deus"; e o Arcanjo Rafael, cujo nome significa "Deus cura" ou "curador divino". Esses três Arcanjos são os únicos mencionados individualmente na Bíblia.

Vários outros nomes, porém, são mencionados em outros textos antigos, que outrora faziam parte do Antigo Testamento. Durante o Concílio de Nicéia, no ano 325 d.C., os antigos Padres da Igreja, por vários motivos, eliminaram obras que tradicionalmente estavam incluídas na Bíblia. Elas passaram a ser conhecidas como os livros apócrifos, ou simplesmente como *Apocrypha.* A palavra *Apocrypha* vem da palavra grega *apokryphos*, significando "algo oculto". Um dos motivos dados para a eliminação desses livros foi o fato de a sua autoria ter sido questionada. (Num desses livros, o segundo livro de Esdras, por exemplo, o Arcanjo Uriel, cujo nome significa "fogo de Deus", nos é apresentado.)

O terceiro e último coro da "hierarquia Inferior" do reino angélico é formado pelos Anjos. "Anjos" é um termo abrangente, aplicado aos seres espirituais que trabalham mais intimamente com a humanidade. O trabalho deles é especializado e diversificado, cobrindo serviços como a cura, o amor, a inspiração, a fé, a iluminação, a justiça e a paz — para citar apenas alguns dos seus inumeráveis ministérios.

Os anjos trabalham em áreas específicas para realizar o plano de Deus. Por exemplo, numa agenda telefônica celestial, os Anjos da Transição e os Anjos do Nascimento seriam incluídos na ampla categoria dos "Anjos". Existem também os Anjos da Arte, os Anjos da Música e os Anjos da Poesia. Existem Anjos da Adoração e Anjos da Cura e, é claro, os Anjos da Guarda. Os Anjos da Guarda são um presente que nos é dado por Deus no momento do nosso nascimento. Esses anjos sagrados nos acompanham ao longo de nossa jornada pela vida. Eles nos protegem, nos defendem, nos guiam e provêm às nossas necessidades.

Pela vibração deles e pelos trabalhos que executam, os Anjos estão mais próximos da humanidade do que qualquer outro espírito celeste. Todos eles podem ser invocados pelos seres humanos, mas é do coro dos Anjos que vêm os Anjos da Guarda, porque eles estão mais próximos da Terra em termos de vibração.

Uma das leituras de Cayce explica os papéis desempenhados pelos Anjos e Arcanjos: "Com a criação de formas manifestas, surgiu o que era, é e sempre será, o reino espiritual e os seus atributos — designados como anjos e arcanjos. Eles são manifestações espirituais no mundo espiritual daqueles atributos que as forças em desenvolvimento creditam à Fonte Única..." (5749-3). Conseqüentemente, os anjos são manifestações dos atributos de Deus.

Apesar de haver multidões de Anjos realizando serviços para o reino humano neste momento, alguns desempenham missões específicas que tornam as energias superiores de Deus mais acessíveis para nós na Terra. Estes incluem os Anjos do Fogo Espiritual, os Anjos Solares e os Anjos do Karma.

Os Anjos do Fogo Espiritual trabalham diretamente com pessoas que querem fazer uso das chamas espirituais. Estas são chamas não físicas, incluindo as cores, que correspondem aos doze raios (vide Figura 2.2) — que podem ser visualizados na meditação e usados para transformar a energia negativa. (Um desses, o fogo violeta, será discutido no Capítulo 7.)

Os Anjos Solares "reduzem" a vibração das freqüências da perfeição solar de Deus, de modo que nós, na Terra, possamos recebê-la. Por causa do seu particular interesse, somos capazes de usar essas freqüências para imaginar a saúde perfeita, a juventude eterna, a beleza radiante, a abundância — cada aspecto da perfeição de Deus para nós. Os Anjos Solares nos ajudam a fazer de nossas vidas uma expressão do pensamento perfeito que Deus tem em relação a nós.

Os Anjos do Karma trabalham com as pessoas e com o grande processo da evolução. Eles nos ajudam a dominar nossos pensamentos, sentimentos, palavras e ações, de maneira que possamos aprender a evoluir a partir de nossas experiências. Eles nos ajudam a compreender que somos responsáveis por nossas ações e que a vida é uma sala de aula em que devemos aprender. O serviço deles sempre é o do amor divino. Enquanto as Potestades regem a lei da causa e do efeito, os Anjos do Karma trabalham diretamente com os seres humanos para ajudá-los a compreender essa lei quando ela lhes diz respeito.

Resumindo, o terceiro nível do reino dos anjos é formado pelos Principados, que têm a seu cargo as religiões, os países e os seus líderes; pelos Arcanjos, que são os nossos importantes emissários; e pelo Anjos, que se especializam em serviços particulares e entre os quais estão os nossos Anjos da Guarda.

Explorando o reino dos Anjos, cobrimos a ampla gama de suas vibrações e funções, dos Serafins até os Anjos. Os escritos de Dionísio nos serviram como modelo, usado durante séculos para ajudar os que gostariam de saber mais a respeito de como o Céu é organizado. No entanto, ao explicar a vocês fatos referentes aos anjos, eu gostaria, agora, de ampliar a sua compreensão e ajudá-los à medida que continuam a leitura deste livro.

Além da natureza de nove múltiplos do reino angélico, em sua obra *The Gnosis and The Law*, Tellis S. Papastavro faz referência ao que é chamado de natureza de doze múltiplos, ou seja, as doze virtudes e naturezas de Deus.[9]

Quando Deus criou o Universo, Sua divina ação mental emitiu doze raios de luz, cada um deles representando um aspecto da Sua natureza de doze múltiplos. Cada raio ou conceito puro nasce eternamente da mente de Deus e cristaliza uma de Suas virtudes. Você pode pensar em Deus como sendo um gigantesco sol, com Sua luz brilhando através do prisma da consciência, dividindo-se em doze raios distintos. Cada raio conduz a essência do seu ideal puro para dentro de cada aspecto ou nível de consciência no universo (Vide Figura 2.2).

Patrícia Diane Cota-Robles, em seu livro *Your Time Is at Hand*, identifica doze Arcanjos e seus equivalentes femininos, chamados Archaii, que participam na manifestação desse aspecto de doze múltiplos de Deus. As pessoas podem entrar em sintonia com o ideal de cada raio e também requerer a ajuda do Arcanjo e dos Archaii de cada raio para melhor manifestar esse ideal em suas vidas. Segundo Cota-Robles, esses raios formam o que ela chama de os "Doze Aspectos Solares da Divindade".[10]

Nos meus grupos de trabalho, as pessoas freqüentemente me perguntam a respeito dos doze raios, porque muitas têm consciência apenas de sete raios e de sete Arcanjos, sem saber que, na verdade, eles são doze. Os

OS DOZE RAIOS DA CONSCIÊNCIA DE DEUS

Raio	Palavras-chave	Cor	Arcanjo e Archaii	Atributos divinos	Pensamento-seminal
1	Vontade de Deus	Azul-safira	Miguel, Fé	Fé, Poder, Proteção e Ordem	Energia-luz
2	Iluminação	Amarelo	Jophiel, Constância	Iluminação divina, Sabedoria e Compreensão	"Assim no Alto como Embaixo"
3	Amor divino	Rosa	Chamuel, Caridade	Amor divino, Adoração e Tolerância	Amor divino
4	Pureza	Branco	Gabriel, Esperança	Pureza, Esperança, Ressurreição e Ascensão	Vibração
5	Verdade e cura	Verde-esmeralda	Rafael, Maria Mãe	Cura, Concentração e Visão interior	Ciclos
6	Ministrando a graça	Rubi	Uriel, Dona Graça	Ministração, Serviço altruísta e Graça	Lei de causa e efeito

7	Liberdade	Violeta	Zadkiel, Ametista Sagrada	Perdão, Misericórdia e Compaixão	Transmutação
8	Clareza	Água-marinha	Aquariel, Clareza	Percepção, Discernimento e Clareza	Polaridades
9	Harmonia	Magenta	Anthriel, Harmonia	Equilíbrio, Harmonia e Segurança	Harmonia
10	Paz	Ouro	Valeoel, Paz	Paz, Conforto, Calma Interior e Equilíbrio	Equilíbrio
11	Finalidade Divina	Pêssego	Perpetiel, Alegria	Vitória, Realização, Alegria e Objetivo	Perfeição
12	Transformação	Opala	Omniel, Opalescência	Transformação, Transfiguração e Renascimento	Unidade

Figura 2.2 – A comunhão com os anjos pode ser aperfeiçoada meditando-se sobre os ideais divinos dos doze raios.

aspectos de Deus sempre totalizaram doze, mas há milênios a humanidade tem operado apenas com os sete aspectos inferiores dos grandes dons de Deus. Junto com as outras dramáticas mudanças mundiais que mencionei no início deste capítulo, também estão ocorrendo grandes modificações espirituais. Uma das mais importantes é o fato de a nossa consciência estar ultrapassando os limites da terceira dimensão e atingindo uma nova conscientização das atividades quadridimensionais, tais como o reino dos anjos. À medida que a Terra e a humanidade estão se erguendo para esse reino mais elevado de conscientização e de vibração, torna-se mais fácil para nós perceber o nosso Eu Superior, que está unido a Deus em âmbito superconsciente. Isso se deve ao influxo dos cinco últimos raios.

A humanidade foi planejada originalmente para manifestar todas as doze energias de maneira semelhante a Deus. Hoje, os anjos estão nos encorajando a responder novamente ao chamado interior para sermos os gloriosos seres de luz múltiplos de doze que éramos no início. Em outras palavras, eles querem que despertemos para a nossa verdadeira identidade: um filho amado de Deus, que é formado por todos os doze aspectos da Presença de Deus.

Os Arcanjos e os Archaii são amados irmãos e irmãs do reino celeste, cuja assistência está nos ajudando a evoluir além dos limites das nossas mentes finitas. Invoque-os para a sua vida e eles responderão de forma altruísta. À medida que expandirmos a nossa conscientização dos doze raios, eles nos guiarão para aprendermos como fazer para usar estas doze qualidades da perfeição de Deus na nossa vida.

A tabela mostrada na Figura 2.2 é um instrumento palpável para ser usado no seu trabalho diário de meditação. Ela pode ajudar você a atingir o seu potencial completo, fundindo-se com a Presença de Deus. Leia a tabela na íntegra. Em seguida, fique tranqüilo e peça que os anjos lhe revelem em qual dos raios você deve se concentrar primeiro. O seu anjo o guiará ao raio que pode ser de maior ajuda para você neste exato momento da sua vida. Você pode fechar os olhos e deixar que o dedo corra pela tabela. Pare no lugar onde achar que é "certo" parar. Ou então, espere que um "sentimento" se manifeste em você quando estiver lendo a tabela. É possível que tenha de fazer várias tentativas até que a "mensagem" seja transmitida, mas não desista. O seu anjo também não desistirá.

Focalize os nomes do Arcanjo e do Archaii referentes àquele raio em particular. Convide esses anjos a entrar na sua vida. Quando tem um problema especial de saúde, você procura um médico especializado no assunto; portanto, pense nos Arcanjos e nos Archaii de cada raio como especialistas capazes de ajudar você a compreender a energia desse raio. Concentre-se na palavra-chave enquanto estiver visualizando a cor do raio que o circunda. Veja a si mesmo inundado e repleto dessa cor. Veja a cor sendo magnetizada para você e também se irradiando a partir de você. Leia os atributos divinos do raio e pense sobre as maneiras pelas quais você pode aplicá-los. Encontre uma atividade prática que possa ser feita hoje e que sirva para exemplificar essa qualidade. Agora leia o pensamento-seminal associado ao raio. A qualquer momento você pode usar esses pensamentos-seminais como temas de intensas meditações. Os pensamentos-seminais podem conduzi-lo mais profundamente para os reinos superiores da verdade de Deus e para manifestar ainda mais a essência de cada ideal.

Trabalhe com um raio particular até ter uma sensação de que algo está completo. Depois desse momento, peça aos anjos que lhe revelem qual é o próximo raio com o qual deverá trabalhar. Faça a experiência com todos os doze raios — você tanto poderá passar uma semana ou uma vida inteira com isso, mas pode ter a certeza de que vale a pena.

Uma importante questão que com freqüência é formulada durante minhas palestras e grupos de trabalho é a seguinte: "E o que se pode dizer sobre Lúcifer e os anjos caídos?" Se bem eu não goste de fornecer energia às forças sombrias nas minhas palestras e nos meus textos, acho que, apesar de tudo, devo mencioná-las aqui. Além dos anjos que formam os nove coros do reino angélico, existem os anjos caídos, os que caíram da graça de Deus. Esses são os anjos que, liderados por Lúcifer, se rebelaram contra as leis de Deus. Antes de sermos criados, o Arcanjo Lúcifer governava o reino dos anjos e era conhecido como o príncipe governante. Como todos os anjos, ele originalmente foi criado como um anjo de luz para glorificar e servir a Deus. A seguinte citação descreve o poder dele: "Fiz de ti o Querubim protetor de asas abertas; estavas no Monte Santo de Deus, e andavas no meio de brasas ardentes. Foste perfeito na tua conduta desde o dia da tua criação até o dia em que se achou maldade em ti" (Ezequiel 28:14-15). Que maldade foi essa? Foi o orgulho e a cobiça. Lúcifer queria governar o céu e a totalidade da criação de Deus. Ele queria ser adorado, não queria adorar a Deus.

Como resultado do seu desejo de tomar o lugar de Deus, houve uma rebelião no céu entre os anjos que se mantiveram fiéis a Deus, liderados pelo Arcanjo Miguel, e os anjos que se aliaram a Lúcifer. Derrotados por Miguel, Lúcifer e seus seguidores foram banidos do céu e desde então tentam controlar a Terra.

Apesar de reconhecer a existência das forças das trevas, prefiro seguir o exemplo de Jesus tal como está descrito em Lucas 4:8, quando Ele disse ao tentador: "Adorarás ao Senhor teu Deus e só a ele prestarás culto." A verdade, segundo a qual eu vivo, é que Deus é a única força onipotente no universo e que as tentações das forças das trevas nada mais são que meras oportunidades para que eu veja a magnífica luz de Deus quando contrastada com essa escuridão. Quantas vezes "vimos a luz" quando as condições se tornaram escuras e desesperadoras? Realmente, trata-se de um contraste sublime.

Uma das leituras de Cayce aborda esse conceito: "Foi compreendido pela maioria dos que atingiram a conscientização das várias apresentações do bem e do qual em formas manifestas, como já indicamos, que o príncipe deste mundo, Satã, Lúcifer, o diabo — como uma alma — criou essas necessidades a partir da conscientização na materialidade; que o ser humano pode — ou que a alma pode — perceber sua separação em relação à força de Deus" (262-89).

Acredito que, apesar de existir um anjo caído chamado Satã, simplesmente prefiro não acreditar nele. Eu acredito em Deus Pai, em Cristo, seu Filho, no Espírito Santo e nos anjos cujos serviços glorificam a Trindade. Apesar de o nosso mundo estar repleto das influências das forças escuras que, por vezes, dão a impressão de estar causando um grande caos, eu acredito que Deus sempre terá a última palavra — e que a Sua última palavra será boa; além disso, ela será transmitida com muita alegria por todos os membros do reino angélico.

Assim que compreender os serviços dos anjos que refletem a glória e a bondade de Deus, você pode sincronizar a sua consciência com esse grupo de anjos e permitir que a qualidade especial deles passe para você e se manifeste na sua vida. Como afirma o conhecido hino gospel, "Fique comigo". Você pode realmente convidar a essência angélica específica que você deseja que fique com você, e nos dois próximos capítulos eu lhe mostrarei como é possível fazer isso.

·CRIS ARBO·

Capítulo 3

Medite com os Anjos

"Enfim, irmãos, tudo o que há de verdadeiro,
digno, justo, puro, amável, honesto,
tudo o que é virtuoso e elogiável,
seja o objeto dos vossos pensamentos."
Filipenses 4:8

A finalidade deste livro, como já afirmei, é a de mostrar como comungar com uma das partes mais belas, sábias e amorosas da criação de Deus — os anjos — e este capítulo descreve uma maneira de se fazer isso.

Deus criou o reino dos anjos, por um lado, para expressar Seu desejo externo de atender aos nossos pedidos de ajuda e, por outro lado, para responder a perguntas quando sentimos necessidade de iluminação. Os anjos estão sempre à disposição e a meditação é uma das melhores maneiras de entrarmos em comunicação com eles. Por intermédio da meditação podemos realmente "chamar" os anjos, como se estivéssemos telefonando para eles. Seus números não são secretos e não se trata de uma chamada dispendiosa. Pelo contrário, ela é gratuita e está acessível a todos nós, vinte e quatro horas por dia.

O que é a meditação? Ela é o nosso mecanismo interior para receber as visões e os sons do céu e para nos lembrar de quem realmente somos. É a focalização da mente nas energias mais sutis do universo interior. É a oportunidade que temos de expandir a nossa consciência e de entrarmos em contato com a percepção da verdade divina de que de fato formamos uma unidade com Deus. Com um pouco de prática, a meditação pode ser uma experiência transcendental e de transformação.

A prática da meditação tornou-se bastante difundida nos Estados Unidos nos anos 60, mas ela tem sido utilizada há milênios no mundo inteiro — do judaísmo ao cristianismo, do hinduísmo ao budismo. No entanto, ainda há muitos equívocos quanto à sua prática, principalmente no Ocidente. Muitas pessoas a transformam numa coisa mais complicada do que precisaria ser, ao passo que outras a simplificam demais. Joel Goldsmith, em seu livro *The Art of Meditation,* explica-a da seguinte forma: "À medida que começamos a reconhecer o nosso bem como um presente de Deus, deixamos a mente do raciocínio, do pensamento e do planejamento relaxar. Ouvimos a pequena voz tranqüila, sempre atenta... o Pai interior. Ela nunca nos abandona, nem nos deserta. Esse ato de ouvir é a arte da meditação, em cujo aprendizado chegamos a um lugar de transição onde a verdade deixa a mente e entra no coração."[1]

A meditação com os anjos é um convite para que eles nos falem e se revelem a nós. Não é uma tentativa de chegar até eles, porque eles já estão conosco. Na meditação, atingimos um estado em que nossas energias se misturam às energias dos anjos, de tal modo que nos conscientizamos deles e do amor que eles têm por nós.

O silêncio é a chave para meditar sobre o reino angélico. Ele é necessário porque permite que aquietemos nossa mente "pensante" consciente, para podermos vivenciar os anjos à proporção que eles comungam conosco e tentam nos apresentar às maravilhas do mundo espiritual.

A meditação exige prática e paciência. No entanto, como resultado do seu comprometimento, você pode passar por uma intensa comunhão com os anjos. Ela pode trazer-lhe benefícios de saúde na forma de mais vigor e de redução da tensão. Você poderá ter uma sensação de tranqüilidade quando os anjos vierem até você e o encherem com o seu amor e a sua cura. A experiência da meditação com os anjos pode deixar você desejoso de multiplicar as oportunidades de experimentar essa bênção maravilhosa. O tempo que você gasta com orações e pensando a respeito dos anjos é a base do trabalho que pode abrir a porta para profundas meditações sobre os anjos.

Há muitas formas de se atingir o estado de meditação com os anjos. O item principal a ser lembrado é que você deve praticar todos os dias num mesmo horário para que se estabeleça um ritmo na sua vida. Isso produzirá os melhores resultados. Eu medito com os anjos duas vezes por dia: uma vez pela manhã, logo depois de acordar, e outra vez à noite, antes de ir dormir.

Transformo o meu tempo de meditação num ritual de alegria. Quando começo, invoco os anjos com entusiasmo para participarem do meu ritual. "Invocar" significa recebê-los com agrado e convidá-los a fazer parte da minha meditação, para fazer parte do meu dia, parte da minha vida. Minha invocação pode ser uma frase simples, tal como "Bom dia, doces anjos! Vocês são bem-vindos na minha vida!" ou "Eu amo vocês!"

Os anjos são integrantes indispensáveis da sua vida espiritual. Se esta for a sua primeira "conversa" com eles, convide-os formalmente a se juntar a você. Um convite simples, desde que parta do coração, será suficiente. Alguma coisa como: "Venham compartilhar este momento comigo." Diga essas palavras em voz alta e não pense que está tendo uma atitude infantil. Com o seu convite, você estará declarando a sua intenção e o seu desejo de se comunicar com eles. Você pode dar uma verdadeira força à sua invocação dizendo em voz alta e clara: "Em nome de Deus Pai-Mãe, peço aos Tronos que se reúnam em torno de mim e me ajudem a orar."

As invocações podem ser um gesto de boas-vindas ou um veemente pedido de ajuda. Tente a seguinte na próxima vez que procurar proteção:

> "Arcanjo Miguel, protege-me aqui e agora dos perigos e dos ataques! Coloca-me sob a sua poderosa proteção, envolve-me na tua força e fica de guarda em volta de mim! Com tua espada brilhante e gloriosa que venceu o dragão, afasta de mim todos os males!"

Quando você se preparar para meditar com os anjos, use roupas folgadas e confortáveis para não se sentir preso. Caso essa for a sua primeira experiência com a meditação, tente encontrar um lugar calmo e tranqüilo na sua casa, onde possa meditar a qualquer hora. Talvez você queira queimar um bastão de incenso, fazer um arranjo de flores ou acender velas. Talvez você também queira acrescentar música relaxante ao ambiente.

Depois de adotar uma posição confortável, comece a relaxar no espaço que criou para si mesmo. A posição do corpo não é importante: você pode usar uma cadeira, sentar no chão ou deitar-se. Seu corpo sabe instintivamente como relaxar, de maneira que é suficiente que você siga as sugestões que ele lhe transmitir.

Escolha uma posição de modo a evitar que alguma luz brilhante incida diretamente sobre os seus olhos. Relaxe e respire profundamente durante alguns segundos. Liberte-se de todas as tarefas que precisarão ser feitas durante o dia e de tudo o que você fez antes desse período de meditação.

Concentre-se na meditação com a intenção de expressar o seu amor pelos anjos e de comungar com o amor dele por você. É sempre melhor não entrar nesse estado esperando resultados, porque você estará dizendo antecipadamente à sua mente o que ela irá ver. Segundo *O Segredo da Flor Dourada*, um valioso texto oriental que trata da meditação, "a decisão deve ser executada com o coração repousado, sem procurar o sucesso; agindo assim, o sucesso virá por si mesmo".[2]

Em seguida, sempre gosto de começar fazendo uma oração. Eu penso antecipadamente nas palavras que direi aos anjos. Uso esse período para fazer pedidos de cura para mim mesma, para minha família e meus amigos. Eu também rezo por todas as pessoas que sinto que não estão em harmonia — pessoas que eu posso estar encontrando dificuldade de amar. Fazendo isso, livro-me do conflito, de maneira a poder abrir espaço para as mensagens que irei receber e as experiências que irei ter.

Depois de ter rezado, eu focalizo um aspecto dos anjos. Por exemplo, eu posso pensar a respeito da palavra "paz". No decorrer dos meus anos meditando com os anjos, aprendi que a paz deles é uma influência muito tranqüilizadora na minha vida. E assim, quando penso na paz dos anjos, constato que estou, eu mesma, transformando-me nessa paz. Para que isso aconteça, penso sobre a paz e sobre as formas pelas quais essa paz pode ser expressa. "Inspiro" paz para mim e "expiro" paz para o mundo. Logo em seguida, começo a me sentir profundamente em paz e em sintonia com os anjos. Gosto de ficar sentada calmamente e de continuar "inspirando" a paz e o poder deles. Depois, passo alguns momentos simplesmente gozando da radiação do seu amor e da sua luz.

Nos meus cursos de conscientização angélica, as pessoas costumam me perguntar se devem ou não confiar em tudo o que vêem e ouvem durante a meditação. Isso nos leva ao importante assunto da imaginação. Não existe coisa alguma que não seja imaginação, pois tudo o que existe teve sua origem na imaginação de Deus. A imaginação é uma parte natural da mente externa, a fonte de todas as idéias. Ela está sempre presente e você sempre poderá usá-la. Mesmo as pessoas que acham que não têm imaginação ou que se queixam dizendo que encontram dificuldade na visualização têm a possibilidade de desenvolver um uso intenso da imaginação com um pouco de treino e prática.

Sempre me diverte a constatação de que são justamente as pessoas que me dizem que não têm imaginação as capazes de visualizar intensamente o pior que lhes pode acontecer. A imaginação delas trabalha de forma muito intensa — mas não de maneira que sirva de apoio ao seu bem-estar.

Por isso, nas meditações com os anjos, eu o encorajo a "inventar coisas". Vá em frente e imagine o que for melhor para você. A imaginação é um dom poderoso que a sua mente compartilha com a mente de Deus. Usando-a intencionalmente, sobretudo no início do aprendizado da meditação, você estará, por assim dizer, lubrificando o seu poder de visualização para uma meditação futura mais profunda.

Por meio da imaginação, consegui atingir níveis mais elevados nas minhas meditações, o que me permite abordar idéias que estão além dos meus conhecimentos e experiências. Atingi a Mente onisciente e fui abençoada com a fantástica capacidade de conhecer alguns dos mais sublimes lugares do céu. A palavra *imaginação* deriva de *imago*, que em latim significa imagem. Usando a sua imaginação você está abordando a imagem de Deus, presente dentro de todos nós. Usar a sua imaginação equivale a usar a divindade na sua vida. Um nome apropriado para a imaginação é Deus. Trabalhar com a imaginação nas suas meditações diárias equivale a trabalhar com Deus.

Se você praticar regularmente a meditação com os anjos, acabará sentindo uma mudança que lhe dará a sensação de que o seu quarto ficou repleto de luz — como se você também fizesse parte do grupo de criaturas celestiais. Você também poderá sentir especificamente a presença do seu Anjo da Guarda. Poderá sentir um calor em torno do corpo, uma presença em volta dos ombros, ou um movimento de energia, semelhante a uma "brisa" de luz.

Quando medito com os anjos, se percebo um sinal ou uma mensagem vindo para mim, eu a aceito. Isso pode manifestar-se como uma visualização que se forma diante do meu olho mental ou como uma suave voz interior que fala comigo. Quando não há mensagens, mesmo assim agradeço aos anjos, porque sei que o meu dia estará repleto com as bênçãos deles, uma vez que eu, pelo menos, me lembrei de convidá-los a participar do meu dia.

Constatei que, muitas vezes, o que acontece durante a meditação não é tão importante quanto o que acontece depois dela. Os benefícios irão se manifestar na sua vida diária. Você irá perceber que o amor que você sente ao meditar com os anjos permanecerá com você durante o dia inteiro. Essa experiência espiritual pode fornecer-lhe a energia necessária para enfrentar qualquer problema com o qual você se depara no mundo material.

À medida que você praticar a meditação com os anjos, você começará a ver um desenvolvimento gradativo da facilidade com a qual você consegue se acalmar, ou consegue "ingressar no silêncio" e sentir a presença dos anjos. Graças à prática regular da meditação, você perceberá que fica mais fácil entrar no estado de meditação e acalmar-se quando quiser.

As idéias seguintes de meditação foram elaboradas com a finalidade de colocá-lo em contato com o seu Anjo da Guarda. Usando-as com regularidade, você poderá aumentar sua capacidade de comungar com o reino angélico. Concentre-se diariamente nesse desejo honesto de comungar com o seu Anjo da Guarda e, com certeza, você verá logo os resultados.

Meditação do Anjo da Guarda

Comece pensando na cor que usará para identificar o seu Anjo da Guarda. Seja qual for a cor que venha à sua mente, você pode confiar que é essa e que deverá ser usada. Em meditações futuras, você poderá captar o pensamento de mudar para uma cor diferente. Por enquanto, visualize essa cor como um pequeno ponto de luz dentro do seu coração. Deixe que esse ponto de luz cresça cada vez mais até preencher todo o seu coração, todo o seu peito e continue se expandindo até preencher todo o seu ser. Imagine ou visualize que *você é essa cor*, do topo da cabeça até a ponta dos dedos e as extremidades dos pés. Imagine que os anjos pegaram pincéis e o pintaram dessa cor, por dentro e por fora.

"Sentindo" a expansão dessa cor à medida que ela cresce cada vez mais, você está se abrindo para receber o amor que o seu Anjo da Guarda sente por você. Deixe que a cor saia pelos seus poros e encha o seu quarto com a sua essência. Em seguida, visualize como ela enche todos os espaços de sua casa. Deixe que ela se expanda ainda mais, colorindo a sua comunidade, a sua cidade, o seu Estado, o seu país, o mundo e o universo inteiro. Expandindo a cor desse modo por meio da visualização, você está, na verdade, compartilhando o amor do seu Anjo da Guarda com a totalidade da criação de Deus. Acrescentando seu amor a ele, sua experiência tornar-se-á ainda mais intensa. A meditação não deve ser apenas uma experiência de amor por você, mas por todo o universo.

Depois de ter sentido o seu Anjo da Guarda como uma simples cor, focalize a sua receptividade e tente sentir o gênero a que pertence o seu Anjo da Guarda. Apesar de os anjos terem sexo, eles podem manifestar-se como representações da natureza masculina ou da natureza feminina de Deus. Para nos ajudar, os nossos Anjos da Guarda assumem um ou outro sexo, dependendo do apoio que está sendo necessitado em nossas vidas. Portanto, sinta dentro de si se o seu anjo é masculino ou feminino. Você pode querer fazer essas declarações para si mesmo e ver qual lhe parece mais verdadeira no seu caso específico: "Meu anjo é masculino." "Meu anjo é feminino."

Depois de ter determinado o sexo do seu Anjo da Guarda, sinta a presença dele com você. Está totalmente correto sentir o seu anjo como uma energia. Se você não vir realmente uma forma na sua imaginação — rosto, ombros e "asas" — satisfaça-se com a sensação e tente dar continuidade a essa presença com muito amor e gratidão.

Agora, pergunte a si mesmo que nome você gostaria de dar como presente ao seu Anjo da Guarda. Preste atenção ao que lhe diz a sua voz interior e confie na resposta. Pode ser um nome do qual você gostava muito quando criança. Se o sexo do anjo for idêntico ao seu, poderá ser o nome que você gostaria de ter. Também pode ser um nome bíblico, ou qualquer combinação de sons que você julgue atraente. Fique totalmente aberto para a experiência de dar um nome ao seu Anjo da Guarda.

Em seguida, decida o que quer comentar com ele durante a meditação. Examine a sua vida e pense nas suas preocupações. O seu anjo é o seu melhor amigo. Portanto, pense no que gostaria de receber hoje do seu amigo. Pode ser qualquer coisa, desde pedir conselhos quanto à melhor maneira de lidar com a fadiga do trabalho a como atrair maior abundância para a sua vida. Talvez você queira ajuda para desenvolver seus dotes mediúnicos ou saber que passos pode dar para expandir a sua consciência espiritual.

Depois de saber o que deseja, converse com o seu Anjo a respeito do que está acontecendo na sua vida nessa determinada área, pouco importando se são os seus relacionamentos, as finanças, o crescimento espiritual ou as preocupações com a saúde. Compartilhe tudo isso com o seu anjo. Explique-lhe o que está acontecendo do seu ponto de vista. Compartilhe com ele os seus pensamentos, as emoções e os sentimentos. Vá em frente! Fale em voz alta ou apenas em pensamentos.

Seja honesto e direto. "No decorrer deste último mês, passei a me sentir cada vez mais atropelado! É como se eu não estivesse mais ao volante da minha vida, como se eu estivesse perdendo o controle sobre as coisas. Tenho a impressão de que me fazem tantas exigências. Estou constantemente sentindo uma grande ansiedade, como se não houvesse tempo suficiente para fazer tudo o que precisa ser feito. Quero desacelerar as coisas, mas simplesmente não sei por onde começar. Tudo parece ser muito 'maior' do que eu: as demandas que enfrento no trabalho e também em casa. Eu gostaria de poder me segurar em alguma coisa. Por favor, mostre-me como readquirir o controle sobre a minha vida."

Quando tiver explicado por completo o que está ocorrendo na sua vida, visualize-se parado em um prado. Visualize agora um caminho que está se formando à sua frente. Esse é o caminho que o conduzirá em direção a uma resposta. Siga por esse simpático caminho verde que o levará a um lugar de harmonia, que eu, pessoalmente, costumo chamar de "Monte da Harmonia". Saiba que o seu Anjo da Guarda o acompanhará nessa caminhada até essa colina. Sinta a paz e o amor que o estão envolvendo de todos os lados. Pare e relaxe no topo da colina. Sente-se no topo da colina em meio a essa esplêndida paisagem, cercado de cores radiantes e brilhantes e com muitos pássaros cantando. Observe. Ouça. Sinta. Deixe tudo muito claro na sua mente. Permaneça aí durante o tempo que quiser ficar e alimente-se desse lugar. Observe com atenção o cenário que o cerca, ao mesmo tempo que a experiência o deixa carregado de energia e como que engrandecido.

Se em algum instante, durante a meditação, algo o distrair, simplesmente deixe que o seu Anjo da Guarda acalme a sua aura e volte tranqüilo para a sua meditação e ao seu lugar de grande harmonia.

Veja agora, diante do seu olho mental, aparecer à sua frente uma ponte — uma ponte feita de luz. Levante-se e atravesse essa ponte que leva ao reino angélico. Não seja apenas um espectador observando-se enquanto atravessa a ponte. Procure realmente *sentir* e *imaginar* como você se levanta e caminha. Focalize a sua consciência na travessia da ponte e, caso sinta essa necessidade, diga a si mesmo: "Estou atravessando a ponte na companhia do meu Anjo da Guarda." Quando chegar ao outro lado, reconheça que chegou ao reino angélico.

Você cruzou essa ponte para poder chegar a um nível mais elevado de consciência. Do outro lado da ponte há um número ilimitado de lugares que você pode visitar. Peça ao seu anjo para conduzi-lo a uma biblioteca onde você possa verificar e coletar informações que o ajudarão a solucionar o seu problema. Veja-se entrando num grande edifício branco e escolhendo uma sala. Entre nessa sala e veja as pilhas e mais pilhas de livros antigos e grossos. Pegue um desses volumes pesados da estante e abra-o. Leia as palavras ou observe os símbolos que lhe forem mostrados.

Em vez de uma biblioteca, você também pode pedir para ser levado à presença de um mestre que lhe dará as explicações do que você precisa saber. Peça uma resposta a esse mestre. Saiba que você está se abrindo a respostas e experiências de muitas fontes no reino angélico. Você pode participar de cursos na companhia de outros que também estão em busca de algo. Você pode visitar os grandes depósitos da sabedoria; pode pedir que alguém lhe recite um poema ou cante uma canção. Deixe que o seu Anjo da Guarda o conduza para as novas informações que está procurando.

Se em algum momento lhe for mostrado algo que você não consegue compreender, peça que isso lhe seja apresentado de uma forma diferente. Aproveite essa jornada para fazer tudo o que você precisa fazer. Se necessitar de maiores esclarecimentos, peça-os e tenha a certeza de que eles lhe serão fornecidos. Você pode pedir para ser levado a um jardim de curas, onde um Anjo da Cura aguarda por você. Fale com esse anjo e depois ouça atentamente tudo o que ele tiver para lhe dizer. Reflita a respeito disso tudo e aceite tudo o que lhe for dado na sua jornada. Novamente, saiba que você pode formular perguntas sempre que quiser. Visualize não apenas o seu próprio Anjo da Guarda, mas também outros anjos que passarem ao seu lado. Permita que essa "fortaleza" angélica ajude a você sentir no seu interior o apoio dos anjos à medida que eles transmitam cura e forças a você durante a sua meditação.

Seja ativo na sua meditação. Construa uma ponte, ande pelo caminho, escolha um lugar que queira visitar. Como em todas as outras áreas da sua vida, seja responsável na sua meditação. Faça com que as coisas aconteçam!

Quando chegar o momento de encerrar a meditação, agradeça ao seu Anjo da Guarda por ter-lhe servido de guia e ofereça uma bênção a ele. Agradeça as experiências que teve durante a meditação e as informações que recebeu ou acredita que receberá como resultado dessa experiência de passar para uma dimensão superior.

* * *

A finalidade de se procurar comungar com os anjos não é a de escapar, de sair da sua mente ou do seu corpo. É, isso sim, ser quem você é dentro do corpo no qual vive, e também perceber como você realmente existe num nível transcendental mais elevado, o reino angélico. Meditando com os anjos, você enriquecerá sua vida diária porque de fato trará um pouco da energia celeste para a consciência terrestre. Você irá sentir uma vibração mais elevada de sabedoria e fé, de coragem e amor.

Na meditação, aprendemos a cooperar com os anjos e a nos comunicar com eles. Os anjos têm em abundância o conhecimento e a compreensão de Deus, qualidades que eles querem compartilhar conosco. No entanto, precisamos nos mostrar dispostos, precisamos ficar alertas, ativos e nos manter despertos quando estamos meditando com os anjos.

Quando "chamamos" os anjos durante a meditação, estamos conectando as linhas telefônicas da nossa central terrestre com as do reino angélico. Estamos abordando e utilizando a sabedoria, o amor e a força do céu. Estamos pedindo aos anjos para que eles compartilhem conosco de todos os tesouros armazenados para nós no céu. Por meio das mensagens que eles nos transmitem na meditação, os anjos podem transformar-se numa verdadeira fonte de apoio, de coragem, de perseverança, de inspiração e de amor.

E possível que você hesite em abrir as linhas de comunicação com os anjos por ter medo de discar o número errado, o que poderia levá-lo a conversar com uma energia negativa ou sombria. Não é nenhum exagero enfatizar que a sua mente sempre seguirá as suas intenções. Se você estiver procurando se comunicar com os anjos da luz e, conseqüentemente, invoca esses anjos para que eles participem da sua meditação, é preciso que saiba que está sincronizado exclusivamente com as vibrações dos anjos. Não há motivo algum para ter medo.

No que diz respeito à meditação, sou uma das pessoas que se esforçaram muito para meditar. Acredito que, quando somos encorajados pela Bíblia a "pagar o dízimo", ou seja, a dar um décimo de nossos bens a Deus, isso também significa dar uma décima parte do nosso tempo. E como o dia tem 24 horas, eu me esforço para devolver a Deus 2,4 horas em tempo gasto com orações, meditações e servindo aos outros. Eu me esforço para manter os horários que reservo para a meditação todas as manhãs e todas as noites. Por causa desse compromisso que assumi, consegui me desenvolver a tal ponto que sou capaz de me comunicar com os anjos até mesmo quando não estou num estado de contemplação e meditação. Você também poderá fazer isso, ou pelo menos chegar perto disso, desde que adote uma prática regular.

Minhas experiências com a meditação foram múltiplas. Ouvi mensagens que me foram sussurradas suavemente. Vi espetáculos luminosos de energias coloridas. Numa experiência particular, eu estava me sentindo muito frustrada, por não saber como fazer para combinar meus serviços como massagista profissional e como leitora intuitiva. Eu tinha feito um curso de massagens e já recebera meu registro como membro da Associação Norte-Americana de Massagem Terapêutica, e também desenvolvera minhas habilidades mediúnicas a um ponto em que estava bastante fluente na transmissão de mensagens. Eu não sabia qual desses talentos deveria transformar em serviço para os demais e me sentia puxada em duas direções opostas.

Comecei a meditar, e devo confessar que fui bastante rude na maneira como exigi uma resposta para o meu problema. Eu disse: "Quero falar direto com Deus — se não for Ele, não serve!" Mergulhei no silêncio e imediatamente tive uma visão na qual eu era pega por uma mão enorme e depositada numa cadeira gigantesca. Ouvi então uma voz que me perguntou: "Agora me diga: o que é tão importante assim?"

Respondi: "Preciso saber o que se espera que eu faça. Devo me dedicar às massagens ou às leituras intuitivas?"

A voz respondeu: "A resposta é duas vezes sim. Você irá fazer as duas coisas."

Em seguida, mostraram-me uma imagem da pintura de Michelângelo, "A Criação do Homem", na qual o dedo de Deus quase toca o dedo de Adão. Recebi a mensagem de que iria "tocar" aqueles que serviria com minhas mãos, dando-lhes massagens físicas e energéticas, e que, ao mesmo tempo, eu os tocaria mentalmente com minhas palavras por meio das leituras mediúnicas. Vi letras enormes passando pela tela da minha mente, formando uma palavra: TRANSFORMASSAGEM. Fui informada de que o nome da técnica seria "Transformassagem", e também que as pessoas que se submetessem a ela teriam a oportunidade de serem transformadas física, emocional, mental e espiritualmente. No final da visão, minha consciência foi trazida de volta ao quarto onde eu estava.

Depois dessa experiência, entrei em ação e passei a promover a técnica da Transformassagem. Trabalhei com clientes durante vários anos, até chegar um momento em que fui incumbida de aplicar minhas energias em trabalhos com o reino angélico e com a Sintonização dos Anjos. A técnica da Transformassagem foi uma parte muito importante do meu desenvolvimento, que me levou a trabalhar diretamente com os anjos. Isso me deu uma maravilhosa experiência de trabalhar ao mesmo tempo com todos os níveis do corpo, que é uma parte importante da técnica da Sintonização Angélica, que irei descrever em capítulo posterior.

Também recebi várias mensagens bem-humoradas que me foram transmitidas durante a meditação. Em determinada ocasião, eu estava expressando a minha tensão provocada pelo fato de ter de dar muita atenção ao que parecia ser uma quantidade exagerada de detalhes no meu trabalho. Eu estava questionando os motivos pelos quais tinha tanta coisa para fazer. Os anjos deram-me então a visão de uma cama. Sobre a cama estava um burro enorme. Vi uma colcha descendo do céu para cobrir o burro. Intuitivamente, soube que os anjos estavam dizendo que o trabalho com os detalhes era importante para manter o meu "burro" sempre confortavelmente coberto! Essa meditação fez com que eu ganhasse mais respeito pela importância da atenção que deve ser dada aos detalhes.

A meditação sempre me forneceu muito consolo quando tive de enfrentar a realidade de pessoas amadas fazendo sua transição para outro plano. Numa dessas ocasiões, eu estava sentindo um medo enorme por causa da possível perda de alguém que eu amava muito. Eu havia entrado em meditação e, imediatamente, senti que, apesar de estar fisicamente sentada numa cadeira, meu corpo estava sendo colocado numa posição horizontal. Eu estava adquirindo a forma de um barco e comecei a flutuar no espaço.

Quando ergui os olhos da minha posição horizontal, vi a imagem de uma figura assustadora, que reconheci imediatamente como uma personagem do tipo "ceifadora de vidas". Essa criatura fez tudo o que se poderia imaginar para me assustar e amedrontar. De repente, dei-me conta de que eu não estava com medo dela ou das coisas que ela fazia. Disse-lhe que não estava com medo e olhei diretamente nos seus olhos. Sua imagem assustadora transformou-se então numa bela criatura de luz, que estava enviando vibrações de amor para mim. A figura então disse: "Eu sei que você não tem medo da morte e é por esse motivo que parte da sua missão consiste em dar conforto e consolo aos que possam ter medo dela."

Ainda na forma de um barco, flutuei até uma linda montanha de cristal. Quando me aproximei dela, seu centro se abriu para permitir a minha passagem. Ao penetrar no centro da montanha, vi uma imagem do que acreditei simbolizar o abandono deste mundo no momento da transição. Flutuei por um túnel e percebi que estava cercada de seres de luz por todos os lados. Pude sentir a luz e a paz descritas pelas pessoas que tiveram experiências de quase-morte. Continuei flutuando nesse estado de calma até o encerramento da minha meditação. Dessa experiência meditativa recebi a segurança de que, pouco importa o que possa acontecer, sempre terei a coragem e a fé necessárias para enfrentar a situação e para ser uma fonte de conforto, força e inspiração para qualquer pessoa que se esteja deparando com essa difícil transição.

Eu gostaria de compartilhar outra experiência impressionante que tive com os anjos. Em princípios de 1989, eu estava recebendo mensagens dos anjos, dizendo que, de alguma forma, eu iria me envolver numa organização de serviços comunitários e que os anjos também participariam dela. Na verdade, eu havia sido informada durante a meditação de que eles ajudariam todos os envolvidos nesse serviço, a tal ponto que se teria a impressão de que os anjos tinham voltado à Terra. Eu estava bastante ansiosa, querendo determinar que tipo de serviço seria esse, mas a minha mente continuava vazia.

Vários meses depois, eu estava envolvida no processo de separação do meu marido, com o qual ficara casada durante dezoito anos. Foi uma transição muito difícil e dolorosa. Mas mesmo nesse período, quando estava sentindo muita dificuldade em avançar na minha vida, nunca deixei de constatar todos os dias as coisas boas que me cercavam — e eram muitas. É bem verdade que eu não estava mais casada e não sabia onde iria morar por causa da divisão das propriedades do casal, mas eu sabia quanto amor e apoio recebera da minha família, de amigos, do meu patrão e de colegas de trabalho — até mesmo dos meus animais de estimação. Muitas pessoas deram-me apoio durante esse período de transição e de mudança. Eu agradecia todos os dias aos anjos por todas as bênçãos que recebia. Entretanto, mesmo com todas essas bênçãos e com o contato salvador com os anjos durante esses meses difíceis, as dores e os temores foram enormes. Eu precisava de uma saída, de uma forma de expressar e de curar tudo o que estava sentindo. E continuava sem saber a que os anjos se referiam com o tal "serviço comunitário".

Depois, certo dia, durante a meditação, ouvi uma voz suave dizendo: "Você foi escolhida para receber uma graça." Na minha visualização, de repente, vi a seguinte palavra escrita em letras enormes como as dos cartazes do filme *Ben-Hur*: WINGS ("asas", em inglês). A única associação que consegui fazer foi com as asas de pássaros, mas simplesmente não conseguia encontrar um significado concreto para isso.

A voz voltou a falar comigo e disse que as letras eram uma sigla para "*Women In Need of Guidance about Separation*" (Mulheres com Necessidade de Ajuda por causa da Separação). Esse seria o nome de uma organização que daria às mulheres numa tal fase de transição, as "asas" necessárias para se elevar além das dores e das tristezas, e eu seria a fundadora. Atualmente, ela é uma organização sem fins lucrativos, que consegue se manter sozinha e que fornece ajuda individualizada para mulheres necessitadas. Uma consultora, um "anjo", que conseguiu realizar com sucesso a transição da separação e do divórcio, é escalada para ajudar outra mulher que se encontra no meio do processo. Muitas vezes tive oportunidade de testemunhar como lindas amizades surgiram entre essas mulheres e como elas realmente conseguiram encontrar suas "asas".

Nas minhas meditações, fui informada de que esses "anjos" humanos realmente contam com a bênção e a assistência do reino angélico, na medida em que demonstram cuidados e compaixão pelas suas protegidas. Essa organização, que eu fundei graças à ajuda dos anjos, foi o mecanismo pelo qual consegui me curar do trauma do divórcio. E devo essa assistência diretamente à minha comunhão com os anjos.

O seu Anjo da Guarda também pode conduzir você por experiências meditativas que lhe darão uma sensação de saber o que é certo e o que é errado no seu caso específico. Você irá constatar que a meditação regular pode ajudá-lo a desenvolver uma sensação de confiança em Deus e nos anjos. E se você estiver sinceramente procurando encontrar a verdade para si mesmo, estabelecer uma união com Deus, levar uma vida de amor e compaixão, os anjos lhe darão ajuda, trazendo para dentro da sua vida, tanto no plano físico quanto no espiritual, pessoas que reflitam esses atributos.

Todos os dias, Deus lhe dá o dom de moldar o seu destino — um dia repleto de oportunidades chamadas "momentos". Você pode preencher esses momentos com qualquer coisa que quiser. Eu aconselho que inicie cada dia passando algum tempo com os anjos em meditação. Fazendo isso, você estará começando o seu dia com momentos de paz, de amor e de alegria. Abra o seu coração para os anjos logo nos primeiros momentos depois de despertar. Compartilhe os seus problemas com eles e peça a divina ajuda deles para solucioná-los. Agradeça a Deus por todas as bênçãos recebidas na sua vida e aos anjos por todos os maravilhosos serviços que eles lhe prestam durante o tempo todo.

Depois de anos meditando com os anjos, constatei que a comunicação que vivencio por intermédio da comunhão com eles se estende além dos poucos momentos que dedico a essa atividade pela manhã. Você também poderá descobrir que a sua meditação matinal com os anjos deixa-o mais preparado para o restante do dia dessa mesma maneira. Exatamente como uma orquestra afina os seus instrumentos antes de uma apresentação, seu período de meditação permitirá que você afine o seu corpo, a sua mente e o seu espírito de tal maneira que será capaz de conversar e comungar com os anjos a qualquer momento do dia. À medida que você reservar tempo para os anjos numa base regular, você vai constatar que essa comunicação com eles se estenderá para todos os momentos da sua vida, desde que esse seja o seu desejo. O ritual da meditação pode levar a uma ajuda e a uma comunicação espontânea e contínua com o reino angélico.

Eu gostaria de lhe ensinar uma meditação eficaz, referente aos Arcanjos e aos Archaii do Aspecto Múltiplo de Doze da Divindade, de que falamos no Capítulo 2. Lembre-se de que os doze raios ou qualidades de luz que emanam de Deus para a totalidade da vida são amplificados sobre a Terra pela ajuda dos Arcanjos e dos Archaii. Invocando a ajuda deles em nossas vidas por meio de orações ou de meditações, podemos elevar a nossa consciência e encontrar alívio para a ilusão de separação que nós mesmos criamos. Por intermédio dos Arcanjos e dos Archaii podemos realmente aprender a concretizar a nossa união com Deus.

À medida que procuramos essa suave instrução, absorvendo as qualidades e virtudes de Deus na nossa consciência e permitindo que essas qualidades se irradiem de nós para o mundo, estaremos magnetizando e atraindo para nós uma energia ainda maior vinda do reino cósmico. Como resultado, isso aumentará a nossa capacidade de irradiar a energia para mais longe, tocando e afetando a vida de todos os que nos rodeiam.

Os doze Arcanjos e os doze Archaii têm o compromisso de nos ajudar no nosso desenvolvimento na Terra, até que toda a vida se eleve e seja espiritualmente livre. Quanto mais convidarmos os Arcanjos e os Archaii, e os doze raios, para a nossa vida, tanto mais atrairemos suas radiações para nós e tanto mais elevado se tornará o nosso índice de vibração. Começaremos então a reconhecer que o céu e a terra na verdade são a mesma coisa. Peça a esses amados irmãos e irmãs que o ajudem a concretizar o plano divino. Eles reagirão com alegria e de forma altruísta. Esses divinos seres de luz são colaboradores na nossa missão individual, de grupo e cósmica para o crescimento espiritual e a transformação. Eles só irão trabalhar visando o nosso bem superior e a assistência deles nos sustentará muito além da compreensão da nossa mente finita. Fazendo todos os dias a sua meditação, você poderá desenvolver a habilidade de manter um campo de força ao seu redor, carregado com as qualidades e virtudes de Deus. Sugiro que todas as manhãs você veja a lista das palavras-chave da Figura 2.2, e selecione uma que beneficiará você, seus amigos, seus entes queridos, seus colegas de trabalho e todas as pessoas pelas quais você resolver rezar. Depois de ter escolhido uma qualidade, continue com essa meditação que invoca o Arcanjo e os Archaii desse raio específico.

Meditação do Arcanjo

Sentando numa cadeira sem braços, sinta uma grande descontração e uma grande paz. Visualize o Sol com o seu olho mental, enquanto invoca a presença do Arcanjo e dos Archaii. Peça a virtude ou a qualidade que você quer irradiar, dizendo em voz alta o seguinte texto:

> No Santo Nome de Deus "EU SOU", invoco agora o Arcanjo _____ e os Archaii _____ para guiar, guardar, orientar e fortalecer o Plano Divino na Terra por meu intermédio no dia de hoje. CONCEDA-ME o dom da _____ do reino celestial. No Santo Nome de Deus "EU SOU", estou agora expandindo e projetando essa gloriosa energia Divina da _____ pelo meu corpo, mente e espírito. Eu a projeto para a humanidade e para todas as coisas vivas a fim de fazer avançar ainda mais o plano de Deus na Terra. Dou as minhas próprias bênçãos para que essa radiação de energia acelere agora, através de mim, toda a vida rumo à realização do Plano Divino. EU SOU grato ao Arcanjo _____ e aos Archaii _____ e a todos os anjos por me ajudarem nesta meditação. Eu os amo, e agradeço o amor que têm por mim.

Agora, inspire a luz do sol, erguendo os braços lateralmente, como se eles formassem as paredes de uma taça. A formação dessa taça simboliza a oferta do seu corpo, da sua mente e do seu espírito para que sejam preenchidos com a luz da virtude que você escolheu. Inspire esse raio para dentro do seu coração. Prenda a respiração enquanto conta até quatro. Solte o ar ao chegar no número quatro e, simultaneamente, abaixe os braços. Sinta o raio de luz passando por cada poro da sua pele. Repita esse exercício doze vezes. Depois de soltar o ar pela décima segunda vez, repouse tranqüilamente e capte quaisquer mensagens, bênçãos ou visões que você possa "imaginar".

* * *

E possível que você tenha de praticar muito — a memorização dessa invocação com certeza ajudará bastante — mas assim que aprender a fazer esta meditação, sem precisar ficar olhando para o livro, sua visualização e experiência podem se tornar cada vez mais completas e excitantes. Sugiro que você faça essa meditação todas as manhãs durante um mês. Depois disso, observe qualquer diferença na maneira em que você se sente. Veja se percebe como é grande o aumento das manifestações dos anjos na sua vida.

Há várias maneiras interessantes de você aumentar a sua experiência em relação à comunhão com os anjos. Um modo importante consiste em erigir um altar. Na minha casa, reservei um espaço especial, dedicado exclusivamente a Deus. É lá que adoro a Deus quando estou em casa e onde faço minhas orações, minhas meditações e meus trabalhos de cura.

Um altar pode ser qualquer tipo de estrutura — uma estante, uma mesa de televisão, uma mesinha de centro ou qualquer outra coisa que você escolher. Resolvi usar uma arca antiga que me foi dada de presente pela minha mãe. O altar pode ficar localizado em qualquer aposento da casa, mas deve ser permanente e o espaço não deve ser usado para nenhum outro tipo de atividade. Você precisa tornar esse espaço sagrado na sua mente e no seu coração, e certificar-se de que todas as pessoas que moram com você compreendam e respeitem isso.

No meu altar, coloco fotografias de pessoas que participam da minha vida, de pessoas que eu amo e que me amam. Também tenho as fotos dos meus bichos de estimação. Durante os meses de primavera e verão, sempre deixo flores frescas num vaso e também coloco lá as pedras e os cristais que têm significados especiais para mim. Lá também ficam meus livros inspiracionais, que leio durante meu tempo de oração.

No meu aniversário e no Natal, quando ganho presentes, eu os coloco no meu altar antes de usá-los, para ter a certeza de que poderei retribuir com bênçãos às pessoas que me presentearam. Freqüentemente recebo fotografias de outras pessoas que estão necessitando da cura de Deus e também as coloco no meu altar. Esse altar é um lugar carregado de muita energia na minha casa. A imagem do objeto de nossas orações sempre é a melhor forma de visualização.

Por causa de todos os anos que passei trabalhando nesse altar, um vórtice de energia foi gradativamente se formando em torno desse espaço sagrado. A criação desse campo de luz não exige nenhuma técnica particular. Bastam as orações diárias e regulares. O campo de luz se forma ali graças à força das minhas orações e à energia transmitida e irradiada pelos anjos que vêm trabalhar comigo.

Ao ensinar as pessoas a respeito dos anjos, eu freqüentemente as encorajo a ir a igrejas, a templos ou mesquitas para entrar em contato com as energias que se formaram em torno desses lugares. Um maravilhoso exemplo desse efeito é o vórtice de energia que existe em torno do altar da Catedral Nacional em Washington. Por causa dos gloriosos serviços religiosos realizados nesse lugar, formou-se um vórtice a partir dos corações sinceros e honestos que ali adoraram a Deus e também a partir das bênçãos que essas pessoas receberam diante desse altar, vindas do reino angélico. Todas essas energias foram particularmente ampliadas pelos Anjos da Devoção e da Adoração. É importante notar que esses vórtices não se limitam aos altares que existem nos templos de religiões organizadas, podendo ocorrer em qualquer lugar onde um coração sincero faça com regularidade as suas orações. Um altar dentro da sua casa também será abençoado pelos anjos pois, à medida que você honrar a Deus, você também será honrado.

Como já mencionei antes, também coloco no meu altar certos cristais e certas pedras. Eu gostaria de lhe ensinar como criar e usar o seu cristal querúbico, por causa da energia que ele pode acrescentar às suas meditações e orações.

Conforme foi dito no Capítulo 2, em hebraico a palavra Querubim significa "conhecimento de Deus". Numa de suas leituras, Cayce homenageia os querubins dizendo: "Acima da experiência total da entidade estão os querubins, que estão mais associados com os pensamentos — ou que são uma influência para o bem... Atenha-se às experiências e expressões que possam trazer-lhe essa atividade das forças de guarda que se desenrolam diante de você..." (2520-1). Você pode "ater-se a essas experiências", segurando durante a meditação um cristal querúbico devidamente preparado.

Cristal querúbico é o cristal que você ativou durante a meditação e que foi energizado pelo Querubim. Você precisa primeiro conseguir um cristal claro de quartzo. Siga o seu impulso interior para encontrar o tamanho e o formato mais apropriado para você. Depois de ter escolhido o cristal, segure-o entre as mãos. Em voz alta, peça que a vibração de sabedoria emanada pelo Querubim flua através de você até as suas mãos, de tal modo que a pedra fique energizada com a vibração do Querubim. Preparando o cristal uma única vez dessa maneira, você nunca mais terá de repetir o procedimento, a não ser que outra pessoa mexa com ele ou mude a sua programação.

Quando fico sentada segurando o meu cristal, depois de ter-me preparado para entrar em meditação, minhas mãos conseguem sentir como ele vai se aquecendo à medida que é energizado e abençoado por essas maravilhosas criaturas que rodeiam o trono de Deus.

Quando olhar para o seu cristal, ame-o porque ele também é dotado de uma inteligência angélica — a de um Elemental. É importante que você saiba que o seu cristal claro de quartzo agora é um símbolo da conscientização clara que você quer atingir quando procura o seu altar para meditar com os anjos. E, ao fazer isso, saiba que você é alguém que dá e recebe esse amor que é amplificado ainda mais pelo cristal.

À medida que você for aprendendo mais a respeito dos anjos e que praticar regularmente a meditação com eles, é possível que queira usar vários cristais ativados para trabalhar com os diferentes coros do reino angélico. Por exemplo, você pode ter um cristal que foi energizado com a energia das corajosas Virtudes, fazedoras de milagres, outro para trabalhar com os Tronos, e assim por diante. Mas lembre-se de que você não *precisa* necessariamente ter um cristal para comungar com os anjos; ele apenas pode funcionar como uma ajuda para tornar a comunhão mais fácil.

Reserve tempo para uma meditação regular com os anjos. Para ajudá-lo nesse sentido, use essa prática lista de cinco etapas fáceis a serem cumpridas:

Fique DISPONÍVEL — escolha um horário e um lugar onde não seja importunado. Crie um altar e use um cristal, se quiser. Coloque-se à disposição dos anjos mergulhando num estado de meditação.

Seja AFIRMATIVO — mantenha a atenção focalizada na sua experiência de meditação; quando seus pensamentos começarem a vagar, redirecione-os suavemente para a finalidade inicial.

Fique SINTONIZADO — sintonize-se com os anjos, iniciando a sua meditação com orações e invocações. Use visualizações nas quais você contempla as qualidades irradiadas pelos anjos.

Seja GRATO — agradeça aos anjos pelos conhecimentos e pelo amor que eles compartilham com você durante a meditação, e também durante o resto do dia.

Seja ATIVO — os anjos podem colocá-lo em ação, impelindo-o a fazer alguma coisa, tal como eu fui impelida a fundar a organização WINGS. Aja em função das mensagens que receber. Isso acrescenta uma importante sensação de totalidade à sua meditação.

Os benefícios e as bênçãos chegarão até você, desde que você tente usar a meditação regular como um método de comunhão com os anjos. O que pode aumentar ainda mais as suas meditações? Pedir que os anjos o ajudem nas suas orações — o que é, aliás, o tema do próximo capítulo.

CRIS ARBO

Capítulo 4

Ore com os Anjos

"Pensas, acaso, que eu não posso recorrer a meu Pai, que me daria num momento mais de doze legiões de anjos?"
Mateus 26:53

Qual a diferença entre rezar com os anjos e meditar com eles? Basicamente, a oração é uma conversa com os seres celestes, ao passo que a meditação é uma tentativa de ouvir a sua resposta.

Uma das leituras de Cayce descreve a meditação como "um *esvaziamento* do seu eu interior de tudo aquilo que impede as forças criativas de virem à tona ao longo dos canais naturais do homem físico.." (281-13). Em outras palavras, estamos abrindo espaço dentro dos nossos templos pessoais para a energia que receberemos durante a experiência da meditação. Não são necessárias palavras para que se tenha sucesso na meditação, mas elas são os instrumentos que usamos na oração — independentemente de ela ser verbalizada ou não.

A oração é uma conversa espiritual com Deus. É uma maneira de comunicação com Deus, na qual você envia uma mensagem, em vez de recebê-la. Quando você reza, está exercendo o seu direito inalienável, como filho ou filha de Deus, de fazer pedidos pessoais, de formular desejos ou de fazer declarações de amor ao Criador.

Para que a oração funcione, é necessário, primeiro, que acreditemos no poder de Deus em modificar a nossa vida. O princípio é semelhante ao processo de aprendizagem quando uma criança está aprendendo a andar de bicicleta. Em primeiro lugar, a criança precisa admitir certa dose de fé no conceito do ciclismo. Com fé, você pode largar tudo o que o está preocupando e entregar tudo a Deus, reconhecendo que Deus tem o poder de lhe dar as respostas e de lhe indicar os caminhos.

Existe força na oração porque, por meio das suas palavras, você está invocando a presença e a energia única que existe por trás da totalidade da vida. A presença protetora de Deus e o Seu poder estão prontos para ajudar em qualquer situação da vida, e os anjos nos encorajam a pedir diariamente a Ele tudo o que necessitamos. No seu livro *Prayer Can Change Your Life*, os autores dr. William R. Parker e Elaine St. Johns escrevem: "A medida da ajuda que você pode receber por intermédio da oração só é limitada pelo tamanho da taça que você estende esperando que seja enchida."[1] Deus não tem limites em tudo o que faz.

Quando rezamos, lembramos a nós mesmos que Deus é uma parte integrante da nossa vida e que coisas maravilhosas podem acontecer desde que se peça por elas. Sempre fico maravilhada com as muitas maneiras por meio das quais Deus trouxe coisas boas para a minha vida atendendo às orações que fiz.

Para mim, na verdade, a oração é uma técnica de sobrevivência e o meu trabalho com os anjos intensificou ainda mais a minha crença na sua importância. Rezo logo ao despertar pela manhã e também à noite, antes de dormir. Realmente gosto de fazer isso, porque a minha conexão com os anjos me mostrou que essa é mais uma forma pela qual posso me comunicar com eles. Também rezo com os outros em serviços religiosos e com grupos de oração. Durante o meu dia normal de trabalho, rezo várias vezes, tanto para mim quanto para as outras pessoas. Nos meus trabalhos em grupo a respeito dos anjos, incentivo as pessoas a me fornecerem nomes pelos quais possa rezar. Adquiri esse costume porque gosto de ver como esse poderoso instrumento funciona na nossa vida. A oração é tão importante para mim que muitas vezes me pergunto como pode haver pessoas que tentam sobreviver sem ela.

Sempre uso uma invocação no início dos meus trabalhos em grupos para reconhecer e reafirmar o que existe de sagrado e também a energia cerimonial da cooperação entre os reinos terrestre e celeste. Na verdade, a invocação é uma oração oferecida ao reino angélico. Rezo aos anjos, pedindo que eles nos guiem e ajudem, revelando a todos os participantes o amor e a luz de Deus e de todos os anjos. A invocação convida os anjos a se juntarem a nós e manifesta o nosso desejo sincero de recebê-los no nosso grupo e em nossas vidas. Recomendo que você tente recitar uma invocação antes de rezar, homenageando a divindade que existe no seu interior e em todos os anjos que irão juntar-se a você nas preces.

Quando você quer rezar, não há necessidade de um ambiente especial. Você pode usar determinadas palavras e mantras, caso queira, mas isso não é imprescindível. Você também não precisa induzir um estado alterado de consciência, como ocorre no caso da meditação. Deve existir, isso sim, um caráter de naturalidade e de espontaneidade nas suas comunicações por meio das orações. O melhor é simplesmente deixar que tudo flua para fora de você, pouco importando em que estado você se encontra, quando toma a decisão de rezar.

É claro que as pessoas rezam o tempo todo, mesmo sem ter uma consciência particular dos anjos. No entanto, este capítulo tem como finalidade compartilhar com você um maravilhoso segredo referente ao papel que os anjos podem desempenhar nas suas preces. O fato é que, quando você se associa aos anjos, eles acrescentam uma força extraordinária às suas orações. A idéia básica é você permitir uma associação com eles quando rezar.

Sempre que reza com os anjos, você pode criar um santuário celestial, pouco importando onde esteja. Invocando-os para rezar na sua companhia, os membros das legiões angélicas se juntarão a você no seu santuário. Os anjos reconhecem o caráter sagrado da oração e estão sempre dispostos e preparados a lhe fazer companhia. Basta que você lhes peça isso.

Quando você invoca os anjos para rezar na sua companhia, você os chama do reino angélico para ouvir os seus pedidos. Sua invocação pode ser bastante simples. Por exemplo: "Em nome de Deus, invoco os anjos a acrescentar sua força às minhas orações." Outro exemplo é a invocação seguinte, que preparei especialmente para você — uma oração para todos os que lerem este livro:

> "Ó Pai da Luz e Mãe do Amor, invoco os anjos gloriosos para a vida dos meus leitores! Chamo os anjos seráficos e querúbicos, os Arcanjos e todos os membros do reino angélico para que envolvam com suas asas os que estão lendo este livro, de modo que possam sentir a radiação energética dos anjos no corpo, na mente e no espírito.
>
> "Que este livro abra uma porta para cada um dos leitores, oferecendo-lhes a oportunidade de acreditar sinceramente nos anjos, de aceitá-los abertamente, de conhecê-los pessoalmente, de vivenciar os anjos

todos os dias e de serem eternamente angélicos. Envio a minha gratidão e o meu amor a todos os anjos e admito que o meu pedido foi atendido no Nome Mais Sagrado de Deus... EU SOU."

Na verdade, os anjos são "orações vivas". Por meio dos serviços que prestam à humanidade, eles *passam a ser* a energia da oração em ação e em expressão. O que eles mais amam é a possibilidade de se juntarem aos seus agradecimentos a Deus, de compartilharem da sua alegria diante das bênçãos da vida, e de participarem da sua adoração a Deus.

Os anjos são espíritos oficiantes que querem ampliar, magnetizar e multiplicar os pedidos da sua oração a Deus. Até mesmo alguns poucos momentos de preces, feitas com o conhecimento de que eles o cercam, podem elevar você para planos superiores. Às medida que os anjos comungam com você — pouco importando onde você esteja — eles podem ajudá-lo a se renovar no seu santuário "energético" da oração.

Muitas pessoas têm idéias equivocadas a respeito das orações, idéias ligadas à infância, quando aprenderam a pensar em Deus como um ser que está em algum lugar "lá fora" ou "no céu". Erroneamente, Deus muitas vezes é retratado como uma espécie de juiz, que nos recompensará ou punirá, dependendo dos seus caprichos divinos. Quando criança, eu achava que Deus era um ser enorme com longas barbas, extremamente severo, sempre olhando por trás das nuvens e verificando o que eu estava fazendo. Essas idéias criam a ilusão de que Deus está fora de nós e que, nas orações, estamos pedindo e implorando o que precisamos sabendo que isso nos poderá ser dado — ou não — por essa força controladora exterior a nós.

Tenho um modo predileto de imaginar como ocorreu a criação. É como se Deus tivesse emitido uma única nota e essa nota ou vibração fosse o amor. Agora, a nota original vibra eternamente em toda vida; ela ressoa em tudo e reverbera em todas as direções. Pouco importa para onde vá e até aonde vá, ela continua sendo exatamente a mesma nota; continua sendo o amor. O amor é a realidade interior da criação infinita de Deus. Deus é amor.

Como toda a criação veio do amor e é amor eternamente, Deus está em toda a criação. Deus está em mim e em você. Eu e você somos essa nota que não tem fim. Você é feito de amor eterno e eu também. Nós somos filhos de Deus, numa unidade eterna com o poder Dele. Na verdade, não existe nenhuma separação em relação a Deus, porque somos parte dessa mesma nota. Conseqüentemente, acredito que seja direito divino nosso ter saúde, liberdade, paz e prosperidade. Quando você precisar de ajuda para conseguir algo na vida, você pode dirigir-se diretamente a Deus por intermédio das suas orações.

Os anjos estão sempre esperando para ajudá-lo a descobrir sozinho que você é o amor. Eles estão sempre aguardando pela possibilidade de realizar uma reunião de oração com você. Eles lhe darão assistência nos seus abençoados momentos de preces, para que você possa entrar facilmente em contato com a "Prece Central": essa essência de amor ou a nota de Deus que ressoa bem no centro do seu coração.

A oração é uma experiência sagrada que proporciona muito poder, pois ela reafirma a presença de Deus na sua vida e não a ausência Dele.

A oração é uma atividade de criação. Segundo dizem as Escrituras, os Serafins e os Querubins que rodeiam o trono de Deus, entoam incessantemente a invocação "Santo, Santo, Santo" com adoração e com amor a Deus. Acredita-se que o canto dessas palavras mantenha uma energia de criação que, filtrando-se pelo reino angélico, chega até à humanidade, onde pode ser sentida como apoio, inspiração e bênçãos. Pela sua existência, esses seres angélicos estão entoando uma oração que é uma cântico de criação. E quando você reza, sua prece também é um cântico de criação, e essa mesma energia criativa torna-se ativa na sua vida. Quando você faz uma pausa para rezar, você torna-se semelhante a um Serafim e a um Querubim. Você também está ao redor do trono de Deus com o coração e a energia de suas orações.

Por causa das muitas concepções equivocadas de Deus, constatei no meu trabalho que as pessoas freqüentemente enfrentam dificuldades para acreditar na possibilidade de se comunicar com Deus. Por esse motivo, eu as encorajo a se aproximar de Deus, rezando primeiro com os anjos. Outras pessoas podem sentir-se oprimidas quando contemplam a energia e o difícil conceito de um Deus Criador, de modo que eu as encorajo a familiarizar-se primeiro com os anjos, os mensageiros de Deus. Exatamente como em algumas famílias é mais fácil conversar sobre problemas e dificuldades primeiro com um irmão ou uma irmã, em vez de procurar logo o Pai ou a Mãe, eu encorajo as pessoas a rezar primeiro com os seus irmãos celestiais, os anjos, sabendo que Deus ouve suas preces.

Helen Steiner Rice descreveu poeticamente a nossa incerteza quanto às orações no poema "Deus, Você Está Aí?"

"Eu estou aqui embaixo,
Você está aí em cima...
Você tem certeza de que consegue ouvir
a minha oração fraca e balbuciante?"[2]

Se você for uma dessas pessoas preocupadas com a possibilidade de Deus não ouvir as suas preces "aqui embaixo", confie no serviço de mensageiro dos anjos, que lhe garante uma entrega rápida das suas orações a Deus. Pode ser de ajuda imaginar que os anjos assumem o papel de mediadores, mais ou menos como a antiga prática de se enviar uma carta de apresentação por meio de um mensageiro. Os anjos são os mensageiros que nos apresentam a Deus, que nos apresentam ao amor, à iluminação, à paz e à harmonia de Deus. Tenho plena consciência de que, quando rezo aos anjos pedindo ajuda, as respostas e a energia que recebo por intermédio deles vêm de Deus. Todos os nossos dons vêm de Deus; no entanto, os anjos foram criados para serem assistentes de Deus na criação — e eu os obrigo a trabalhar muito! Sinto-me à vontade rezando com eles, porque acredito que Deus criou os anjos para rezarem comigo e para reforçar ainda mais as minhas orações.

Como é que se faz para rezar com os anjos? Em primeiro lugar, é preciso que as suas orações sejam um reflexo da sua personalidade. Em outras palavras, comece sendo você mesmo. Você pode rezar interiormente, em silêncio ou em voz alta, de várias maneiras. Se bem que você possa dizer suas preces a qualquer momento, há duas formas especiais de preces verbais que você deve conhecer.

A primeira é chamada de "decreto". Um decreto é uma simples declaração. O decreto não pede, exige. No caso de um decreto, usamos palavras para exigir que a Fonte de toda a criação assuma um papel ativo em manifestar o que necessitamos. A verdade do poder dos decretos está afirmada em Jó 22:27-28, "Se o invocares, ele te ouvirá, e cumprirás assim os teus votos. Planejarás e terás êxito e a luz brilhará nos teus caminhos!"

A energia-chave que está por trás de um decreto é a força da declaração "carregada" que fazemos. O poder existente no nosso comando deflagra uma energia que estabelece no universo a nossa demanda pelo atendimento do que estamos decretando. Como exemplo de um decreto, você pode emitir comandos como os seguintes. Fique em pé e declare imperiosamente aos anjos:

> "Concede-me, concede-me, concede-me a força do Arcanjo Miguel, para que eu não perca a minha fé!"
>
> "Aumenta, aumenta, aumenta em mim a luz curadora do Arcanjo Rafael, para que eu fique envolto nessa luz durante todo este dia."

Você pode criar os seus próprios decretos e usá-los para necessidades particulares e em ocasiões especiais. Eles representam um poderoso caminho para manifestar o bem na sua vida ou na vida de outras pessoas.

A segunda forma de oração verbal é uma "afirmação". As afirmações são declarações positivas de verdades que queremos manifestar na nossa vida. Elas podem ser usadas eficientemente para compensar a influência de declarações negativas, que por vezes conseguem se esgueirar para dentro dos nossos pensamentos.

Muitas das pessoas que conheço tendem para pensamentos negativos. Desde muito cedo, elas foram ensinadas a ter pensamentos que negam a vida. Algumas pessoas permitem que erros do passado, lembranças de injustiças, arrependimentos tardios ou a perda de amigos ocupem os seus pensamentos. Vale a pena seguir o conselho que os anjos deram a Ló: "Não olhes para trás, nem fiques parado em lugar algum desta região; foge para os montes para que não pereças!" (Gênese 19:17). Muitas pessoas continuam olhando para trás e são consumidas pelo arrependimento de coisas passadas.

Uma afirmação é uma minioração que serve para disciplinar a mente, fazendo com que ela tenha mais pensamentos positivos. Quando faço uma afirmação, estou dizendo uma verdade positiva referente a algo que quero vivenciar na minha vida. Fazendo isso, estou usando o poder da palavra falada. A Bíblia compartilha conosco a mensagem do poder da palavra em João 1:1, com a declaração: "No início era o Verbo, o Verbo estava em Deus e o Verbo era Deus." Acredito que o "Verbo" mencionado aqui se refere à soma total do poder criativo de Deus, essa mesma energia criativa que se manifesta em cada palavra que pronunciamos.

No livro "*The Revealing Word*", Charles Fillmore declara que o ato de afirmar faz com que as pessoas "se mantenham firmes na mente ou que falem em voz alta uma declaração da Verdade... isso reafirma com confiança e persistência a Verdade de Ser, apesar de todas as aparências em contrário".[3]

Uma afirmação em geral é formulada de modo que signifique algo pessoal para nós, como:

> "Eu me vejo tal como realmente sou: uma pessoa de sucesso, radiante e dotada com o potencial necessário para vencer."
>
> "Sou paciente, pois sei que um padrão de coisas boas está evoluindo."

Na verdade, o uso das afirmações requer mais do que a mera repetição verbal de frases. Quando fizer as suas afirmações, pense a respeito das palavras, até que elas revelem claramente na sua mente as idéias nelas contidas. Use a imaginação quando fizer suas afirmações. Imagine os novos padrões de pensamento no seu interior. Quando estiver vendo diante do seu "olho mental" o seu novo "você" vivendo uma nova vida, as palavras que afirmar transmitirão fortes mensagens à sua mente subconsciente.

Quando Moisés estava falando com a sarça ardente, Deus lhe disse que o Seu nome deveria ser conhecido como: "EU SOU AQUELE QUE É" (Êxodo 3:14). As palavras "EU SOU" refletem a qualidade única de toda a vida (percebendo-se como "EU"). Quando estiver dizendo as palavras "EU SOU", você estará invocando o poder criativo de Deus para realizar o que vem depois dessas duas palavras. Esta é uma invocação para que Deus manifeste o que você diz. Por esse motivo, é de grande importância dar atenção às declarações que fizer quando usar essas palavras. Alguma vez você já disse frases como: "Estou doente e cansado..." ou "Estou tão sozinho"? Fazendo declarações negativas como essas, você está, na verdade, atraindo para si a energia que quer eliminar.

Plantar pensamentos positivos na sua mente é uma atividade semelhante a plantar um jardim. O solo realmente não se importa com o que é plantado nele. Ele ajudará no crescimento de qualquer coisa. A mente subconsciente também não se importa com o que lhe é dado como alimento. Ela devolverá ao mundo exterior tudo o que você tiver colocado nela. Não espere que um roseiral floresça na sua vida se você estiver deixando que as ervas daninhas dos pensamentos negativos cresçam de forma desenfreada e incontrolada na sua mente. Preencha a sua mente com pensamentos positivos e com afirmações, e você verá que o seu mundo passará de experiências negativas para positivas.

Existe uma forma particular de afirmação que eu gostaria de mencionar; é o "voto". Um voto é definido como uma afirmação solene, uma promessa, um compromisso. É um juramento que você faz diretamente a Deus. Como conseqüência, trata-se da afirmação mais sagrada que você pode fazer. Fazer um voto é uma coisa extremamente séria.

Quando vivi as dificuldades da transição da separação matrimonial, uma das perguntas que me perseguiam era: "O que aconteceu com o voto que fiz a Deus quando me casei?" Eu compreendia que o meu casamento chegara ao fim, mas o que acontecera com a energia do meu voto diante de Deus? Interpelei muitos amigos e amigas, querendo saber as respostas deles, mas nenhuma de suas palavras conseguia me satisfazer e a questão perdurava: "O que aconteceu com o meu voto?"

Certo dia, durante a meditação, os anjos me forneceram uma cura totalmente inesperada, ao me revelarem que apesar de a minha promessa matrimonial feita a outro ser humano ter deixado de existir, o meu voto a Deus continuava intacto. Minha promessa "para melhor ou para pior" era um compromisso com Deus, no sentido de vivenciar com gratidão todas as lições da vida matrimonial. Mas, num sentido mais profundo, eu continuava casada com Deus por meio do meu voto, e o nosso amor recíproco seria eterno.

Essas duas formas de prece verbal, os decretos e as afirmações, são exemplos do poder da palavra falada. Quando verbalizamos essas declarações, liberamos essa energia de dentro do nosso ser, transportando o pensamento que queremos manifestar na nossa vida. O que acontece quando fazemos isso é que as palavras faladas acumulam energias e nos ajudam a magnetizar a realização dos nossos objetivos. As palavras tornam-se "Deus em ação".

Quando usamos afirmações e decretos positivos, estamos fazendo um pedido dinâmico à força vital universal para que coisas boas aconteçam na nossa vida. Pense a respeito do que você deseja e aplique diariamente os princípios do uso de afirmações e decretos. Afirme aos anjos tudo de bom que você quer vivenciar.

Por causa da minha crença pessoal acerca da importância das preces positivas e afirmativas, criei uma série de cartões contendo, cada um deles, uma afirmação associada com determinada inteligência angélica. Uso esses cartões nos meus grupos de trabalho, convidando os participantes a desenhar outros cartões e a receber uma bênção angélica por intermédio deles. Essas mensagens incluem: O Anjo da Mudança — "EU ESTOU fazendo mudanças positivas na minha vida"; O Anjo da Honestidade — "EU SOU honesto e direto a respeito do que quero e do que não quero na minha vida"; O Anjo da Intuição — "EU ESTOU reconhecendo minha capacidade de intuição".

Você não precisa de cartões desse tipo para começar a reprogramar seus pensamentos por meio de preces verbais positivas. Você pode criar os seus próprios cartões contendo as suas próprias mensagens. Uma maneira de usá-los é escolhendo um deles para ser o seu ponto focal durante um dia, uma semana ou um mês. Lembre-se que reprogramação é o que fazemos às nossas mentes quando usamos as afirmações; estamos mudando os canais nos nossos esquemas habituais de pensamento. Você tanto pode usar afirmações de grandes mestres espirituais como pode preparar a sua própria lista. Se no passado você costumava afirmar a falta de dinheiro, de amor, de paz ou felicidade na sua vida — simplesmente inverta o canal e afirme a abundância e a prosperidade.

Resumindo, suas orações podem ser silenciosas ou ditas em voz alta na forma de decretos e afirmações; também podem ser cantadas. No entanto, são muitas as pessoas que nem sequer imaginam que outras formas não verbais de expressão, tais como a dança, a arte ou a escrita, também podem ser usadas como preces e orações.

Você pode optar por rezar com os anjos por meio de um diário de preces espirituais ou pode endereçar suas cartas de oração aos anjos usando um diário. Pessoalmente, prefiro o diário. Desse modo, acredito que sou capaz de manter controle sobre as minhas preces diárias. Simplesmente, começo escrevendo no topo da página, "Queridos anjos..." Depois, continuo compartilhando com eles minhas esperanças, sonhos, temores, ansiedades, bem como os meus desejos e necessidades. Sempre uso a minha própria linguagem, porque minhas orações são um assunto particular e privado entre mim, os anjos e Deus.

Seu diário de preces lhe dará a oportunidades de curar por meio do ato disciplinado de escrever e de ter um lugar para expressar seus sentimentos. Suas palavras tornam-se a sua prece escrita. Quando você reservar tempo para comungar com os anjos através de preces escritas, você dá a si mesmo permissão para compartilhar com outros membros da criação Divina tudo o que está acontecendo na sua vida. Trata-se de um reconhecimento por escrito de que você é importante no plano de Deus para a Terra, e também de que Deus é importante para você. Pela simples ação de manter um diário, você está dizendo a si mesmo: "Meus pensamentos, meus desejos e minhas necessidades estão merecendo um espaço nesta página e um espaço no universo de Deus." Obviamente, você pode rezar verbalmente com os anjos a qualquer instante e em qualquer lugar. Você pode dizer uma prece curta ou longa. Pode ser um pedido na forma de "Ajudem-me, meus anjos!", ou curto *aleluia* do tipo "Muito obrigado, meus anjos!"

Certa manhã, quando estava no volante do meu carro, comecei a me aproximar de um cruzamento entre a rua principal, na qual eu me encontrava, e uma rua lateral. Meu Anjo da Guarda alertou-me, dizendo: "Olhe para aqueles carros que estão tentando entrar da rua lateral." Ele me mostrou que a motorista do primeiro carro estava muito frustrada por não encontrar uma brecha no trânsito.

É preciso compreender que tudo isso aconteceu numa fração de segundos. Num instante, o pensamento não estava presente e no instante seguinte estava muito claro na minha mente. Mas como os meus pensamentos estavam focalizados na enorme lista de coisas que eu precisava fazer naquele dia, ignorei o pedido de atenção.

Justamente quando eu estava chegando ao cruzamento, a mulher acelerou o carro, colocando-o diante do meu e, depois, ao perceber que aquilo não daria certo, simplesmente parou. Pisei nos freios e rezei: "Ajudem-me, meus anjos! Eu vou bater!" Senti os freios funcionando e o carro diminuindo a velocidade, e observei, como num filme em câmara lenta, o momento do impacto chegando mais e mais perto. Quando estava a algumas polegadas da porta do carro da tal mulher, finalmente consegui parar! Ainda meio transtornada pelo que poderia ter acontecido, ergui os olhos para o céu e disse em voz alta: "Muito obrigada, meus anjos!"

Na minha opinião, é muito importante que você adote sempre uma "atitude de gratidão". Quando você se mostra grato, os anjos respondem dando-lhe mais bênçãos pelas quais poderá agradecer. As orações não servem apenas para os momentos em que as coisas não estão dando certo. Use as orações para agradecer a Deus e aos anjos por tudo o que eles fizeram por você. Deus ficou muito satisfeito com certo pastor que entoou cânticos em Seu louvor. O pastor, é claro, chamava-se Davi, e os Salmos são os seus cânticos de louvor — seus cânticos à criação. Até hoje as orações de Davi inspiram e dão forças a quem as lê. A energia da criação é eterna.

A única verdadeira exigência para se rezar com os anjos é que se acredite que as suas preces serão atendidas. Aliás, você sempre pode acrescentar um "muito obrigado" no final de suas orações, porque, de uma forma ou de outra, você sempre receberá algum tipo de resposta. Quando vejo pessoas expressando ansiedade pelo fato de uma prece ainda não ter sido atendida, costumo encorajá-las dizendo que a resposta está "no horário", mas de acordo com o relógio de Deus.

Toda prece, como os Salmos de Davi, é uma canção de criação, cuja energia pode desenvolver-se e atrair o que tiver vibração semelhante, devolvendo-a para você. No seu diário de preces, você também pode manter anotações sobre os pedidos feitos nas orações. Passados alguns meses, releia a lista dos pedidos. Provavelmente, irá constatar, como costuma acontecer comigo, que sempre há uma resposta. No entanto, é bom lembrar que os anjos nem sempre respondem às suas preces da maneira como você espera inicialmente. E, às vezes, as melhores respostas são as que ocorrem de maneiras diferentes da esperada.

Houve várias vezes em que eu não consegui aquilo que pedia nas orações, se bem que recebi respostas de outras formas. Por exemplo, quando alguma situação não se modificou tal como eu queria, constatei que eu é que havia mudado. E nessa minha modificação, constatei que a resposta à minha prece tinha sido para o meu bem maior e que, como sempre, o Pai sabe melhor das coisas! Portanto, quando rezar com os anjos, viva na crença total de que suas preces serão atendidas. Os milagres realmente acontecem e as orações são o meio pelo qual eles ocorrem.

Além da oração individual com os anjos, eu também acredito firmemente no grande poder dos "círculos angélicos de oração". Um círculo de oração é criado quando três ou mais pessoas se reúnem para rezar com os anjos. Existem muitos desses círculos de oração com finalidade de cura estabelecidos no mundo inteiro. Um dos mais fortes é o Angel Healing Circle, localizado em Carmel, no Estado da Califórnia, que opera continuamente há 21 anos. Os participantes desse grupo rezam várias vezes por dia no decorrer de um período de duas semanas pedindo o atendimento de desejos que lhes são fornecidos por pessoas que escrevem ou telefonam para lá.

Os voluntários da Unidade Silenciosa, de Unity Village, no Estado de Missouri, revezam-se por turnos, rezando 24 horas por dia. A qualquer horário e para qualquer necessidade, tanto para você como para outra pessoa, você pode ligar para essa organização e rezar com alguém pelo telefone. Houve momentos durante a minha separação matrimonial em que sentia a necessidade de ouvir a voz de alguém rezando comigo para me dar a coragem necessária para enfrentar todas aquelas situações dolorosas. Quando o meu divórcio finalmente era uma coisa do passado e, passei a vivenciar as bênçãos e as alegrias de um novo relacionamento, fiz questão de telefonar para os voluntários da Unidade, para compartilhar a minha felicidade e a minha gratidão rezando com eles.

A A.R.E. Prayer Services é outro grupo que reza regularmente por uma variedade de pedidos. Esse serviço é um projeto em andamento da A.R.E., que também patrocina o Glad Helpers Prayer Group, que se reúne semanalmente em Virginia Beach, no Estado de Virginia, desde 1931. Formado por sugestão do próprio Edgar Cayce, o grupo reza por e com pessoas que pedem preces para a obtenção de curas.

Você sempre pode aumentar o poder de suas orações convocando alguém para rezar junto. Companheiros de orações são duas pessoas que concordam em se reunir uma vez por semana para orar em conjunto durante determinado período de tempo. No decorrer dessas sessões, os companheiros de prece rezam com os anjos, lendo em voz alta preces que expressam as necessidades deles e de outras pessoas. Em conjunto, eles pedem aos anjos a assistência e a orientação de Deus. Os companheiros de orações tanto podem utilizar-se de preces tradicionais, como de outras que eles mesmos tenham escrito. Formando uma dupla de prece, o versículo de Mateus 18:20 — "Porque onde estão dois ou três reunidos em meu nome, eu estou lá entre eles" — torna-se uma promessa cumprida. E essa não é uma maravilhosa mensagem de esperança?

Constatei que, quando trabalho com um companheiro de orações, isso melhora *tanto* os nossos pedidos *quanto* o que recebemos. Da mesma forma que é bom ter um companheiro que compartilhe da mesma profissão ou dos mesmos interesses, é uma experiência espiritualmente revigorante trabalhar com um amigo de preces. É muito importante lembrar que você e o seu parceiro não precisam necessariamente estar no mesmo lugar, e as preces também não precisam ser feitas no mesmo horário. Na realidade de Deus existe apenas o agora, o momento presente. No meu caso particular, no entanto, prefiro estar no mesmo lugar ou ter uma ligação mental designando um horário específico para orarmos juntos.

Que tipo de pedidos você pode fazer quando está rezando com os anjos? Qualquer coisa que seja para o seu melhor bem e para o melhor bem de todos os envolvidos. Quando você reza com os anjos, peça que suas preces sejam realizadas e atendidas dessa maneira. A vida deve ser uma proposta onde todos saiam ganhando. Portanto, peça sempre que as suas preces sejam uma bênção para todos.

No seu livro *A Handbook of Angels*, H.C. Moolenburgh afirma que, quando as pessoas rezam, não são apenas elas que recebem a graça; seus Anjos da Guarda também ficam felizes.[4] Portanto, faça hoje um anjo feliz — e *reze*!

Reze pedindo ajuda sempre que necessitar dela. Reze pedindo conforto quando estiver sentindo dores, quando estiver perdido, reze pedindo orientação. Antes de uma importante entrevista profissional, reze pedindo clareza de pensamentos. Se não estiver conseguindo encontrar algo de que você necessita, diga uma prece pedindo o seu aparecimento. Quando estiver precisando de uma ajuda *rápida*, reze. Por que você haveria de passar por uma dificuldade sozinho, se tem à sua disposição uma legião de anjos que podem rezar com você? Acredito que sempre existe mais segurança nas grandes multidões! É por isso que sempre rezo com os anjos e eles nunca me decepcionaram.

Um dos meus melhores amigos costuma referir-se aos meus anjos como sendo a minha "Patrulha Angelical". Ele diz que essa "Patrulha Angelical" está sempre a postos quando meus familiares e amigos necessitam de ajuda. Saiba que a "Patrulha Angelical" está à sua disposição também. Quando você precisar da ajuda dela, basta pedir isso numa prece. Mas, e as orações formais que podemos ter decorado na infância — preces que talvez nunca tenhamos compreendido na sua totalidade? Existe algum valor em recitá-las? Minha opinião é decididamente positiva! Houve na minha vida muitas ocasiões de pânico nas quais uma prece recitada conseguiu me acalmar e eliminar os meus temores.

Não seja inseguro ou excessivamente ansioso quanto às palavras que usar quando estiver rezando com os anjos. Simplesmente, vá em frente! Você também não precisa se preocupar quanto ao lugar onde irá rezar, porque os anjos estão em toda parte. Se sentir que está necessitando de algo, não se acanhe e peça isso por meio de uma oração. Não existe motivo algum capaz de justificar qualquer hesitação da sua parte. Posso imaginar os anjos pensando: "Achei que você nunca fosse pedir!" O direito de pedir é o dom da livre opção que nos foi dado por Deus. Portanto, é de grande importância que, quando você quiser alguma coisa, peça por ela.

Uma das leituras de Cayce contém uma visão deliciosa da oração: "... lembre-se da regra básica: nunca se preocupe enquanto puder rezar. Quando não puder rezar, então sim é o momento para começar a se preocupar! Pois aí você terá motivos reais de preocupação!" (3569-1)

Não espere até que as circunstâncias sejam perfeitas para rezar. Transmita todas as suas preocupações e todos os problemas aos anjos por meio de suas preces. Pouco importa se seus pedidos forem grandes ou pequenos. Os anjos gostam de ouvir suas orações, de rezar a Deus com você e de fazer boas ações em nome de Deus.

Alguns católicos apostólicos aprendem uma oração que reflete maravilhosamente o papel dos anjos como mensageiros do amor de Deus:

> "Anjo de Deus, que sois o meu guardião a quem fui confiado pela bondade divina, guarda-me, governa-me, dirige-me e me ilumina. Amém."

Não existe um momento que não seja o momento certo para rezar. Neste exato instante em que estou escrevendo esta frase, estou dizendo uma prece, pedindo que você também sinta o amor dos anjos rezando com eles. Quando você se sentir sozinho, abra as suas portas interiores aos anjos por meio das preces e deixe o amor deles fluir para dentro do seu coração. Quando rezo com os anjos, sempre me conscientizo da presença deles na minha vida e, conseqüentemente, nunca me sinto só. Quando rezo, uma paz me inunda totalmente e sinto ainda mais a presença de Deus.

O que você deve fazer depois de ter escrito ou recitado a sua prece? Numa pequena cidade do Estado da Pennsylvania, no início do século passado, o boletim de uma igreja publicou as seguintes palavras:

> "Reze por uma boa colheita, mas continue usando a enxada."

Deus e os anjos o ajudarão, mas eles também querem que você faça a sua parte no atendimento de suas preces. Você não deve colocar apenas o seu coração e a sua alma nas orações; é preciso que coloque também as mãos e os pés! Não se esqueça que trabalhar é tão importante quanto rezar.

A cooperação que você dá a Deus assumindo um papel ativo no atendimento das suas preces é muito importante. Suas ações tornam-se parte integrante da resposta. É possível que você esteja procurando um emprego. Quando você pede a Deus para ser conduzido ao lugar certo de trabalho, pode ser que Deus o leve até ele numa espécie de progressão. Se você constatar que precisa aceitar um emprego que não quer, é possível que mais tarde descubra que justamente essa foi a etapa que o levou a um outro lugar muito melhor.

O livro *The Office of the Holy Tree of Life*, publicado pela Sangreal Foundation,[5] inclui uma coleção de orações para o uso regular dos cabalistas praticantes ou para os seguidores da tradição mística judaica conhecida como cabala. Entre os vários e belos cânticos está o "Hino dos Anjos". Tenho usado esse cântico como invocação para os meus grupos de trabalho angélico por causa dos inigualáveis sentimentos de amor que essas poéticas palavras inspiram quando são lidas em conjunto. O cântico é formado por dez estrofes, simbolizando os dez níveis da realidade divina. O hino termina com a seguinte estrofe:

> "Querubim quádruplo nos sustente
> enquanto justificamos o nosso nascimento.
> Deixe que a verdade da vida nos seja revelada
> enquanto ouvimos aqui nesta Terra."

Esse hino é uma prece cantada em homenagem aos anjos. Com as palavras "nos sustente" estamos pedindo que os anjos nos dêem ajuda ou apoio em momentos de dificuldade, "quando justificamos o nosso nascimento", ou seja, quando vivemos o plano divino que Deus estabeleceu para nós. "Deixe que a verdade da vida nos seja revelada" é um pedido aos anjos para que o conhecimento divino da verdade de Deus nos seja revelado. Esse verso, portanto, nos encoraja a nos esforçarmos para a concretização dos objetivos de Deus — sejam eles quais forem — que temos na vida.

O refrão do "Hino dos Anjos" diz o seguinte: "Santo! Santo! Santo! Santo! Anjos da Árvore da Vida." Durante os meus grupos de trabalho, quando os participantes se juntam em coro ao refrão, todos percebemos a poderosa essência angélica que parece fluir diretamente do trono de Deus. Essa sensação envolve cada um dos participantes, ligando todos nós ao reino angélico e à mística Árvore da Vida.

Eu gostaria agora de compartilhar uma história pessoal a respeito de uma oração que foi respondida pelos anjos de uma forma extremamente incomum. Quando meu marido e eu estávamos nos aproximando do divórcio, todas as comunicações referentes às negociações da partilha de bens tinham ficado a cargo dos nossos advogados. Qualquer comunicação pessoal entre nós tinha-se tornado excessivamente dolorosa.

Eu estava rezando aos anjos, pedindo que a resolução do divórcio fosse justa para ambas as partes. Também estava rezando por uma solução do problema de onde eu iria morar. Não demorou muito para que eu tivesse a impressão de que a única maneira de se resolver essas várias questões seria indo ao tribunal.

Na época, eu tinha uma cadela chamada Rebelde, que ganhara ainda filhote, quinze anos antes. Apesar de ter crescido na fazenda dos meus pais onde havia muitos cachorros, Rebelde foi o primeiro animal que pertencera exclusivamente a mim e eu a adorava. Ela era um cruzamento das raças Shnauzer e Poodle — uma gracinha! Ela adorava ir nadar comigo no açude da propriedade dos meus pais e gostava principalmente de ficar sentada numa cadeira inflável enquanto eu fazia o papel do motor e a empurrava de um lado para o outro, batendo com os pés. Eu tinha ensinado Rebelde a carregar sua própria toalha, e ela sempre corria na frente quando cruzávamos uma ponte de madeira, com a toalha na boca. Em seguida, ela a deixava no píer e sempre era a primeira a mergulhar na água refrescante.

Por ocasião da minha separação, ela já tinha perdido a audição e não conseguia enxergar nem andar muito bem. Rebelde tinha sido boa companheira para mim durante a experiência da separação. Apesar das suas limitações físicas, ela sempre "sentia" quando eu voltava do trabalho e estava lá para me receber.

No décimo quinto aniversário da data em que Rebelde entrou na minha vida um nevoeiro espesso cobriu toda a região. Rebelde foi para fora, como sempre fazia no começo da noite, mas quando fui abrir a porta para deixá-la entrar, não consegui encontrá-la. Eu a chamei durante o que me pareceu ser um período de horas e mais horas, apesar de saber que ela não conseguiria me ouvir. Eu a procurei pelas redondezas, mas foi impossível encontrá-la. Era como se ela tivesse desaparecido. A neblina aumentava ainda mais a minha frustração por não conseguir encontrá-la. Rezei com os anjos, pedindo que ela retornasse salva.

Na manhã seguinte, assim que o nevoeiro se dissipou, meus pais se juntaram a mim na procura frenética de Rebelde. Como vivemos numa área rural, estávamos cercados por campos e prados. Andamos por todos os lados em busca de algum vestígio dela. Deixei recados em caixas de correspondência e pendurei bilhetes em postes. Avisei uma sociedade humanitária. Telefonei para o jornal local e publiquei um anúncio. Depois, recebi uma chamada telefônica.

A chamada foi feita por um fazendeiro dos arredores. Ele tinha visto um dos meus bilhetes. Rebelde, que mal conseguia andar, tinha caminhado até um lugar situado a cerca de 1 milha de casa, na entrada da fazenda dele. Como chegou toda trôpega a essa propriedade, ele teve medo da possibilidade de ela representar uma ameaça para os seus cavalos e para as suas vacas. Rebelde não usava coleira nem plaquinhas de identificação, porque vivia dentro de casa e nunca se aventurava além dos meus cinco acres de terra. Como o fazendeiro teve medo que Rebelde estivesse com raiva, ele a matou algumas horas depois de ela chegar lá, sem sequer perguntar para os vizinhos a quem ela poderia pertencer.

Fiquei arrasada com a perda da minha querida companheira. Acho que se alguém me tivesse mostrado uma porta com um cartaz "Por aqui, para sair do mundo", eu teria ido por esse caminho. Passando pela experiência da separação, a perda da minha amada Rebelde foi a gota d'água para que eu achasse que não teria mais forças para suportar toda aquela dor.

Eu me lembro de ter rezado com os anjos para que Rebelde fosse bem tratada por eles e tentei me consolar com a idéia de que, finalmente, ela seria capaz de enxergar, de ouvir, de correr e de nadar novamente em alguma lagoa celestial. Mas eu sentia muito a falta dela e sabia que sentiria essa falta todas as vezes em que passasse pela porta dos fundos da minha casa, esperando que ela me recebesse alegre e aos saltos.

Passou-se uma semana e recebi um telefonema inesperado no meu local de trabalho. Pela rede familiar de fofocas, meu ex-marido fora informado da morte de Rebelde e ligou para expressar sua tristeza. Essa conversa foi o nosso primeiro diálogo verbal em dois anos e uma cura profunda ocorreu entre nós. Ambos concordamos que, em algum ponto, as coisas tinham enlouquecido entre nós e ambos expressamos o desejo de resolver as nossas questões de partilha de bens, de finalizar o divórcio e de continuarmos com nossas vidas. Antes de desligar o telefone, eu disse: "Quero agradecer por você ter-me ligado, e também quero realmente agradecer à Rebelde pelo que ela fez."

Acredito que todos os reinos funcionam juntos para realizar o plano de Deus. Também acredito que Rebelde sabia que havia chegado para ela o momento de fazer a transição. Ela sabia que eu jamais seria capaz de pedir ao veterinário que lhe desse uma injeção que a fizesse adormecer para sempre. Instintivamente, ela foi a um lugar onde tudo aconteceria bem depressa. Na sua última ação no plano terrestre, ela trabalhou lado a lado com os anjos para atender às minhas preces. Com a ajuda dos anjos, Rebelde deu-me o presente da cura na minha vida. Em homenagem a Rebelde e aos anjos gloriosos, mudei o nome de minha propriedade. Durante quinze anos, ela foi conhecida como a "Colina dos Álamos"; agora minha casa se chama o "Outeiro dos Anjos".

·CRIS ARBO·

Capítulo 5

Compartilhe com os Anjos

"Javé, em cuja presença sempre tenho andado,
mandará o seu Anjo contigo,
e dará feliz êxito à tua viagem."
Gênese 24:40

Em seu livro intitulado *All I Really Need to Know I Learned in Kindergarten*, Robert Fulghum afirma que uma das coisas mais importantes que aprendeu foi "compartilhar tudo".[1] Compartilhar significa permitir que outros participem de qualquer coisa que você esteja fazendo. Você pode compartilhar seu tempo conversando. Você pode compartilhar sua energia fazendo coisas pelos outros; você pode compartilhar seus recursos dando aos outros.

Sempre que compartilho — quer compartilhe a mim mesma numa conversa, quer compartilhe uma experiência, como a ida com alguém a um concerto de música — constato que a atividade se torna uma ocorrência tridimensional: eu vivencio o acontecimento da minha perspectiva, da perspectiva de quem me acompanha e também da perspectiva de duas pessoas que estão fazendo aquilo juntas. Acredito que a combinação da nossa experiência cria uma perspectiva única. Quando compartilho, sinto a alegria de dar e de receber, tal como afirma o velho dito popular: "Um problema compartilhado é meio problema; mas uma alegria compartilhada é alegria dobrada."

Acredito que compartilhar seja um importante ingrediente para se manter uma vida saudável. Em seu livro *There's a Lot More to Health Than*

Not Being Sick, o reverendo Bruce Larson afirma: "Conhecer e ser conhecido é um ingrediente vital para a boa saúde física e espiritual. É fato médico, psicológico e espiritual que as pessoas que necessitam de outras pessoas (e que têm conhecimento disso) são as pessoas mais felizes do mundo. Suponho que seja esse o motivo pelo qual a raça humana historicamente sempre viveu em tribos e depois em povoados."[2]

Compartilhar é uma parte natural da nossa existência. Nós formamos uma unidade com Deus e Deus compartilha a Sua energia vital conosco. Nós formamos uma unidade com a criação toda e compartilhamos da mesma origem. Todos viemos de Deus e todos somos membros da família Dele. Deus é o nosso Pai/Mãe e nós somos irmãos e irmãs dos anjos.

Existe uma palavra que ajuda muito, mas que infelizmente parece estar sendo excluída do nosso vocabulário por falta de uso. Simplesmente não ouço as pessoas se utilizando dela, e espero que meu livro possa contribuir para a recuperação do seu antigo *status*. A palavra é companheirismo, e significa comungar com os outros. Numa situação de companheirismo, nós nos reunimos com outras pessoas e compartilhamos as coisas.

A raiz grega da palavra *fellowship* é "koinonia", que significa "comum". E a palavra *comum* significa "pertencente a todos". Portanto, quando compartilhamos ou participamos no companheirismo, estamos repartindo o que temos em comum. E quando você compartilha a sua vida com os anjos, você vivencia o fato de "pertencer ao todo"; o que você tem em comum com os anjos é o amor de Deus. A palavra *comunhão* tem origem no latim *communis*, que significa "comum". Compartilhar a sua vida é outra forma de comungar com os anjos e de estabelecer uma relação de companheirismo com eles.

O "companheirismo" é uma das doze lições de desenvolvimento espiritual usadas pelo Grupo de Estudos Edgar Cayce para a Busca de Deus. Ela está incluída no sexto capítulo de *A Search for God*, um dos dois textos usados para estudos em grupo. Os participantes desses grupos tentam aplicar o companheirismo em suas vidas quotidianas.

Entre os momentos que você passa meditando e os períodos de preces, você tem muitas oportunidades de compartilhar a sua vida com os outros. Eu o aconselho a compartilhar a totalidade da sua vida com eles e a incluí-los em tudo o que você estiver fazendo. Os anjos irão envolver-se mais quando forem incluídos nessas atividades. E quanto mais você compartilhar com os anjos, mais fácil se tornará o relacionamento com eles e a utilização da ajuda deles, porque você estará tendo mais oportunidades de conhecê-los melhor. Portanto, se pretende ter um relacionamento íntimo com os anjos, comece compartilhando todas as atividades da sua vida com eles.

Observe como o mundo é atualmente. Tem-se a impressão de que as pessoas andam por aí com cartazes dizendo "Não perturbe" pendurados no pescoço. Muita gente usa fones de ouvido na rua com a finalidade de ficar isolada num mundo próprio. Muros altos são construídos para separar os quintais das casas e muitos usam secretárias eletrônicas para não terem de falar com os outros. Pessoas que se encontram num elevador evitam olhar nos olhos umas das outras. Alguns até têm medo de sorrir para estranhos, porque esse sorriso poderia ser mal-interpretado. Eu acho que existe uma verdadeira necessidade de cura no nosso envolvimento com os outros neste planeta. Creio que necessitamos do companheirismo em relação às outras pessoas e não apenas em relação aos anjos.

Comungando com os anjos, você pode se abrir para a experiência de ser uma pessoa que "compartilha". Isso significa que você compartilha tudo o que tem com os anjos e que eles compartilharão tudo o que têm com você. Essa experiência encherá sua vida de bênçãos, tanto mais numerosas quanto mais você estiver compartilhando. Afinal de contas, temos muito em comum com os anjos, porque todos fomos criados juntos no início.

Eu o aconselho a incluir os anjos no seu trabalho e nos seus momentos de lazer, nos tempos felizes e também nos tempos de tristeza, nos altos e nos baixos. Assim que abrir os olhos pela manhã, dê as boas-vindas aos anjos que chegam à sua vida. Compartilhe com eles a alegria de ter sido abençoado com um novo dia de vida na terra e reconheça que eles estarão ao seu lado durante todas as experiências deste dia. E à noite, quando for dormir, lembre-se de lhes agradecer por terem cuidado de você durante o dia inteiro. Peça a eles a bênção de uma boa noite de sono.

Um dos melhores exemplos de como fui ajudada por compartilhar minha vida com os anjos é a história de como passei a organizar os meus grupos de trabalho angélico. No decorrer dos últimos cinco anos, organizei mais de cem desses grupos de trabalho, mas se os anjos não me tivessem salvo de mim mesma, eu possivelmente jamais teria encontrado essa minha vocação. Aliás, "salvar-nos de nós mesmos" parece ser uma especialidade angélica. Freqüentemente, nós somos os nossos piores inimigos. Compartilhando nossa vida com os anjos damos a eles a oportunidade de nos mostrar como devemos fazer para evitar as armadilhas e arapucas que nós mesmos armamos. Eu gostaria de mencionar uma história bastante divertida a respeito de como os anjos conseguiram me salvar de mim mesma.

Nessa época, uns dois anos antes do fim do meu casamento, eu estava em meio a uma intensa procura por mim mesma, pela verdade e por um modo prático de usar meus recursos para ajudar os outros. No entanto, exatamente como ocorre com muitas outras pessoas que buscam e se deparam com uma multiplicidade de movimentos espirituais e de organizações de "novos pensamentos", eu logo estava querendo fazer muito mais do que a minha capacidade de absorção permitiria.

Eu passara o ano anterior lendo muitos livros — por vezes, até quatro ao mesmo tempo. Eu havia participado de seminários a respeito de uma infinidade de assuntos — de técnicas de cura dos aborígines australianos a métodos para entortar colheres de prata com a força da minha mente. Eu queria aprender tudo o que se pudesse aprender a respeito dos fenômenos paranormais e queria aprender tudo isso IMEDIATAMENTE. Fiz cursos sobre meditação, sobre limpeza dos chakras, viagens astrais, cura a distância e, francamente, minha mente estava praticamente se afogando dentro desse excesso de informações. Durante o dia, eu trabalhava no mundo empresarial da publicidade e à noite me matriculava em cursos que me ensinavam a trabalhar com a mesma facilidade no mundo espiritual. Eu brincava dizendo que não demoraria muito para que atendesse o telefone no escritório dizendo: "Bom dia. Qual é o seu signo astrológico?" Quando compartilhei essa história como parte de minha palestra nos grupos de trabalho, muitas pessoas comentaram dizendo que haviam tido a mesma experiência: uma sede insaciável de aprender tudo o que existe para ser aprendido, metafisicamente falando. Certo dia, durante a meditação, recebi uma clara mensagem dos anjos. Ela me veio numa visão mostrada na tela da minha mente interior, e me mostrou que o que eu precisava fazer era seguir o exemplo de Jesus. Eu precisava era de um jejum de todos aqueles livros e cursos. Os anjos me aconselharam a seguir o sábio exemplo de Jesus e passar quarenta dias no deserto da mente para assimilar todo o material que estava estudando. Além disso, eles me avisaram que, se eu não fizesse isso, acabaria me consumindo em excesso. Mas você acha que dei ouvidos ao bom conselho deles? Claro que não!

Numa noite de quinta-feira, eu acabara meu trabalho num estúdio de gravações para a agência de publicidade da qual era contratada. Quando já estava indo para casa, de repente senti que os anjos me diziam para que voltasse ao escritório e tirasse as coisas do carro. Não gostei do conselho, porque estava planejando ir para o escritório bem cedo na manhã seguinte. Também já estava quase na hora de encerrar o expediente. Mas os anjos insistiram. Segui a sugestão e fui ao escritório, depois de abastecer o carro num posto de gasolina. Meus colegas de trabalho comentaram que era ridículo voltar ao escritório tão tarde, quando todos já estavam de saída. Não me importei com os comentários, descarreguei o carro e fui para casa. Depois de estacionar, entrei em casa. Após alguns momentos, por acaso, olhei pela janela e vi, horrorizada, meu jipe consumindo-se em labaredas.

Nessa época da minha vida eu não tinha muito jeito para enfrentar crises. Rapidamente disquei para 411 — o número de informações da empresa telefônica local. A telefonista me disse para desligar e tentar o número 911, o que fiz imediatamente.

Enquanto esperava pela chegada dos bombeiros, lembro-me que fiquei correndo apavorada em volta do jipe em chamas, não sabendo o que fazer. De repente, senti uma formação de anjos construindo uma espécie de muro em volta do carro. Eles me disseram para que eu me afastasse um pouco mais, que respirasse fundo e me mantivesse tão calma quanto possível até a chegada do socorro.

Os bombeiros chegaram em tempo recorde; no entanto, o jipe já estava totalmente queimado. A investigação da companhia de seguros constatou que o acidente fora causado por fios soltos do sistema elétrico. Eles também disseram que nunca na história da companhia eles tinham visto um carro incendiado com tal intensidade que não tivesse explodido. A revendedora em que eu o tinha adquirido quis reconstruí-lo totalmente, em vez de considerá-lo uma causa perdida. Eu concordei com essa decisão, uma vez que pude constatar uma mensagem para mim no que acontecera com o meu jipe: o fato de que poderemos nos consumir, em nosso fervor espiritual, nos queimar por causa da busca incessante. Tendo perdido "minhas rodas" devido ao incidente com o fogo, fiquei limitada nas minhas possibilidades de freqüentar os vários grupos de estudo. Na verdade, resolvi seguir a mensagem da visão e durante quarenta dias não me matriculei em curso algum. Durante esse período, também não li nem ouvi fitas gravadas. Dei a mim mesma tempo para gastar com a meditação, com orações e na comunhão com a natureza. Aproveitei essa oportunidade para processar e digerir tudo o que tinha aprendido e para pensar como poderia fazer para reunir todas as minhas experiências e o acúmulo de informações e devolver isso tudo de alguma forma para o mundo. Rezei a Deus, pedindo para que a vontade Dele me fosse revelada.

Foram necessários exatamente quarenta dias para reconstruir o jipe. Na medida em que o quadragésimo dia se aproximava, os anjos alegremente compartilharam comigo a mensagem de que eu deveria requerer uma placa especial de licenciamento, com as letras formando as palavras "WERE ARE ONE" (Nós somos um). Pouco tempo depois desses quarenta dias, eles me disseram: "Está na hora de abandonar o seu horizonte e brilhar." Fui encorajada a desenvolver os meus cursos de trabalho sobre os anjos que agora, passados cinco anos, já realizei em salas de conferências, institutos, centros e casas particulares do país inteiro. Recebi a inspiração de ser uma mensageira dos anjos — e fico feliz em poder informar que meu jipe continua funcionando perfeitamente bem.

Como somos todos viciados na busca, eu sei que mesmo quando estiver com mais de cem anos de idade, continuarei me matriculando em grupos de trabalho e comprando os mais recentes lançamentos de livros sobre espiritualidade em geral. Os anjos, no entanto, me ensinaram a colocar em equilíbrio a minha vida. Existe um tempo para dar informações e um tempo para recebê-las, um tempo para trabalhar e um tempo para se divertir, e também um tempo para descansar. Compartilhe todas essas experiências com os anjos. Afinal, eles são os seus maravilhosos companheiros, que o ajudarão a encontrar o caminho do equilíbrio na sua vida.

Por vezes, os anjos lhe fornecem respostas fazendo com que você procure mensagens em livros. Essa é apenas mais uma maneira pela qual eles podem ajudá-lo a compartilhar sua vida com eles. Freqüentemente, essas mensagens podem assumir uma forma bastante dramática.

Lembro que, no verão de 1991, eu estava me sentindo totalmente atropelada e sufocada. Minha agenda vivia constantemente lotada, pois eu tinha um emprego de tempo integral, além de coordenar grupos de trabalho, assistir a conferências, realizar palestras e fazer leituras. Minha vida havia ficado desequilibrada e eu não estava reservando tempo para relaxar ou para passar com o meu novo homem. Sempre que alguém pedia a minha ajuda, eu era incapaz de dizer "não" — nem sequer a mim mesma. Um dos meus amigos costumava me chamar de Janie Coração Grande. Compartilhei tudo isso com os anjos e pedi a ajuda deles.

Os anjos me mostraram uma visão na qual eu aparecia como uma pequena sereia. Senti uma grande tristeza apossando-se de mim quando me conectei com essa criatura. Aos poucos, fui-me conscientizando do fato de não ter pernas. Eu era incapaz de correr, de dançar ou de brincar com o príncipe que eu tinha avistado na praia. Das profundezas do meu interior veio a interpretação: a tristeza que eu sentia tinha origem no fato de eu não estar reservando tempo suficiente para o meu novo amor — o novo "príncipe" — na minha vida.

Em determinado fim de semana, esse homem muito especial me convidara para participar de uma festa de família, mas tive de recusar por causa de um compromisso antes assumido em relação a uma conferência que seria realizada num lugar situado a duas horas de viagem de minha casa. Pouco antes de partir para a conferência, meu amigo novamente mencionou que, se surgisse a oportunidade, nem que fosse bastante tarde, a família ficaria muito contente se eu aparecesse por lá. Outra vez, voltei a sentir aquela tristeza da sereia.

Fui para a conferência, em que organizei meu grupo de trabalho na tarde de sexta-feira, repetindo-o na mesma noite e depois, mais uma vez, na tarde do sábado. Mas depois dos trabalhos da tarde de sábado, percebi que surgira uma janela de tempo na minha agenda. Eu estava com tempo livre desde o começo da noite de sábado até a manhã de domingo, quando voltaria a orientar o meu grupo de trabalho. Imediatamente, pedi aos anjos: "Por favor, mostrem-me se devo ou não dirigir até Maryland para participar da festa." Como não "ouvi" uma resposta, resignei-me a ficar onde estava, racionalizando tudo e dizendo a mim mesma que seria tempo demais gasto atrás do volante. Para participar da festa, eu teria que voltar para casa, o que significava fazer um trajeto de cerca de duas horas, e depois dirigir por mais duas horas na manhã de domingo, para poder chegar em tempo hábil para orientar o meu grupo de trabalho.

De repente, percebi que estava sentada na biblioteca da organização metafísica que patrocinava a conferência. Na minha frente, havia uma pilha de livros, ao lado da qual um cartaz avisava: "Quem quiser, pode levar estes livros consigo." Sem prestar muita atenção, peguei um deles e o folheei; era um livro infantil ilustrado. A página na qual o abri mostrava uma pequena sereia. A mensagem era bastante clara para mim: o que eu precisava fazer para o meu próprio bem era entrar no carro e ir à festa. Por fim voltei para casa para me divertir e tenho a certeza de que os anjos se divertiram comigo.

Se você compartilhar sua vida com eles, os anjos também o ajudarão a superar as limitações que você impõe a si mesmo. Durante os dezoito anos do meu casamento, nunca fiquei no volante para fazer viagens mais longas. Eu em geral ficava no assento do co-piloto e admirava a paisagem durante as viagens mais demoradas. Depois do divórcio, no entanto, me vi no papel pouco familiar de motorista de longos percursos. Lembro-me de ter compartilhado com os anjos todos os meus medos associados com dirigir o carro fora dos territórios que me eram familiares. Eu tinha medo de que o carro pudesse quebrar na estrada e também tinha medo de me perder. Quanto mais pensava nisso tudo, mais eu me convencia da impossibilidade de dirigir o carro por longos percursos para organizar os grupos de trabalho.

Meus temores fizeram com que eu recusasse todo e qualquer convite que envolvesse viagens longas — ou seja, qualquer lugar situado a mais de uma hora de distância. Compartilhei com os anjos o fato de que, no fundo do meu coração, eu não queria ser limitada quanto aos lugares onde realizaria minhas palestras, mas simplesmente eu parecia ser incapaz de superar esse obstáculo criado pelo meu próprio medo.

Uma boa amiga minha, Gabrielle, que mora num lugar situado a três horas da minha casa, estava constantemente me convidando para organizar um grupo de trabalho. Antes da minha separação, eu já havia trabalhado com pessoas dessa região e elas queriam que eu voltasse. Era impossível ir até lá de trem ou de ônibus, de maneira que, se eu resolvesse ir, teria de ser no carro. Mas eu continuava protelando essa decisão.

Os anjos começaram a me transmitir mensagens dizendo que era necessário para o meu crescimento que eu superasse o medo e que eu deveria organizar aquele grupo de trabalho. Havia chegado a hora de eu me libertar das minhas limitações, o tempo de usar minhas asas e de voar para lugares mais distantes.

Eu estava recebendo apoio do reino angélico e também da minha amiga Gabrielle, um anjo. O nome dela, aliás, é extremamente apropriado, pois ela é um excelente exemplo de mensagem de que "Deus é a minha força". Foi Gabrielle quem elaborou o seguinte plano: eu sairia mais cedo do trabalho e iria para lá na tarde de sexta-feira, evitando assim os grandes congestionamentos, tanto na minha região quanto na região dela. Eu avisaria minha família quando saísse e, caso qualquer coisa me acontecesse durante a primeira hora e meia de viagem, eles viriam em meu socorro. Se alguma coisa acontecesse depois desse ponto, Gabrielle e seu marido cuidariam de mim. Além disso, ela me mandou um mapa com informações muito detalhadas. Esse plano me deu a segurança da qual eu necessitava, de que não estaria fazendo a viagem sozinha, além de me acalmar quanto às possibilidades de me perder e às dúvidas do que aconteceria se o carro quebrasse. Apesar de certa hesitação de minha parte, acabei concordando, convencida pelos anjos.

No entanto, quando o dia da viagem chegou, meu chefe acidentalmente bateu no meu carro no estacionamento ao dar marcha à ré e amassou um pouco a lataria. Fiquei convencida de que isso era um sinal indicando que eu não deveria viajar. Meu medo imediatamente aproveitou a oportunidade para achar uma desculpa. Meu chefe, que sabia da importância da minha tentativa de recuperar as asas, disse: "Se o seu carro não estiver funcionando direito, vá com o meu BMW. De uma maneira ou de outra, é importante que você vá!"

Constatamos que os danos no meu carro eram insignificantes e parti. No começo, eu estava aterrorizada, mas na medida em que ia prosseguindo, meus temores pouco a pouco foram desaparecendo. Quanto mais dirigia, mais apreciava o que estava fazendo. Foi uma maravilhosa experiência de libertação.

Enquanto Gabrielle esperava pela minha chegada, ela me contou mais tarde que teve uma visão do meu carro chegando à entrada de sua casa, mas na direção oposta do fluxo usual do tráfego. Ela imediatamente soube que os anjos lhe estavam comunicando que eu chegaria sem nenhum tipo de problema. Quando cheguei, comportei-me exatamente como ela tinha visto em sua visão.

Depois desse fim de semana, passei a viajar freqüentemente pelas estradas do Leste dos Estados Unidos. Os anjos e Gabrielle ajudaram-me no desenvolvimento das minhas asas, de maneira que agora os meus horizontes puderam se ampliar. E tudo isso resultou do fato de eu compartilhar meus temores com os anjos.

Com demasiada freqüência, as pessoas pensam que os anjos são criaturas muito solenes. Mas nos meus trabalhos, e também na minha vida, constatei que eles adoram festas e comemorações, sempre aceitando os convites, não apenas para participar, mas também para compartilhar do processo de planejamento.

Em agosto de 1987, decidi abrir a minha casa num fim de semana para todos os que quisessem celebrar um evento cósmico conhecido como Convergência Cósmica. Os antigos maias haviam previsto que esse evento ocorreria nos dias 16 e 17 de agosto de 1987. José Argüelles, o místico que reside no Estado do Colorado, divulgou isso em escala nacional. Nas meditações com os anjos, eu recebera confirmação de que esse seria um importante evento planetário e também que deveria participar dele. Eu sabia que a energia seria intensa naquele fim de semana e que nada funcionaria melhor para encerrar a nossa celebração no domingo do que uma canção cantada em conjunto. Precisávamos de algo que nos preparasse para o retorno ao trabalho na manhã de segunda-feira. Freqüentemente, quando participo de retiros espirituais em fins de semana, acho que tenho a impressão de que estou em outro mundo, de forma que a transição do retorno ao mundo do trabalho profissional acaba sendo bastante difícil. Mas qual seria a canção mais apropriada?

Sugeri a um amigo que estava me ajudando a planejar o fim de semana que entrássemos em meditação e que perguntássemos o nome da canção que poderíamos usar para a cerimônia de encerramento. Meu amigo, que também tem longa prática em comungar com os anjos, fez isso e logo recebeu uma mensagem dizendo que a canção deveria ser o tema de *Ghostbusters*, um filme muito popular na época. Quando ele compartilhou essa mensagem comigo, tenho de admitir que fiquei um tanto quanto desconfiada, achando estranho que um anjo pudesse ter-lhe dado essa resposta. Até observei que ele deveria perguntar novamente.

No dia seguinte, foi-me mostrada uma visão bem-humorada, na qual eu estava cercada por anjos usando chapéus de papel, como os de festas de crianças. Depois de ter conseguido me recuperar do espanto, perguntei o que estava acontecendo. Os anjos me informaram que estavam me transmitindo a mensagem de que uma celebração do renascimento estava ocorrendo na Terra e que a Convergência Harmônica era parte importante dessa celebração. Eles também acrescentaram que o meu amigo estava certo — a canção deveria ser o tema de *Ghostbusters*. Eles também me instruíram que, quando a letra da canção pergunta: "Quem você irá chamar?" quando precisar de ajuda, em vez de responder *Ghostbusters* (caçadores de fantasmas) o grupo deveria cantar *Lightworkers* (trabalhadores da luz). Afinal, não são fantasmas, mas trabalhadores da luz que respondem ao pedido de Deus para serem voluntários no plano terrestre.

Os dois dias de celebração da Convergência Harmônica na minha casa foram um fim de semana repleto de meditação, de preces e de companheirismo. Na ocasião, muitos de nós receberam mensagens dos anjos informando-nos de que estávamos sendo despertados para servir a Deus com um novo e inabalável compromisso. Foi um momento cósmico, durante o qual sentimos um novo início — que estava sendo realizado com a ajuda dos anjos.

No final da tarde de domingo, quando o fim de semana se aproximava do fim, tocou-se a canção de *Ghostbusters*. Foi uma experiência de grande alegria quando gritamos nossos nomes — *Lightworkers*! A interpretação da canção funcionou como uma cura e, na medida em que cantávamos, todas as maravilhosas mensagens do fim de semana pareciam estar se ancorando no nosso interior. Finalmente estávamos preparados para o retorno ao trabalho na manhã seguinte e para difundir a luz e o amor que recebêramos dos anjos, que tinham participado ao nosso lado desse evento celestial e planetário.

O que os anjos fazem melhor quando você compartilha sua vida com eles é fornecer-lhe pequenas indicações a respeito do que irá acontecer na sua vida. Anos mais tarde, quando você refletir sobre essas sugestões, você ficará impressionado com a ajuda que estava à sua disposição.

Há alguns anos, participei de um grupo de trabalho a respeito de mediunidade e do desenvolvimento das habilidades psíquicas. Foram-me ensinadas técnicas e exercícios para receber mensagens dos guias e guardiões espirituais, e não apenas dos anjos. Lembro-me de uma jovem chamada Mary Jane, que se sentou ao meu lado durante esse curso. Nós imediatamente gostamos muito uma da outra, apesar de nunca nos termos encontrado antes.

Eu já havia participado de muitos grupos de trabalho a respeito da comunicação com os espíritos, e resolvera me matricular nesse por causa do imenso respeito que sentia pela instrutora. Anos antes, ela me dera a minha primeira indicação, por meio dos seus guias espirituais, de que algum dia eu me tornaria uma comunicadora entre a Terra e os reinos superiores. Ela não me transmitiu essa mensagem para que eu me sentisse melhor, mas para enfatizar a importância de começar imediatamente a me desenvolver para esse papel, caso resolvesse aceitá-lo.

Graças a anos de meditação e preces regulares, eu havia desenvolvido a habilidade de receber facilmente as mensagens. Essa instrutora havia-me encorajado a praticar em todas as oportunidades e circunstâncias possíveis. Ela recomendara que eu me juntasse a um grupo semanal, onde teria a oportunidade de passar as mensagens. Trabalhei muito para tornar mais aprimoradas a capacidade de me comunicar. Enquanto observava o meu processo de deixar de ser uma pessoa insegura, incerta quanto às mensagens que recebia, para me tornar uma confiante leitora intuitiva, eu também percebi que queria comunicar mensagens enviadas pelos anjos.

Enquanto participara desse grupo de trabalho de dois dias de duração, Mary Jane comentou que gostaria de ser "como eu", por ter a impressão de que eu tinha muita fluência na comunicação com os reinos superiores. Eu lhe disse que, com o passar do tempo, ela também se tornaria mais fluente e que os anjos me disseram que ela se comunicaria principalmente por meio da arte — desenhando para os outros o aspecto dos seus anjos e dos seus espíritos guias.

Esse primeiro encontro com Mary Jane transformou-se numa sólida amizade. Ela continuou crescendo espiritualmente, mas só começou a desenhar anjos numa manhã de sábado em julho de 1990. Ela estava meditando em seu apartamento, quando recebeu uma mensagem urgente dos anjos: pegue seu material de desenho e desenhe "o anjo de Janie". Ela ouviu com clareza a mensagem: "É importante que Janie veja o anjo dela."

Mary Jane fez exatamente o que lhe tinha sido dito. Algumas horas mais tarde, quando o desenho ficou pronto, ela telefonou-me dizendo que tinha algo para me mostrar e perguntando se poderia vir até minha casa. Ela não podia saber que no mesmo dia em que recebeu a mensagem para desenhar o meu anjo eu acabara de receber os documentos do divórcio e estava rezando aos anjos, pedindo a ajuda deles. Eu não tinha a menor idéia do que ela queria me mostrar. Foi então que ela me deu o presente. Era um desenho colorido de um anjo com as mãos erguidas, num gesto de bênção. Hoje, esse desenho está pendurado no *hall* de entrada da minha casa, abençoando todos os que chegam.

Fiquei muito comovida pelo fato de os anjos terem me proporcionado esse contato com Mary Jane e também porque, vários anos antes, eu lhe havia dito que ela iria desenhar anjos e que o meu seria o primeiro. Considero essa experiência como um exemplo perfeito da universalidade dos conhecimentos dos anjos. Até hoje, esse quadro serve para me lembrar o apoio deles e as muitas maneiras pelas quais e[illegible] sagens sempre que compartilhamos nossa vida [illegible]

Os anjos gostam em especial de serem mensag[illegible] pidos", tradicionalmente associados com o Dia de S[illegible] fevereiro, que é o Dia dos Namorados nos Estados U[illegible] mensagens de amor durante o ano inteiro. Tive uma experi[illegible] monstra isso claramente.

Depois do divórcio, acordei certa noite com fortes batidas na p[illegible] de casa. Abri a porta, mas não havia ninguém. Teria sido uma batida espiritual? Entrei em meditação e perguntei aos anjos qual o significado daquilo. Eles me disseram para estar sempre de sobreaviso porque "alguém" em breve entraria na minha vida. Não dei muita importância à mensagem e voltei a dormir.

Minha casa está situada na bela região rural e ondulada do Estado de Maryland. Periodicamente, os sócios do clube local de caça passam pela minha propriedade. Numa tarde de sábado, pouco tempo depois das estranhas batidas na minha porta, saí à varanda e vi um dos líderes da caçada parado debaixo de um imenso álamo com mais de duzentos anos de idade que existe na minha propriedade. Ele estava vestido com trajes de montaria e trazia uma trompa de caça debaixo do braço. Eu sabia que ele tinha feito uma pausa para permitir que os cães se reagrupassem. No momento em que o vi, no entanto, ouvi os anjos dizendo: "Esta é outra mensagem. Um homem irá entrar na sua vida." Preciso admitir que dessa vez eles conseguiram atiçar a minha curiosidade.

Compartilhei essas duas mensagens com uma amiga e também lhe revelei minhas esperanças no sentido de que em breve encontraria alguém. Essa minha amiga, dotada de aptidões psíquicas especiais, tendia a focalizar mais os símbolos cósmicos ou globais. Fazendo um gesto de discordância com a mão, ela disse: "Não acredito que as mensagens sejam necessariamente pessoais para você. É provável que elas simbolizem novos pensamentos que estão chegando agora à Terra. As batidas na porta foram para avisar aos trabalhadores de luz que uma nova porta está se abrindo; o homem com a trompa de caça foi um símbolo do arauto que anunciará uma nova era."

Nem preciso dizer que fiquei decepcionada; eu queria as mensagens para mim. Mais tarde, nessa mesma manhã, compartilhei com os anjos: "Vocês sabem da fé que tenho nas bênçãos da Trindade e no poder do

...n-me um terceiro sinal, mostrando que as mensagens ...m. E, se possível, não façam isso de modo metafísico, que ...a ser interpretado como uma mensagem endereçada ao mundo inteiro. Bom seria algo que me fizesse rir." Ouvi então a resposta dos anjos: "Considere isso como já realizado."

Cerca de uma semana mais tarde, era o dia do meu aniversário. Uma das minhas amigas dos tempos da escola secundária me deu uma bexiga inflada com hélio, no formato de um homem com braços e pernas; ele mais se assemelhava a uma banana. Coloquei esse homem-banana na sala de jantar, junto com os outros balões que tinham chegado no decorrer do dia.

Nessa noite, a mulher que interpretara minhas mensagens como globais e não pessoais, veio até minha casa para se juntar a mim num trabalho de cura e meditação. Eu quis mostrar-lhe o homem-banana, mas quando olhei na sala de jantar, não consegui vê-lo. Imaginei que o gás tivesse vazado e que ele agora deveria estar caído em qualquer canto; simplesmente me esqueci de sua existência e deixei de procurá-lo.

Depois de a minha amiga ter ido embora, quando estava arrumando as coisas, fiquei curiosa, querendo saber que fim levara o balão. Procurei por toda a sala de jantar e por todos os aposentos do pavimento térreo, mas não havia sinal dele. Só mais tarde, quando já estava me preparando para dormir é que consegui localizá-lo. Ele estava no meu quarto, encarapitado em cima de um armário, balouçando levemente de um lado para o outro. Era um espetáculo tão engraçado que fiquei rindo até sentir dores no diafragma. O fato é que eu moro num sobrado. Para que o homem-banana conseguisse chegar até onde estava, ele teve de flutuar pela sala de jantar, atravessar todo o *living*, dobrar uma esquina e subir um lance de escada. E, no topo das escadas, ele teria de escolher um dos três quartos, dobrar à direita e depois colocar-se naquela ridícula posição em cima do armário. Finalmente, compreendi que o homem-banana era o terceiro sinal indicando que alguma coisa maravilhosa estava prestes a acontecer.

Depois de ter rido muito, perguntei aos anjos: "Como vou saber quem será esse homem especial?" Os anjos disseram que ele me seria indicado. Tendo recebido essa garantia, eu simplesmente não pensei mais no meu homem-banana.

Quase um mês depois, eu estava fazendo minileituras numa feira patrocinada por uma livraria local especializada em literatura metafísica, quando um homem que eu nunca havia visto antes se aproximou de mim e pediu uma leitura. Ele ficou impressionado com a minissessão e perguntou se poderia marcar uma entrevista mais demorada. Combinamos uma sessão mais longa, que seria realizada na sala de trabalho que tenho em minha casa.

Pouco antes dessa sessão, fui impelida a levar para essa sala uma estátua do Arcanjo Miguel, que eu adquirira alguns meses antes no México. Coloquei-a atrás da cadeira onde o meu visitante iria se sentar.

Durante uma hora, fiquei transmitindo a ele mensagens enviadas pelo seu Anjo da Guarda e por outros anjos de serviço. Foi uma sessão diferente de tudo o que eu já havia feito antes. Eu estava encontrando dificuldades para manter minha atenção focalizada por causa do calor, como se houvesse uma espécie de energia especial me atraindo para o coração daquele homem. No final da sessão, perguntei se ele tinha alguma pergunta especial. Ele disse que sim. Disse que era viúvo e queria saber se conseguiria voltar a se apaixonar outra vez. Nesse exato momento, eu vi a estátua do Arcanjo Miguel "adquirindo vida" na minha imaginação e apontando sua espada em direção ao homem. Orgulho-me muito do profissionalismo com que encaro o meu trabalho, de maneira que me limitei a dizer que ele deveria comunicar seu pedido aos anjos. Disse-lhe ainda que tinha a certeza de que alguém apareceria na vida dele dentro em breve.

Na noite seguinte, enquanto jantava com minha amiga Mary, compartilhei com ela a experiência que tivera no dia anterior. A primeira reação dela foi uma pergunta: "Você não vai convidá-lo a sair?" Percebi que estava ficando vermelha, quando lhe disse que o tal homem era 26 anos mais velho do que eu. Mary então assumiu o papel de professora, ao comentar: "Eu não acredito. Você vive dizendo às pessoas para que elas não tenham limitações e você mesma está permitindo que a idade lhe imponha limites." Ela estava certa. Foram necessárias duas semanas para que eu juntasse a coragem necessária para telefonar para ele. Conversamos muito, um assunto levando para o assunto seguinte, e marcamos nosso primeiro encontro já para o dia seguinte. Esse relacionamento continuou crescendo, transformando-se numa relação de compromisso, de apoio e de amor mútuo. Costumo me referir a essa pessoa maravilhosa como sendo o meu "Homem-Anjo", já que realmente ele me foi enviado pelos anjos. Eu havia deixado a cargo dos anjos a tarefa de trazer esse homem para minha vida, fazendo com que ele entrasse pela porta da frente, onde ouvira as primeiras batidas espirituais, e na minha sala de trabalho, de cuja janela avisto o grande álamo.

Eu também gostaria de compartilhar com o leitor uma mensagem que foi recebida por esse homem na sua minissessão de leitura inicial e que foi repetida depois na sessão de uma hora de duração. Ele havia passado por uma experiência de quase-morte durante uma cirurgia, um ano antes de nos encontrarmos. Ele nada me contou a respeito disso; foram os anjos que me disseram. Quando eu lhe disse: "Você tomou a decisão de voltar", ele acrescentou: "Porque havia coisas que eu precisava terminar." Como resposta, usei as palavras dos anjos: "Não, é que existe algo que você precisa iniciar." Esse homem não apenas voltara para iniciar um relacionamento comigo (o que proporcionou uma cura maravilhosa à minha vida), como também concretizou mais tarde um antigo sonho seu, construindo uma casa de veraneio numa linda propriedade de 5 acres no Estado de West Virginia.

E isso lembra-me uma de minhas histórias prediletas a respeito de anjos, envolvendo Michelangelo, o artista da Renascença. Certo dia, ele viu um bloco de mármore que queria esculpir. Mas o proprietário disse que a pedra não tinha nenhum valor. Michelangelo logo retrucou, dizendo que a pedra era valiosa para ele, porque dentro dela havia um anjo aprisionado que ele teria de libertar. Existe um anjo aprisionado dentro de cada um dos nossos sonhos, e nós só temos de libertá-lo, dando-lhe vida — tal como foi feito por Michelangelo e por esse homem que construiu a casa dos seus sonhos que tanto bem faz a todos os que a visitam atualmente.

Acredito que uma das melhores maneiras de se ter um relacionamento íntimo com os anjos consiste em não censurar nossos pensamentos e as palavras que usamos quando compartilhamos com os outros as nossas experiências. Com freqüência demais, as pessoas acham que, por causa das vibrações celestiais dos anjos, eles devam ser incluídos apenas nas atividades do tipo P&B, ou seja, "perfeitas e boas". Apesar da minha aspiração ser a de vivenciar o meu bem superior, existem momentos em que me sinto irritada, de mau humor, ou simplesmente perplexa. Mesmo assim, compreendo que são justamente esses os momentos nos quais mais necessito do apoio dos anjos, que sempre me fornecem o espaço necessário para que eu dê vazão aos meus acessos de mau humor e que depois intervêm, dizendo: "Agora basta, Janie", encorajando-me a realizar alguma ação positiva, capaz de me libertar do estado de espírito negativo.

Os anjos compartilharam comigo um dos testes mais importantes que podem ser feitos em termos de crescimento espiritual. Costumo chamá-lo de teste "O Rei Está Nu". Às vezes, você pode estar numa palestra ou num grupo de trabalho e descobrir que a informação que lhe está sendo transmitida não soa verdadeira. Isso não significa necessariamente que a informação seja correta ou errada. Isso simplesmente quer dizer que aquela não é a sua verdade. É preciso que você saiba que tem todo o direito de dizer: "Esta não é minha verdade", e ir embora. Exatamente como o garotinho no conto popular — que resolveu abrir a boca e dizer que o rei estava nu, quando todos os demais faziam de conta que ele estava vestido — há momentos em nossa vida em que temos de reconhecer que não estamos vendo o que todos os demais vêem. Na verdade, esse é um momento de poder muito intenso, porque afinal de contas você está proclamando o que é verdade para você.

Os anjos são maravilhosos no seu modo de ajudar você a receber informações, sempre que uma necessidade é compartilhada com eles. Eles são capazes de enviar mensagens por meio de livros, como fizeram comigo no caso da história da sereia, ou podem usar qualquer tipo de instrumento que você lhes dá para que eles o ajudem.

Certa noite, eu estava em companhia de várias amigas, uma das quais se debatia muito com uma mensagem referente à humildade recebida numa leitura do I Ching. A mulher se questionava quanto aos motivos dela, depois de ter passado anos se esforçando para ser capaz de aumentar sua segurança interior, receber agora mensagens quanto à necessidade da humildade. Nós todas procuramos explicações além das fornecidas pelo I Ching e os anjos me fizeram ir ao dicionário, em que resolvi seguir pelo caminho que me fosse indicado pela origem latina da palavra.

Procurei a palavra *humildade* e encontrei a palavra latina "*humilitas*", com o comentário "semelhante ao *humus*." Procurei então *humus*, que significa "parte orgânica do solo", e constatei que é semelhante a "homenagem". Procurei então *homenagem*, que significa "demonstrar respeito ou lealdade ao nosso senhor". Os anjos logo fizeram questão de me dizer que, quando somos convidados a demonstrar humildade, estamos sendo convidados a demonstrar respeito e lealdade a Deus.

Humildade é reconhecer que somos semelhantes, não apenas à terra, mas à vida como um todo. Quando reconhecemos esse caráter único, isso nos ajuda na conscientização da nossa grandeza interior. Em vez de sermos diminuídos pela humildade, somos, isso sim, elevados, para compartilhar do nosso lugar de direito como filhos e filhas de Deus. E, esperando para nos dar as boas-vindas nesses nossos postos de honra, estão sempre os anjos.

Os anjos me ajudaram quando precisei encontrar objetos perdidos, da mesma maneira como me ajudam a encontrar respostas. Eles conseguem ser excelentes detetives. Lembro-me de um Natal, quando estava ocupada com a decoração da minha casa e não conseguia encontrar uma antiga peça folclórica, um pato de madeira. Na época do Natal, eu sempre tinha o costume de amarrar um laço de fita xadrez no pescoço desse pato antes de colocá-lo no *living*. Durante o restante do ano, o pato fica sempre, sem laço algum, no saguão de entrada. Amarrar o laço no pescoço dele era um dos meus rituais natalinos. Procurei o tal pato por todos os cantos imagináveis e inimagináveis, mas simplesmente não consegui encontrá-lo.

Pedi aos anjos que me ajudassem a saber do seu paradeiro. Inexplicavelmente, eles me responderam: "Ele não está dentro de casa." Minha resposta foi imediata: "Que resposta maluca. É claro que ele deve estar dentro de casa." E continuei na minha loucura de procurar dentro dos armários, debaixo das camas, em todos os lugares, mas sem descobrir onde o pato estava escondido.

Por fim, resolvi perguntar à faxineira, que me ajuda uma vez por semana, para ver se ela reparara onde eu o tinha colocado. Quase chorando e pedindo mil desculpas, ela respondeu que o quebrara durante os trabalhos de limpeza e que o levara para sua casa, para que o marido o consertasse. Então era verdade que o pato não estava dentro de casa! Eu teria sido capaz de jurar que ouvi um voz angélica dizendo: "Não foi o que dissemos?"

Adoro ouvir histórias a respeito do modo como os anjos tocaram na vida de outras pessoas e compartilharam a sabedoria de Deus, quando essas pessoas resolveram compartilhar seus problemas com os amigos. Uma de minhas histórias prediletas foi-me narrada por uma mulher que tivera um desagradável confronto com uma filha adolescente pouco antes de vir ao meu grupo de trabalho. A garota queria passar a noite na casa de uma amiga, mas a mãe não se sentia muito confiante em relação a essa amiga, achando que ela poderia exercer uma influência negativa sobre a filha.

Durante uma das meditações que faziam parte do trabalho em grupo, sugeri que cada participante compartilhasse em silêncio seus problemas com os anjos e depois prestasse atenção na mensagem recebida. Essa mulher declarou seus temores e ao final ouviu uma única palavra: "Confie."

A mulher voltou para casa e, antes de a filha partir para a casa da amiga, ela lhe contou o que ocorrera durante o trabalho em grupo e também mencionou a breve mensagem que recebera. Ela e a filha tiveram então uma conversa muito positiva, há muito necessária, a respeito do que a mensagem de confiança significava para cada uma delas. Como resultado, elas descobriram um espaço comum e importante que estava faltando no relacionamento entre as duas. Compartilhando suas vidas com os anjos, mãe e filha estabeleceram um ponto de encontro, baseado no respeito mútuo. A filha saiu sabendo que confiavam nela e reagiu a essa confiança tomando decisões mais sábias e mais responsáveis em relação às suas amizades e atividades. A mãe encontrou mais paz interior sabendo que, mesmo quando a filha não estava ao seu lado, ela estava segura, aos cuidados dos anjos.

Há mais uma história que eu gostaria de narrar como parte deste capítulo e que trata da importância de compartilharmos a nossa vida com os anjos. Trata-se de uma história sobre este livro. É uma história importante, inclusive porque ilustra maravilhosamente o amor que os anjos têm por você e o quanto eles querem se comunicar com todos.

Durante o verão de 1991, participei da Conferência Rainbow Spectrum, conferência metafísica de uma semana de duração realizada em Elizabethtown, no Estado de Pennsylvania, onde fiz palestras e orientei grupos de trabalho. Durante minha semana de estada lá, fiz questão de me submeter a uma leitura intuitiva. A mulher que fez essa leitura para mim me disse que, dentro de um ano, eu iria publicar um livro. Eu não tinha planos de escrever um livro naquela altura e também não tinha nenhum manuscrito inédito na gaveta. Respondi-lhe que nem saberia a respeito de que assunto poderia escrever em tão pouco tempo. Ela me perguntou onde obtinha as informações para os meus grupos de trabalho a respeito dos anjos, que ela considerava como sendo de grande ajuda. Comentei que grande parte do material me era transmitida diretamente pelos próprios anjos. Textualmente, eu lhe disse: "Os anjos me dizem o que devo falar." Ela sorriu e respondeu: "Pois então eles irão lhe dizer o que você deve escrever."

Pouco tempo depois dessa leitura, como membro da ARE (Association for Research and Enlightenment) recebi informações sobre a experiência paranormal bimensal da ARE. Este projeto particular era uma pesquisa a respeito das experiências feitas pelos seus membros com os anjos. Fiquei entusiasmada ao constatar que estavam fazendo pesquisas sobre os anjos e escrevi à ARE, elogiando o tema escolhido. Também coloquei no envelope cópias de vários textos que publicara em revistas a respeito do assunto.

Pouco tempo depois, um dos editores da ARE me telefonou perguntando se eu estaria disposta a considerar a possibilidade de apresentar uma proposta referente a um livro sobre os anjos. Eu não sabia se seria capaz, porque nunca havia escrito um livro antes, mas dos meus anjos ouvi exclamações de apoio: "Sim, é claro que *nós* podemos fazer isso!" Concordei em enviar a proposta à ARE no prazo de duas semanas. Depois disso, sentei-me diante do meu computador e, com a ajuda dos anjos, escrevi a proposta do livro.

A proposta foi encaminhada rapidamente pelos canais competentes da editora e, em janeiro de 1992, recebi o contrato para escrever este livro. Aliás, o contrato chegou em tempo hábil para poder ser incluído nas comemorações do meu quadragésimo primeiro aniversário.

Sentada diante do computador, por várias vezes ouvi os anjos me incentivando: "Há várias pessoas esperando pela oportunidade de ler o que você vai publicar. Diga-lhes que nós as amamos!" Espero que você seja uma dessas pessoas que estavam aguardando por este volume.

Meu relacionamento com os anjos ficou ainda mais íntimo e importante a partir do momento em que comecei a escrever este livro. Para mim, essa foi uma maravilhosa experiência de compartilhar as coisas.

Você pode ser tão feliz compartilhando sua vida com os anjos. Vá em frente! Experimente. Compartilhe sua vida com os anjos durante uma semana e veja o que acontece. Faça um cartaz, ou pinte um aviso, ou amarre uma fita no dedo para não se esquecer de lembrar de compartilhar. Sempre é difícil modificar hábitos antigos, mas isso pode ser feito. Você pode acabar com o seu velho costume de guardar tudo dentro de si mesmo e pode começar a compartilhar imediatamente tudo com os anjos.

Abra-se para os anjos e você constatará que está se abrindo para Deus, para o céu e para tudo o que ele tem de cura, de Iluminação e de amor. Sinta a ligação que existe entre você e o seu anjo, pois ela cresce a partir do momento em que você tomar a firme decisão de compartilhar a sua vida com o seu melhor amigo, o seu Anjo da Guarda. Sinta como o seu anjo o envolve com amor e como ele lhe dá um abraço de cura. Veja-se agindo da mesma forma. Deixe que o seu amor flua para o seu anjo. Seja companheiro dos seus amigos, dos anjos, e compartilhe com eles tudo o que você é!

·CRIS ARBO·

Capítulo 6

Cure com os Anjos

"Vou enviar um anjo diante de ti,
para que te guarde pelo caminho,
e te conduza ao lugar que eu preparei."
Êxodo 23:20

Os anjos nos dão uma mão invisível, que é estendida para nos guiar, nos proteger e nos curar. Por vezes, o mundo parece um lugar frio e escuro, mas ele pode ser iluminado e aquecido pelas lâmpadas de amor transportadas pelos anjos. Com sua energia radiante, eles podem até iluminar o caminho da cura de maneiras por vezes surpreendentes.

Margaret, que participou de um dos meus grupos de trabalho, compartilhou comigo um episódio de sua vida: ela estivera muito doente, com bronquite, que depois se transformou em pneumonia e acabou piorando ainda mais. Semanas mais tarde, apesar de muitas visitas aos médicos, de vários exames feitos, de testes e de antibióticos, ela continuava muito doente. Parecia que faltava um ingrediente para a sua cura.

Certa noite, Margaret teve um sonho, no qual viu claramente o seu real aspecto, reconhecendo como o seu corpo físico se enfraquecera. Ela viu como um maravilhoso grupo de anjos a ergueu da cama e a convidou a ir com eles "a um lugar de cura". Vendo-se na companhia deles, Margaret sentiu-se fortalecida pela ajuda que eles lhe estavam dando.

Na manhã seguinte, quando ia à consulta com seu médico, ele se lembrou do sonho e de como os anjos a tinham apoiado. Repentinamente, pensou ter ouvido uma voz que lhe dizia: "Marque uma consulta com os anjos."

Ela ouviu essas palavras nitidamente e lembra-se de que ficou muito espantada. A mensagem tinha sido clara como um cristal.

Nessa noite, ela seguiu as indicações que lhe tinham sido dadas pelo médico e tomou os remédios receitados. Mas ela também reservou para si mesma um período de tempo, durante o qual pudesse meditar sem ser interrompida, para atender ao encontro marcado com os anjos que a "levariam a um lugar de cura", como tinham pedido no sonho. Ela se deitou e mergulhou numa profunda meditação.

Durante o encontro com os anjos, Margaret lembra ter sentido um forte e amoroso apoio por parte da presença dos anjos. Ela imediatamente sentiu que não estava só no seu desejo de cura. Ela visualizou como os anjos a levaram a um lugar que ela descreveu como um "jardim de cura". Enquanto estava sentada num magnífico banco de mármore no meio desse jardim, um arco-íris brilhante apareceu no céu, nascendo exatamente no lugar onde ela estava acomodada. Margaret viu que estava sendo aspergida por uma radiação multicolorida. Ela sentiu claramente que uma alquimia mágica e divina estava funcionando no seu interior. Depois de um período de tempo de duração incalculável, ela finalmente foi "devolvida" à sua cama. Pela manhã, os anjos a encorajaram a abrir os olhos e o coração para o que acabou sendo um dia maravilhoso.

Esse foi o primeiro de muitos profundos encontros de consulta que Margaret teve com os anjos. Todos os dias, ela ouvia os conselhos deles, que vinham numa variedade impressionante. As sugestões dos anjos incluíam o conselho de assumir uma atitude feliz e amorosa, de modo que a felicidade pudesse erguê-la acima da doença. Os anjos insistiam em afirmar que pessoas felizes são pessoas saudáveis. Certo dia, ela foi encorajada a realizar exercícios de respiração e a passar um período ao ar livre para respirar muito ar fresco. Em outro dia, eles sugeriram que ela ficasse descansando por mais tempo e, numa outra vez, foi encorajada a fazer visualizações para poder constatar como a energia de cura que penetrava no seu corpo vinha do reino angélico.

Depois de seis semanas, Margaret estava totalmente recuperada. Ela dá o crédito de sua recuperação à energia e aos conselhos dos anjos que, segundo acredita, lhe devolveram um estado de boa saúde. Obviamente, eles só puderam fazer isso por causa da inspiração divina e porque ela estava disposta a ouvir. Margaret admite que sua cura recebeu a ajuda dos remédios receitados pelo médico, mas acha que essas receitas, sozinhas, não teriam sido suficientes.

Victor Hugo, o famoso escritor francês, costuma ser citado como autor da famosa frase: "Vá dormir em paz; Deus está acordado." Essa é uma deliciosa expressão de apoio e de proteção, não apenas para as horas que passamos dormindo, mas também para o tempo que passamos acordados. Deus está sempre conosco e nos deu o serviço dos anjos, bastando que peçamos por ele.

O padre Pio de Petrelcina era um sacerdote católico italiano da primeira metade deste século que recebeu em seu corpo os estigmas da Paixão — ou seja, os sinais visíveis da crucificação de Cristo em suas mãos e pés. Atualmente, a Igreja Católica está considerando a possibilidade de ele ser beatificado. Espalhadas nos escritos que deixou, há histórias de suas experiências pessoais com os anjos, bem como relatos que lhe foram feitos por membros de sua paróquia. Na biografia *Send Me Your Guardian Angel, Padre Pio*, Alessio Parente escreve: "A orientação espiritual das almas pelo padre Pio era feita na maior parte das vezes com a ajuda e a direção do seu Anjo da Guarda."[1] Numa carta datada de 20 de abril de 1915, padre Pio escreveu: "É um grande consolo saber que sempre estamos sob os cuidados de um espírito celeste, que jamais nos abandona..."[2]

Padre Pio costumava receber cartas vindas do mundo inteiro, escritas em idiomas que lhe eram desconhecidos. Milagrosamente, graças à ajuda do seu Anjo da Guarda, essas cartas eram instantaneamente traduzidas em sua mente, à medida que ele as lia. Salvatore Pannullo, um pároco que conhecia o padre Pio, declarou sob juramente que padre Pio recebera uma carta escrita em grego — um idioma que desconhecia — mas que o Anjo da Guarda do padre Pio lhe explicou seu conteúdo.

A extraordinária ajuda recebida do seu Anjo da Guarda também auxiliava o padre Pio a escrever em idiomas estrangeiros. Isso é um importante testemunho a favor dos anjos que encorajam a todos nós, incentivando-nos para que rejeitemos as limitações e as fronteiras desnecessárias que impomos à nossa vida. Não devemos denunciar automaticamente qualquer coisa que seja de início percebida como "estranha" ou "desconhecida" à nossa consciência. Uma das citações inspiradoras preferidas que encontro nos textos de padre Pio, é a seguinte: "Não se preocupe, o Anjo do Senhor o acompanhará."

Certa vez, a irmã de uma de suas paroquianas ficou seriamente doente com pneumonia. A mulher procurou o convento dos franciscanos para informar o padre Pio e pedir a sua ajuda, mas o grande portão estava fechado. A mulher disse então ao seu Anjo da Guarda: "Vá e avise o padre Pio que vim em busca da ajuda dele; caso contrário, minha irmã acabará morrendo." Momentos depois, ela ouviu a voz do padre Pio no interior da igreja, perguntando: "Quem está me procurando a esta hora? O que está acontecendo?"[3]

Os anjos sempre estão ao nosso serviço para as curas. Nas sessões que realizo com os clientes, freqüentemente funciono como uma espécie de canal para tornar mais fácil o contato entre as pessoas necessitadas de cura e os anjos. Durante uma sessão típica, começo com uma prece e convido os anjos a se juntarem a mim na sessão de cura por meio de uma invocação. Coloco as mãos sobre as do cliente e oriento suas meditações no sentido de ajudá-lo a visualizar suas curas. Em geral, as sessões são encerradas com uma oração de agradecimento.

Nessas sessões de cura, já tive a oportunidade de presenciar numerosos casos de cura, e eles nunca deixam de provocar em mim uma sensação de espanto e satisfação. Um dos meus mestres ensinou-me que quando um agente de cura não sente mais essa sensação de respeito e de espanto ao testemunhar uma cura, ele deve abandonar a atividade. Obviamente, não sou eu que estou fazendo a cura. Como os anjos, também sou apenas um canal através do qual Deus, o Grande Médico, cura as pessoas.

Muitas das pessoas que receberam a graça de uma cura angélica durante essas sessões descreveram uma sensação semelhante a uma "onda de eletricidade" que passa pelo corpo. Elas afirmam que essa sensação as deixa num estado de alegria vibrante, de felicidade e de bem-estar, algo que perdura durante muito tempo depois da sessão. Muitas outras pessoas que obtiveram a cura, inclusive fora das minhas sessões, relatam a respeito da sensação de êxtase que essa colaboração angélica pode criar, e como essa estranha e maravilhosa energia passa por todas as partes do corpo. Houve também muitos casos em que pessoas perceberam claramente que iriam sentir-se muito melhor mais tarde.

Houve casos de úlceras, de problemas na espinha dorsal e de esterilidade que foram revertidos mediante a cooperação com os anjos. Pessoalmente, presenciei um caso em que uma mulher, à qual tinham diagnosticado um tumor maligno, participou de uma sessão de cura dos anjos e voltou ao médico apenas para descobrir que o tumor havia desaparecido milagrosamente. Obviamente, isso não acontece em todos os casos, mas não tenho a menor dúvida quanto à vontade e à eficiência dos anjos na cura de doenças.

Testemunhei outro caso, no qual uma cliente me procurou para uma sessão com os anjos da cura uma semana antes da data prevista para ser operada com a finalidade de extrair um tumor do abdômen. O tumor, cujo tamanho era maior do que uma laranja, estava lhe causando muitas dores. Dias depois da nossa sessão, uma nova bateria de radiografias e de exames de sangue revelou que a cirurgia não seria necessária, uma vez que o tumor havia desaparecido. O médico não conseguiu dar nenhuma explicação para o que acontecera com ela.

Na ocasião em que ocorreu a cura, a mulher contou-me que durante a sessão ela sentiu como se "mãos espirituais tivessem removido alguma coisa" do seu corpo físico, e também que, imediatamente depois da sessão, as dores que antes sentia com tanta intensidade haviam desaparecido.

Outra cliente tinha horário marcado para se submeter a uma segunda bateria de radiografias para confirmar um diagnóstico de câncer no cólon. No entanto, antes de fazer esses exames, ela veio para uma sessão de cura angélica. Depois que as chapas foram reveladas, o técnico lhe perguntou: "O que exatamente estamos procurando? Não aparece coisa alguma no cólon."

Por vezes, a cura estende-se além do benefício do cliente. Recentemente, meu pai foi a um hospital para uma biópsia rotineira com a finalidade de determinar se um tumor era ou não maligno. Eu havia levado meus pais de carro ao hospital local pela manhã bem cedo e de lá fui para o trabalho. Combinei com minha mãe para me avisar pelo telefone o horário em que poderia apanhá-los. Pouco depois de ter chegado ao meu local de trabalho, os anjos informaram-me de que alguma coisa não havia corrido como estava previsto. Senti que o meu pai não iria morrer, mas que alguma coisa acontecera durante a biópsia. Pouco depois da mensagem dos anjos, recebi um telefonema da minha mãe, dizendo que eu poderia ir buscá-la, mas meu pai não voltaria conosco. Ele havia sofrido uma hemorragia contínua provocada pela cirurgia.

Enquanto ia para o hospital, os anjos ficaram me tranqüilizando e dizendo que meu pai ficaria bom. Examinando os campos de energia das enfermeiras e dos médicos — algo que sou capaz de fazer intuitivamente

— percebi que alguma coisa realmente não havia dado certo durante a cirurgia. Quando deixei o hospital com minha mãe, pedi aos anjos que dessem uma atenção especial ao meu pai. Recordo-me de que quando saí do hospital estava me sentindo muito intrigada quanto ao que realmente havia acontecido. Naquela noite, numa conversa, uma enfermeira disse ao meu pai que a agulha usada na cirurgia tinha uma ponta torta, o que causara a hemorragia excessiva.

Alguns dias depois, para grande alegria de toda a família, meu pai recebeu alta do hospital e estava totalmente recuperado da cirurgia. A biópsia revelou que o tumor não era canceroso. Durante uma meditação, os anjos me revelaram naquele dia que uma cura realmente acontecera para meu pai, que conseguiu ficar totalmente curado e que voltou às suas atividades rotineiras de cuidar das roseiras de seu jardim.

Acredito que uma cura ocorreu também para o médico e para as enfermeiras. Em seu livro *Rediscovering the Angels*,* Flower A. Newhouse afirma que os anjos "inspiram os médicos e orientam as enfermeiras quanto à melhor maneira de cuidar dos seus pacientes".[4] Acredito que a experiência com o meu pai também serviu de inspiração para a equipe médica, porque os ajudou a serem mais cuidadosos com seus equipamentos em cirurgias posteriores. A ajuda dos anjos pode tocar muitas vidas quando são chamados por meio de preces feitas na intenção de outras pessoas.

Além de curas físicas, também presenciei impressionantes curas espirituais que ocorreram graças à cooperação com os anjos. Vi pessoas chegarem a uma sessão sentindo muita hostilidade e falta de esperança, para depois saírem quase "flutuando" por sentir o toque curador dos anjos.

Todas as semanas recebo cartas de pessoas que compartilham comigo a maneira como os anjos modificaram suas atitudes e perspectivas de vida. Uma mulher me procurou afirmando que era muito infeliz e que sentia que fora prejudicada pela vida. Quando iniciamos a sessão, ela se concentrava unicamente no fato de nunca ter obtido da vida tudo o que achava que merecia. Ela contou que nunca recebera amor dos seus pais nem respeito do marido. Ela estava sofrendo daquilo que costumo chamar de "crise de autopiedade", enquanto explicava tudo o que os outros não lhe tinham dado. Ela achava que havia sido e que continuava sendo prejudicada no

---

* *Redescobrindo os Anjos e os Habitantes Alados da Eternidade*. Editora Pensamento, São Paulo, 1994.

trabalho, nos seus relacionamentos, na vida em geral. Como resultado de sua sessão de cura com os anjos, no entanto, essa mulher modificou a sua atitude básica: deixou de ser alguém que quer apenas receber, para se tornar alguém capaz de dar também. Os anjos deram-lhe a tarefa de descobrir de quantas maneiras ela poderia se doar pelo simples prazer da doação. Durante um mês, ela tentou e, milagrosamente, a sensação de ser prejudicada na vida desapareceu quando descobriu como a alegria de dar pode trazer bênçãos para a vida das outras pessoas.

Todos nós podemos encontrar mais satisfação na vida graças ao gesto de doar. O simples fato de oferecer ajuda a um estranho, de mostrar cortesia para alguém que está fazendo compras numa loja, ou de enviar um recado otimista a alguém, já é uma manifestação angélica; você está enviando aos outros uma cura angélica. Faça exatamente como os anjos e doe-se.

Freqüentemente, as pessoas me contam que a sensação que levam consigo depois de uma sessão de cura angélica permanece com elas durante dias. Já vi os anjos em ação e vi também o seu poder e amor ilimitados. Muitas pessoas já sentiram o toque das mãos dos anjos e conheceram o conforto e o consolo da sua presença. Tive também a oportunidade de presenciar como pessoas se recuperaram espiritual, mental, emocional e fisicamente por causa desse *amor* dos anjos. Apesar de muitas dessas pessoas não terem visto o rosto dos anjos, elas ingressaram na luz, no amor e na iluminação deles, para terem uma experiência realmente inédita.

Quando trabalho com os anjos em sessões de cura, não existe nenhum tipo de magia ou de abracadabra envolvido nisso. Não acontece nada de estranho ou de bizarro. Simplesmente me ofereço como elo de ligação para o amor celeste e trabalho com os anjos para permitir que o amor e o poder de cura de Deus fluam na direção do indivíduo. É preciso que eu enfatize aqui que *eu mesma não tenho nenhum tipo de poder de cura*. Costumo me comparar a um telegrama. Eu não sou nem as palavras e nem a mensagem enviada por Deus, mas apenas o canal pelo qual ela é transmitida. A verdade é que você também pode fazer isso na sua vida. Você não precisa de um consultor de cura, ou seja, de alguém como eu para provocar a cura na sua vida. Você precisa apenas de abertura, de sinceridade e de muito treinamento.

Em seu livro intitulado *Devas, Fairies, and Angels*, William Bloom compartilha a sua crença de que existe um grande grupo de anjos cuja ênfase principal é a cura. Ele acredita que a cura angélica é tão real na unidade de tratamento intensivo dos mais modernos hospitais quanto o é a sala de trabalho de um agente de cura espiritual.[5] Acredito que os anjos estão esperando para prestar ajuda a *todos* os que pedem uma cura.

Bloom encoraja as pessoas que trabalham no campo da cura a usar a ajuda dos anjos e a pedir que os anjos curadores os guiem. Pelo simples fato de formular esse pedido, os profissionais receberão uma "conscientização" dos anjos referente à melhor conduta no tratamento a ser utilizado em cada caso. Apesar de não citar nenhuma marca específica, ele também afirma que os anjos estiveram envolvidos nas descobertas de muitos produtos de grande utilidade, tais como antibióticos, anestésicos e analgésicos.[6]

Como já declarei, a cura está à disposição de qualquer pessoa que a peça aos anjos, mas freqüentemente encontro pessoas que não se consideram suficientemente dignas de receber essas bênçãos, julgando que não são suficientemente boas para que os anjos se preocupem com elas. No entanto, a imagem que você tem de si mesmo nada tem a ver com a disposição dos anjos em ajudá-lo. Aos olhos de Deus, você é perfeito. Afinal, você foi criado assim. Aceitando a cura e suas possibilidades, você está reconhecendo essa verdade como real. O merecimento da sua alma não é limitado, de maneira nenhuma, pelo comportamento adotado pela sua personalidade, muitas vezes confusa. A cura dos anjos é um presente que lhe é concedido de graça pelo simples fato de você acreditar que o merece. E que presente!

Quando trabalho com clientes, sempre recomendo que eles decretem, em voz alta e clara, o que eles querem que seja curado. Quando a pessoa está fraca demais (por exemplo, quando está hospitalizada), ofereço-me como substituta e faço o decreto em nome dela. Você pode fazer isso por si mesmo e também pelos outros. Ajude-os a formular claramente quais são as suas necessidades. Usando os decretos, estamos estabelecendo um padrão para a substância do pensamento, para remodelar tudo o que não é harmonioso e transformá-lo em energia positiva e repleta de harmonia.

Graças ao treinamento da minha visão interior, já vi anjos entrando em salas de hospital e transmitindo sua luz curadora para corpos doentes, para órgãos e até mesmo para as células dos pacientes. Pessoas foram fortalecidas pelos anjos e receberam as forças e a coragem necessárias para superar mesmo as doenças mais graves.

Tenho agora o prazer de compartilhar com você as etapas que recomendaria no trabalho com os anjos curadores. Se quiser abrir canais de cura para os outros, faça com que eles se instalem confortavelmente numa cadeira, enquanto você fica de pé, atrás deles. Inicie a sessão de cura com uma oração. Abra-se para as energias curadoras dos anjos e declare sua intenção de trabalhar com eles como um canal para a cura de Deus. Liberte-se de toda e qualquer ansiedade quanto à possibilidade de a sessão vir a ser um sucesso ou um fracasso. Deixe que Deus e os anjos determinem os detalhes da sessão. Acima de tudo, deixe que "a vontade de Deus seja feita" no decorrer da mesma.

Transcrevo abaixo uma prece muito eficaz que pode ser usada na abertura da sessão. Você pode simplesmente lê-la até aprendê-la de cor ou pode escrever outro texto.

> Deus querido, meus Anjos da Cura, ofereço-me como canal para a cura. Enviem através de mim as vibrações curadoras, para que uma "lembrança" da origem divina possa ocorrer dentro de (*nome*). Permitam que cada célula e cada molécula dessa criatura se lembre e retorne ao seu estado original de perfeição. Que através desta sessão de cura, tudo o que está discordante ou sem harmonia dentro do corpo físico, emocional e mental de (*nome*) seja transformado em luz. No mais sagrado nome de Deus, "EU SOU", esperamos que este pedido seja atendido.

Estabeleça uma ligação entre você, o cliente e os anjos. Uma boa maneira de fazer isso é segurando as mãos do cliente ou colocando as suas mãos sobre os ombros ou a cabeça dele. Agindo assim, você está estabelecendo uma conexão física, ao mesmo tempo que os anjos estabelecem um contato espiritual com você. Por meio desse contato, Deus será capaz de enviar a cura para o cliente através de você. O contato é possível segurando as mãos dele, porque as mãos estão conectadas com o sistema nervoso como um todo. Segurando o polegar e os dedos, um elo de ligação pode ser estabelecido com qualquer outra parte do corpo. Quando você coloca as mãos sobre os ombros do cliente, você está perto do centro de um importante grupo de glândulas (pituitária, pineal, tireóide) que regulam o corpo inteiro. Colocando as mãos sobre a cabeça, você está estabelecendo uma ligação com o cérebro que, no seu interior, tem um centro correspondente a todos os órgãos do corpo. Suas mãos, portanto, se tornam a ligação através da qual os anjos irão examinar o corpo enfermo.

Depois de ter estabelecido o contato, não pense que é preciso ficar pensando no que está errado nessa pessoa ou como você deve agir para "remediar" a situação. Deixe que Deus e os anjos lidem com isso à maneira deles. Abra-se para as impressões que os anjos possam lhe enviar. Essas impressões podem ser sentimentos, imagens, sons ou palavras. Cada agente de cura é diferente e pode receber mensagens de diferentes formas. Depois disso, você terá de usar o seu bom senso para determinar se a informação será ou não de ajuda para a pessoa. Você pode constatar, por exemplo, que está recebendo fortes impressões a respeito da causa emocional ou mental que criou o problema de saúde. Também é possível que você sinta como deve compartilhar essa impressão, ou que não deve sequer mencioná-la.

Nesta altura, peça à pessoa para manifestar em voz alta seu pedido de cura. Por exemplo, um cliente que esteja sofrendo com dores na coluna pode decretar: "Eu decreto, aqui e agora, que quero ficar livre de todas as dores que sinto na parte inferior da minha coluna vertebral."

E possível que você comece a sentir uma suave corrente elétrica pulsando por todo o seu corpo. Se tiver o hábito de praticar regularmente a meditação, certamente irá sensibilizar-se para essa sensação sutil enviada pelos anjos. De repente você pode sentir que uma outra região está necessitando de cura, de maneira que colocará suas mãos nesse local, permitindo que a energia flua para lá.

A finalidade do trabalho com as mãos que vou descrever em seguida é a de limpar a aura e revitalizar o centro nervoso e as células do cérebro. A harmonia será restaurada para o corpo por meio da restauração da harmonia em relação aos corpos mais elevados que o circundam. E quando existe harmonia, existe também saúde.

Para usar essa técnica de massagem da aura, fique parado atrás da pessoa e, gentilmente, coloque seus dedos sobre a testa dela. Em seguida, com suavidade, puxe os dedos em direção às orelhas. Retire rapidamente as mãos das orelhas, num gesto de "eliminação". Fazendo isso, você estará limpando a aura da pessoa de qualquer energia discordante ou negativa, e também estará ajudando os anjos a eliminar a energia doentia na área. Repita esse movimento seis ou sete vezes.

Em seguida, deslize seus dedos a partir das sobrancelhas, passando pelo topo da cabeça até chegar na nuca, fazendo o mesmo gesto de eliminação, cerca de seis ou sete vezes também. Com esses movimentos você estará ajudando os anjos a eliminar qualquer energia doentia presente na aura.

Fique parado ao lado do cliente ou incline-se sobre ele; coloque uma mão sobre o plexo solar dele (logo acima do diafragma) e a outra mão nas costas, mais ou menos na mesma altura. Permita que a energia curadora flua através de suas mãos. Visualize-a. Sinta-a. *Saiba* que ela está presente. Essa energia será transmitida para todas as partes do sistema nervoso da pessoa. Quatro ou cinco minutos devem ser suficientes para essa parte da sessão.

Agora, gentilmente, coloque suas mãos sobre a cabeça da pessoa. Não demorará muito para que você sinta o fluxo de energia começando outra vez. As energias de cura estão agora recarregando as células do cérebro, reconduzindo-as ao seu estado original de saúde e vitalidade. Caso, em qualquer momento, você sinta que deve modificar ou alterar a rotina por causa de mensagens que os anjos lhe estão transmitindo, faça-o.

Quando chegar perto do final da sessão, lembre-se de encerrá-la exatamente como ela começou; ou seja, como uma oração. Agradeça pela cura recebida. Normalmente, costumo encerrar minhas sessões dizendo: "Agradecemos a Deus, e a todos os Seus anjos de serviço, pelo amor, pelo apoio e pela cura que recebemos e testemunhamos aqui, neste dia. Que Deus seja glorificado por esta cura."

Sempre que pedir uma cura, tanto para si mesmo quanto para outra pessoa, encerre a sessão com preces de agradecimento. Isso é importante, porque representa a sua declaração de fé de que a cura já ocorreu, o que é verdade.

Você também pode pedir que os anjos o ajudem num processo de autocura. Eu o aconselho a tentar o seguinte exercício quando estiver sentindo um desconforto ou dores em qualquer parte do corpo:

Sente-se calmamente numa cadeira ou deite-se sobre a cama. Respire profundamente, solte o ar dos pulmões e relaxe todo o corpo. Livre-se de qualquer ansiedade quanto à possibilidade de a cura ser bem-sucedida, porque você é, ao mesmo tempo, canal e receptor das energias. Volte a respirar profundamente e a soltar o ar dos pulmões; sinta como todas as tensões, dúvidas e temores simplesmente se dissolvem. Ofereça uma simples prece de abertura a Deus e aos anjos: "Querido Criador Celestial e Queridos Anjos Curadores, estou me abrindo para receber a luz e o amor de Deus que curam."

Decrete em voz alta o seu pedido de cura: "Por esta cura, fico livre da dor de cabeça (ou do mal-estar ou do desconforto)."

Estabeleça uma ligação entre você e os anjos, visualizando como a energia curadora de Deus vem de cima e flui através do seu corpo. Você pode visualizar a energia como uma luz branca, ou senti-la como determinada cor. Pouco importa como você vê a luz; visualize a energia fluindo através do seu corpo até o local da área afetada. Se você colocar as mãos na região afetada, isso poderá ajudar. Visualize a energia quando ela flui através de suas mãos, eliminando toda a falta de harmonia e as energias discordantes. Sinta uma corrente elétrica contínua descendo do topo da sua cabeça, passando pelo corpo e chegando à área que necessita da cura. A vibração luminosa está limpando, purificando e restaurando cada célula, fazendo com que ela retorne a um estado de saúde perfeita.

Enquanto estiver recebendo as energias de cura dentro do seu corpo, visualize uma presença angélica parada atrás de você, limpando a sua aura e eliminando todas as emanações negativas no seu campo de energia. Sinta a cura angélica na sua totalidade. Saiba que você está recebendo a cura de Deus através do seu corpo, da sua mente e das suas emoções. Abra-se para a aceitação da energia curadora de Deus, que está rejuvenescendo o seu corpo. Independentemente de sentir isso ou não, saiba que você a recebeu. Com a prática, você sem dúvida será capaz de sentir a agradável sensação dessa energia de cura.

Conclua a sessão com uma prece de agradecimento pela cura e pela assistência dada pelos anjos na transmissão da cura de Deus.

Conforme já mencionei, já tive a oportunidade de presenciar curas físicas extraordinárias, mas na maioria das vezes a cura ocorre de maneira gradativa. Isso é assim porque uma cura mais profunda pode ocorrer da iluminação que a pessoa recebe durante sua experiência com a doença. Já vi muitas pessoas se mostrarem exultantes com a sabedoria que obtiveram graças a uma doença ou por seu intermédio. E já vi isso se manifestando não apenas como uma cura do corpo, mas também da vida familiar. E também já vi casos em que a doença funcionou como um elemento catalisador, fazendo com que as pessoas descobrissem a realidade dos anjos e até mesmo o amor de Cristo.

Por meio do amor dos anjos e do surgimento da Presença de Cristo, que pode se manifestar durante uma sessão bem-sucedida de cura, pessoas foram libertadas das profundezas do desespero, de preocupações e de doenças, ressuscitando para a luz do amor eterno de Deus, para a paz e para a felicidade.

A Presença de Cristo na nossa vida é o padrão de Jesus no nosso interior, a expressão perfeita do amor de Deus na Terra. Graças à intercessão e à invocação dos anjos nas nossas curas físicas e espirituais, vi muitas pessoas serem elevadas para mais perto dessa meta, para alturas que nunca tinham conseguido alcançar antes.

Jesus foi capaz de realizar curas instantâneas porque Ele vivia num nível de Consciência Crítica onde não existem doenças. Ele curava as pessoas pelo poder de Deus que agia por intermédio Dele. A saúde perfeita é a vontade de Deus — e em lugar algum se afirma que Jesus algum dia tenha se recusado a curar alguém. Deus dá a cada um de nós a livre opção de determinar como queremos viver a nossa vida. E assim, quando você tiver vontade de ajudar outros a se curar ou de curar a si mesmo, ouça Jesus dizendo-lhe suavemente: "Queres sarar?" (João 5:6).

Sempre que estou trabalhando com clientes, costumo encorajá-los a usar afirmações positivas como: "Eu formo uma coisa só com Cristo, que ilumina o meu caminho todos os dias" ou "O Filho de Deus, dentro de mim, está dizendo: 'Eu sou o caminho, a verdade e a vida'", porque a radiação curadora de Jesus é extremamente eficaz e essa afirmação faz com que você se aproxime mais dela. Fazendo essas afirmações com autoridade, você está declarando a autoridade de Cristo no seu interior.

Por meio de Jesus, podemos fazer a constatação de que o estado de sacralidade e a saúde refletem o estado de união com Deus. Com Ele nada é impossível. O Criador que formou o seu corpo e o amor que incutiu a vida dentro dele pode restaurar você, pode curá-lo e recuperá-lo outra vez. Aceite a sua cura agora. Aceite o amor de Deus por você. Essa é a mensagem dos anjos curadores.

Como exemplifica a história de Margaret no início deste capítulo, as curas freqüentemente são o resultado da cooperação entre os membros do reino angélico e os membros da equipe médica. Precisamos compreender que encarnamos numa época em que o brilhantismo da medicina ocidental está à nossa disposição, e também que ela não deve ser categoricamente excluída. Lembre-se de que os exercícios contidos neste livro também são recomendados como amplificações da cura, não como substitutos para os cuidados médicos profissionais.

É da vontade de Deus que você seja totalmente saudável, rico e feliz. Os que buscaram com sinceridade as energias curadoras dos anjos nunca ficaram sem cura. Mesmo se a vontade de Deus determinar que não é o momento adequado para que o corpo se liberte da doença, os corpos emocional, mental e espiritual definitivamente recebem uma medida completa do toque dos anjos curadores.

Outro dos grandes presentes que nos são dados pelos anjos é a assistência que eles nos prestam na transição da morte. Nos meus trabalhos de cura angélica, fui chamada a confortar pessoas que tiveram membros da família levados deste reino para o reino seguinte. Vi os anjos que acompanhavam as pessoas durante suas transições e vi também os anjos que aguardavam para recepcioná-las do outro lado. Em ambos os casos, vi através da minha visão interior como a pessoa foi acompanhada pelo próprio Anjo da Guarda, bem como pelos anjos de serviço conhecidos como Anjos da Transição, às vezes também chamados de Anjos da Morte.

Em todos esses casos, apesar de ter consciência dos sentimentos de perda da família, eu também fiquei igualmente consciente da alegria da alma diante da oportunidade de se reunir com outras pessoas amadas e com a constatação da continuidade da vida. Além disso, vi a alegria dos anjos que recebem essas pessoas.

Na minha qualidade de curadora, compreendi que é possível que uma pessoa sare sem ser curada. Já vi pessoas que morreram em estados de muita fraqueza e debilidade sendo transformadas em imagens radiantes de saúde por ocasião da transição.

Um desses casos ocorreu com o filho de uma amiga muito querida, Heidi. Alex, seu filho, morreu de câncer aos 4 anos de idade. Pouco antes de sua morte, Heidi me telefonou do hospital, perguntando-me se os anjos me poderiam dar alguma informação quanto ao tempo que o pobre Alex ainda teria de continuar sofrendo. Seu corpo ficara extremamente debilitado e ele estava sofrendo muito, na medida em que suas funções físicas estavam entrando em colapso. Tudo aquilo era mais do que seus pais estavam conseguindo suportar.

Em meditação, os anjos me mostraram uma imagem de Alex brincando de "pega-pega" com um anjo alto e luminoso. Ele tinha passado para o *playground* de um reino superior e estava olhando e sorrindo com muito amor para seus pais. Eu soube, naquele instante, que em breve ele deixaria o corpo físico. Também vi como Alex corria em direção ao anjo para brincar e como esse anjo se inclinava e o envolvia nos seus braços. No momento em que o anjo o ergueu, Alex foi transportado para um estado perfeito de saúde. Em seguida, a imagem do anjo se transformou na imagem de Jesus. Foi um grande conforto para a família saber que Alex estava agora sob os cuidados de Jesus, sem continuar com seus sofrimentos. Nos reinos superiores do espírito, ele voltou a ser a alma feliz e saudável que tinha sido antes de ser atingido pelo câncer.

Em várias ocasiões, recebi mensagens dos anjos curadores aconselhando-me sobre a importância de se manter uma atitude consciente de vida e também de morte. Viver conscientemente significa viver a vida no agora eterno e viver cada momento de modo mais completo possível. Morrer conscientemente é assumir a responsabilidade pela própria morte, visualizando para onde se vai e o que se irá fazer quando chegar lá. Exatamente como criamos a nossa realidade aqui no plano terrestre, as imagens que levamos conosco no momento da transição nos irão ajudar a criar a nossa próxima realidade.

Num programa gravado em vídeo e intitulado *Shaping Your Personal Vision for a New World Order*, o astrólogo Robert "Buz" Kent Myers compartilha um ensinamento dos Hopis, uma tribo indígena norte-americana. Quando um guerreiro dos Hopis ia para uma batalha, os sábios anciãos o instruíam para que visualizasse a eventualidade de sua morte. Ele deveria imaginar um cavalo, um cobertor, um arco e as flechas que estariam esperando por ele do outro lado, caso viesse a morrer. O ensinamento dos Hopis mostra que um guerreiro deve estar sempre preparado, com tudo o que necessitar, até mesmo na morte.[7]

Os anjos estão sempre preparados e dispostos a ajudar na cura. Portanto, em homenagem a esses poderosos assistentes do Grande Médico e do Grande Curador, convido você a fazer a seguinte meditação de cura:

Meditação Orientada de Cura

Pense durante um instante a respeito do tipo de cura que você deseja para si mesmo. Qual é a área da sua vida que está necessitando de cura? Em voz alta, decrete o que você deseja:

Senhor, decreto aqui e agora, pelo poder de Deus, a cura de ______. Dedico esta meditação à cura de mim mesmo, a todos os que necessitam de cura e ao planeta Terra.

Para se preparar para a experiência de cura, simplesmente deite-se ou sente-se numa posição confortável. Certifique-se de que seus braços, suas pernas e seu corpo estejam numa posição bem descontraída. Assim que o seu corpo consiga se descontrair inteiramente, sintonize todos os seus maravilhosos ritmos. Sinta o coração batendo. E, enquanto o coração está batendo, sinta que está sincronizado com o coração maior, que pulsa na vida como um todo.

Sinta como o ar sai do seu corpo e sinta também a luz rica de energia sendo inalada junto com o ar. Cada vez que inspira e cada vez que solta o ar, sinta a união existente entre o mundo dentro de você e o mundo fora de você. Sintonize o caráter de união que existe na sua respiração e nas batidas do seu coração. Existe uma unidade entre você e o coração e a respiração de Deus. Quando sintonizar essa unidade e se misturar à fonte divina de toda a vida, sinta como o seu corpo, lenta e seguramente, começa a flutuar com suavidade.

Você pode visualizar o seu corpo tão leve quanto uma nuvem. E exatamente como a nuvem flutua facilmente pelo céu, você tem consciência de estar flutuando com facilidade, subindo cada vez mais. Agora você está acima do quarto, acima do prédio, subindo cada vez mais. Você está flutuando no céu e não sente medo algum enquanto flutua, pois forma uma unidade com a totalidade da vida. Você forma uma unidade com o seu corpo, com a sua respiração, com o seu coração, com o quarto, com o prédio e com o céu. Você forma uma unidade com tudo o que existe.

Sinta-se subindo cada vez mais e ingressando lentamente nos reinos superiores de luz. Você está se aproximando cada vez mais do Divino, na medida em que se sente rodeado pela luz brilhante e pelo amor dos anjos radiantes. Você continua sentindo essa unidade. Você sente que pulsações eletrizantes de energias lhe são enviadas a partir dos anjos. Você tem consciência das pulsações que se manifestam como cores, sons ou visões. Sinta essa energia amorosa. Aqueça-se nela. Banhe-se nela. Sinta a sua unidade com o reino angélico e com os anjos. Com o amor deles. Com a orientação deles. Com a proteção e com a cura que eles lhe proporcionam.

Confie e tenha a certeza de que a cura da qual você necessitava, seja ela qual for quando iniciou esta meditação, está sendo transmitida. Os anjos lhe estão transmitindo uma grande calma. Deixe que essa calma o circunde, o proteja e o abrace. Viva na bela energia da paz dos anjos.

Se quiser, peça que os anjos lhe revelem como fazer para resolver um problema particular no seu dia-a-dia. Tenha uma sensação de felicidade e de alegria quando se tornar uma coisa só com a mente onisciente de Deus. Saiba que a compreensão lhe está sendo dada pelos anjos e aceite-a com alegria. As respostas que você estava procurando encontrar fora de si agora estão pulsando bem no seu íntimo. Os anjos revelarão a você se há ou não há alguma relação entre os seus problemas e as suas doenças.

Visualize os anjos enquanto eles colocam em volta de você um manto dourado e glorioso que envolve todo o seu ser. Um deles se aproxima e o convida a avançar até uma fonte ornamentada, da qual jorra uma luz brilhante. Quando você se aproxima dela, sabe no seu íntimo que receberá uma consagração irrevogável na sua vida. Você sente que sua alma está sendo dedicada e comprometida a formar uma unidade com a vontade de Deus, de tal modo que o seu plano mais elevado possa se concretizar na sua vida.

Você está se preparando para dedicar a sua pessoa e toda a sua vida ao bem superior. O anjo coloca os dedos na fonte e abençoa as suas mãos — primeiro a esquerda, depois a direita — energizando-as com a vontade de Deus, de tal forma que tudo o que você tocar e tudo o que você fizer usando as mãos será sempre para o seu próprio e maior bem.

O anjo volta a molhar a mão na fonte e abençoa os seus pés com a luz, de tal modo que os seus pés ficam energizados com a vontade de Deus. Agora, os seus pés sempre o conduzirão na direção do seu bem maior. Em seguida, o anjo abençoa os seus lábios para que você diga apenas a verdade, tal como você a conhece. Ele abençoa os seus ouvidos, para que você possa ouvir a música das esferas, o som da harmonia na sua vida e no mundo que o cerca. O anjo também abençoa os seus olhos, para que você veja a divindade em tudo o que é vivo e o que for bom para você e para os outros. Ele abençoa ainda o topo da sua cabeça, consagrando a sua mente maravilhosa para que seus pensamentos sejam claros e inspirados. Colocando as mãos sobre os seus ombros, o anjo gentilmente irá sussurrar no seu ouvido: "Reivindique suas asas e *voe*, amado! Liberte-se dos velhos padrões e das formas de pensamento que o impedem de avançar.

Liberte-se de suas doenças e voe em direção ao seu bem maior!" Sinta toda a alegria e o regozijo deste momento por quanto tempo quiser e saboreie-o com todos os seus sentidos.

Em gratidão por esse momento sagrado, ofereça a seguinte oração para os anjos curadores:

> Queridos Anjos Curadores,
>
> Sentado aqui, cheio de fé, posso sentir o seu amor curador fluindo em cada célula do meu corpo, fazendo com que ele fique inteiro, vibrante e vivo. Agradeço a vocês, anjos, pela presença curadora de vocês dentro de mim. O amor curador de vocês me tocou e me abençoou. Meu espírito está radiante e livre! Abrirei minhas asas e voarei para a realização total, para a perfeição total e para a cura total. Eu agradeço, agradeço, agradeço muito!

* * *

Quando estiver pronto, retorne ao seu corpo físico e ao quarto, a essa espaço, a esse momento. Em tudo o que fizer lembre-se de deixar que seus pensamentos, palavras e ações o ajudem a reivindicar suas asas e voe em direção ao seu bem mais elevado. E que a realização do seu bem mais elevado seja uma cura na vida das outras pessoas.

·CRIS ARBO·

Capítulo 7

Honre a Presença dos Anjos em Toda a Vida

"Pouco menor que os anjos o fizeste,
de glória e de esplendor o coroaste,
das tuas obras deste-lhe o governo."
Salmos 8:6

Qualquer pessoa que tenha vivenciado pessoalmente os anjos sabe como é a emoção provocada pela sua energia luminosa ímpar. Trata-se de uma sensação especial, sutil e revigorante, algo que faz você se sentir seguro, feliz e amado por dentro. Mas a energia luminosa dos anjos também o ajuda a perceber a unidade da vida inteira — e faz com que você compreenda que faz parte integrante dessa unidade.

E isso também funciona no sentido inverso. Quanto mais você se aproximar dos anjos procurando pela luz da unidade na vida, tanto mais perto você ficará do reino angélico. Tudo isso funciona como uma espécie de magnetismo.

Toda vez que você parar, com a finalidade de observar uma chuva suave, para ver o sol brilhando entre as gotas ou para apreciar o espetáculo luminoso de Deus quando um maravilhoso arco-íris se estende pelo céu, saiba que essas simples observações representam homenagens ao que existe de divino em todos os detalhes da criação.

Conforme já mencionei, a energia divina chega ao nosso nível de percepção passando pelo reino dos anjos, de maneira que quando vejo as pequenas flores brancas surgindo em meio à relva no início da primavera ou um passarinho cantarolando no meu jardim, sei que os anjos estão me ajudando a reconhecer as mensagens da presença de Deus em toda a vida. Posso ouvi-los murmurando ao meu ouvido: "Deus está aqui, Deus está ali, Deus está por toda parte."

Já ouvi pessoas dizendo com muita segurança que essa será a sua última encarnação na Terra; ou outras afirmando que mal podem esperar pelo término deste "ciclo de necessidades e de provações". No entanto, pessoalmente, tenho dificuldade em pensar na possibilidade de sair deste plano. Há tanta beleza o ano todo; basta olhar ao redor. Quando tudo começa a ficar verde e os narcisos silvestres aparecem feito trombetas anunciando a primavera; ou no verão, quando os jardins ostentam uma abundância de suculentos vegetais; ou no outono, quando as folhas das árvores se tingem de mil tonalidades, que vão do laranja ao escarlate; ou no inverno, quando estalactites de gelo se formam nos galhos das árvores — realmente, deixar a Terra é uma coisa que não me ocorre!

Os anjos nos encorajam a reservar tempo para homenagear a divindade, a luz de Deus, em todas as coisas vivas e em todas as estações do ano. Como já afirmei antes, reservar tempo para apreciar a vida — cada folha, cada haste de capim e cada flor — para amar os animais e as plantas e, principalmente, a vida humana, é algo que colocará você mais próximo dos anjos e, conseqüentemente, mais próximo de Deus. Deus está em todos nós, em todos os lugares, em todas as coisas. Deus é tudo.

Consuella Newton, professora que dá cursos e palestras a respeito do campo da consciência superior e que desenvolveu a Técnica Integrada da Conscientização, por meio da qual você pode aprender a desenvolver a sua intuição, também é a criadora de uma afirmação eficaz, que costumo usar com bastante freqüência. É a seguinte:

> "Eu sou a Luz. A Luz está em mim. A Luz se movimenta dentro de mim. A Luz me envolve. A Luz me protege. EU SOU A LUZ."

Muitas religiões promovem a idéia de que formamos uma unidade com tudo o que nos rodeia. A beleza do mundo, quando optamos por vê-la, é um reflexo para nós do fato de que também somos belos. Os anjos tentam lembrar-nos da necessidade de homenagear a luz em todas as coisas vivas todos os dias e a apreciar a nossa própria vida e a nossa própria luz, de forma a nunca nos esquecermos disso.

Um momento do dia especialmente adequado para homenagear a divindade que existe em todas as coisas vivas é à noite, quando reservamos um tempo para as orações. Se existe uma coisa que, na minha opinião, perdemos no nosso revolucionário estilo moderno de vida, é a apreciação das horas noturnas. Para todos os que têm filhos, eu aconselho que transformem as noites em momentos especiais nos seus lares. No padrão rítmico do dia, esse é um período perfeito para desacelerar e para homenagear o trabalho difícil, as alegrias e as bênçãos da vida.

A Bíblia reafirma a mensagem de que não descansamos para sermos capazes de trabalhar mais, mas sim que trabalhamos para podermos chegar a um momento de descanso e repouso: "Está, pois, reservado um repouso do sétimo dia para o povo de Deus. Pois quem entrou no seu repouso descansará das suas obras, assim como Deus descansa das suas. Empenhemo-nos, portanto, por entrar nesse repouso." (Hebreus 4:9-10).

Acredito firmemente que o descanso descrito no Gênese da criação do universo foi, na realidade, a oportunidade para que Deus comungasse com toda a vida que Ele havia criado. Quando seguimos o exemplo Dele e reservamos tempo para repousar, nós também comungamos com a presença divina que existe em toda a vida, inclusive na nossa.

Outra maneira de homenagear a unidade existente na vida como um todo é desenvolver o entusiasmo de viver. A palavra *entusiasmo* vem do grego *en theos*, que significa "em Deus". Quando lhe falta entusiasmo na vida, você não está vivendo a sua vida "em Deus"; você não está homenageando Deus nos seus pensamentos, ações, palavras e obras. Demonstre entusiasmo em relação à vida, e você verá como as condições se modificam dramaticamente. Se lhe faltava entusiasmo no passado, aprenda agora a cultivá-lo. Em seguida, apresento algumas idéias que poderão ajudá-lo a atingir um entusiasmo vibrante e ilimitado na sua vida.

Assim que despertar pela manhã, faça uma "contabilidade angélica" da sua vida; ou seja, relacione tudo de bom que você tem todos os dias e as bênçãos mais recentes que surgiram na sua vida. Henry David Thoreau, o filósofo norte-americano, costumava ficar deitado por mais algum tempo na cama todas as manhãs, lembrando-se de todas as coisas boas que existiam na vida dele: o fato de ter um corpo saudável, de a sua mente estar alerta, de o seu trabalho ser interessante. Quanto mais "contabilidade angélica" você fizer, tanto mais coisas boas irá descobrir para incluir na sua relação.

Faça uma "limpeza angélica" da sua mente. Pensamentos são coisas que ocupam espaço no seu campo mental. Hoje está bastante difundida a crença de que uma grande parte dos males físicos são induzidos por pensamentos negativos com os quais envenenamos a nossa mente. Fazemos isso com as preocupações referentes aos nossos empregos, à nossa falta de prosperidade, à nossa saúde, às pessoas que amamos. Períodos prolongados de preocupação, de raiva, de tensão, medo e ressentimento funcionam como convites para doenças físicas. Por outro lado, um estado mental saudável é conseguido e mantido quando nos afastamos voluntariamente da tensão e do medo, permitindo que esses espaços sejam ocupados por pensamentos positivos. Elimine da sua mente todos os pensamentos negativos ou depressivos.

É de grande importância rever o seu dia e pensar a respeito de todos os erros que possa ter cometido. Aproveite para extrair deles todas as lições que puder; resolva o que pode ser resolvido e depois se livre do problema. Os acessos de preocupação e de depressão mental só servem para mantê-lo "em baixo astral" e completamente sem entusiasmo.

Existe um dia por ano que representa uma oportunidade perfeita para criar entusiasmo e homenagear a unidade que existe na sua vida. Trata-se de um dia que também é comemorado no reino angélico, apesar de você normalmente nem pensar nessa possibilidade. É o dia do seu aniversário!

Seu aniversário sempre é um dia muito especial, independentemente de você comemorá-lo ou não. Trata-se do dia em que o seu espírito adquiriu um corpo no plano terrestre. Para mim, aniversários são dias sagrados. Costumo encorajar as pessoas a comemorar esse dia fazendo algo que reflita a energia que elas querem manifestar durante o ano seguinte. Em vez de se importar com os presentes ou de se lamentar da idade, tente ver cada aniversário como um novo início. Faça com que esse se torne um dos dias mais sagrados no seu ano pessoal.

Nesse dia, os anjos nos inundam com uma abundância de iluminação espiritual, com a qual podemos nos conectar, caso queiramos fazer isso. Os anjos nos dão a bênção de que, no ano que se inicia, encontraremos uma abundância de oportunidades para realizarmos o nosso bem supremo.

Há outro dia que se repete anualmente e que é muito especial para os anjos. No dia 30 de setembro, um jubiloso dia sagrado é celebrado no reino dos anjos em nome das pessoas na Terra. Ele é conhecido como o Dia da Colheita dos Anjos, sendo semelhante ao Dia de Ação de Graças. No Dia de Ação de Graças, os norte-americanos reservam tempo para agradecer pela abundante colheita de bênçãos que tiveram em suas vidas. No Dia da Colheita dos Anjos, a legião angélica reporta o progresso ou a "colheita" dos esforços feitos pelos anjos para prestar ajuda na Terra. Depois de o relatório ter sido feito, na forma de intercâmbio de Conscientização Celeste, Deus determina quais recursos adicionais devem ser colocados à disposição dos anjos para que o seu trabalho seja facilitado.

Durante a cerimônia da Colheita Angélica, todos os anjos que atuam na Terra oferecem como sacrifício a Deus a luz dos seus maravilhosos trabalhos e serviços durante o ano que se encerrou.

Por causa do pedido em massa feito por eles — uma impressionante expressão de amor que testemunhei em meditação — Deus concede a esses servidores altruístas luz adicional para ser usada no decorrer do ano seguinte. Conforme foi noticiado na edição de setembro de 1990 da revista *Take Charge of Your Life*, por ocasião da Colheita realizada em 1987, foi feita uma cerimônia divina, durante a qual os anjos receberam permissão para elevar a humanidade para uma consciência mais elevada de evolução. As qualidades adicionais de Deus, trazidas para a atmosfera terrestre nessa ocasião, estão ajudando o despertar espiritual que ocorre atualmente em todo o planeta. Conforme já mencionei no Capítulo 2, existem atualmente doze Arcanjos e doze Archaii trabalhando com a humanidade. Como resultado, eles agora estão projetando completamente as emanações da energia múltipla de doze energias de Deus para a Terra. Muitas pessoas que se sensibilizaram para as vibrações mais elevadas já foram capazes de sentir isso.

Gosto não apenas de procurar a presença angélica em todas as coisas da vida como também gosto de procurar os anjos em todos os lugares para onde vou. Você pode perfeitamente me imitar nessa atitude de se manter "alerta para os anjos". Os anjos são encontrados em toda parte, refletindo sempre a mensagem da unidade que formamos com Deus. Você pode ver a luz dos anjos quando fizer uma pausa para admirar a luz de uma vela ou quando fixar os olhos numa estrela distante. A unidade é refletida para você, na medida em que o brilho da luz lhe lembrar que a sua luz também brilha. Você pode ver o amor dos anjos quando observar os olhos de um amigo, de uma pessoa amada ou de um animal de estimação. A unidade é refletida para você pelo calor que você sente e que lhe lembra que você também precisa compartilhar o seu próprio calor.

Em que outros lugares você pode ver a presença dos anjos funcionando na Terra? Olhe para as nuvens, para as águas, para as chamas e até para as pedras.

Conforme já foi discutido no Capítulo 2, as inteligências que governam os elementos do ar, do fogo, da terra e da água também fazem parte do reino angélico. Mas você sabia que esses Elementais finalmente se desenvolvem até atingir o *status* de "anjos"? Geoffrey Hodson afirma que, "pela evolução, os anjos surgiram a partir dos espíritos da natureza da Terra".[2]

Adoro observar o trabalho realizado pelos Elementais. Eu e muitas outras pessoas podemos vê-los nas florestas, no fogo e na água. A conscientização dos Elementais servirá para melhorar sua habilidade no sentido de reconhecer a presença dos anjos em todas as coisas da vida.

Nas nuvens, eu gosto muito de ficar vendo as brincadeiras desses anjos aspirantes. Eu me refiro a isso como "arte angelical". Quando vejo as nuvens assumindo formas diferentes no céu, sei que os anjos estão trabalhando, sendo artísticos, com a assistência dos Elementais do ar. Eu acho que os anjos estão fazendo testes e experiências com as tarefas das quais foram incumbidos, de maneira que o céu se torna uma espécie de imensa prancheta de desenho para eles. Também já vi os Elementais no fogo. Aliás, eu gosto muito de contar uma experiência pessoal que ilustra maravilhosamente o trabalho desses Elementais do fogo, bem como a cooperação entre os reinos.

Eu tinha feito um curso com Phoebe Reeves, uma mulher que dá aulas a respeito da aliança que existe entre todos os reinos. Durante uma de suas palestras, Phoebe nos mostrou um vídeo a respeito de pessoas que caminham sobre brasas ardentes. Eu nada sabia sobre esse assunto até o momento em que assisti esse vídeo, mas a partir desse instante eu soube, no meu íntimo, que algum dia eu mesma iria caminhar sobre o fogo. Essa atividade se tornou mais popular nos últimos anos como forma pela qual os participantes podem vencer seus medos e seus muros de limitação. Equipados unicamente com a fé, as pessoas realmente conseguem atravessar, sem nenhum dano, um campo de brasas ardentes. Eu simplesmente sabia que algum dia iria fazer isso. Depois do curso com Phoebe, imediatamente me matriculei no próximo grupo de trabalho que abordava esse tema.

Na noite anterior ao passeio programado sobre as brasas, no entanto, recebi um telefonema me avisando que não haveria pessoas em quantidade suficiente para a realização do grupo. Fiquei desapontada e um pouco confusa, pois eu *sabia* que iria caminhar sobre o fogo. Mas acabei me conformando, confiando que tudo isso, de alguma maneira, envolvia um plano mais elevado.

Cerca de um mês depois, Phoebe me telefonou perguntando se eu consideraria a possibilidade de realizar uma caminhada sobre brasas na minha propriedade. Finalmente, eu teria a oportunidade de fazer o que tanto queria e seria num lugar do qual gosto imensamente! Muitos dos meus amigos e de minhas amigas se inscreveram para o trabalho em grupo, mas ninguém tinha tanta certeza quanto eu de que não haveria maiores problemas com a caminhada. Eu sentia que a experiência seria extremamente natural para mim. E assim, quando ouvia alguém comentar a possibilidade de se queimar, eu não lhe fornecia uma pitada sequer de energia. Nada iria me impedir de caminhar sobre as brasas.

Na noite prevista para a caminhada, as madeiras foram colocadas na posição devida e o fogo foi acesso. Todos ficamos entoando canções e dizendo preces, mas quando me vi ali parada, sentindo o calor dos troncos que queimavam e ouvindo Phoebe descrever que a temperatura chegaria a ficar por volta de 2 mil graus Fahrenheit, uma pequena voz no meu interior repentinamente começou a questionar o meu desejo de fazer aquela caminhada. Eu ouvi essa pequena voz dizendo: "É possível que você venha a caminhar sobre brasas nesta vida — mas não precisa necessariamente ser hoje." Depois, as brasas foram espalhadas com um rastelo e brilhavam na escuridão da noite como brilhantes cor de laranja. Em seguida, observei com espanto e respeito como Phoebe graciosamente dançou sobre as brasas.

Todos tínhamos sido instruídos para dar ouvidos à nossa sabedoria interior a fim de decidirmos se iríamos ou não fazer a caminhada naquela noite. Eu estava tentando ouvir o que os meus anjos tinham a dizer, mas aquela pequena voz dentro da minha cabeça insistia em dar o seu recado. Para aumentar ainda mais a minha confusão, uma de minhas melhores amigas de repente recebeu sua mensagem interior e extremamente clara para que fizesse aquilo — e lá se foi ela, a primeira do nosso grupo a caminhar sobre as brasas.

Eu estava ali parada diante das brasas, perguntando a mim mesma se pretendia fazer aquilo por mim mesma ou se estava me sentindo pressionada pelo fato de a minha amiga tê-lo feito. Eu também me perguntava para onde tinha ido a minha convicção de que poderia andar sobre as brasas, apesar de ela ter perdurado durante os últimos dois meses. Simplesmente fiquei olhando para o fogo, pedindo que os anjos me instruíssem, que eles me dissessem se deveria ou não andar sobre as brasas e quando. Enquanto estava olhando para as brasas ardentes, repentinamente, consegui "enxergar" os Elementais do fogo sorrindo para mim, enquanto dançavam entre as chamas. Eles falaram comigo e na minha mente eu ouvi as seguintes palavras:

"Você nos ama?"

Respondi: "Mas é claro que sim!"

E eles: "E nós amamos você, Janie."

Depois, eles perguntaram: "Você nos respeita?"

"Com toda a certeza", respondi.

"Pois nós também a respeitamos, Janie."

Em seguida, eles chegaram à verdadeira questão e perguntaram: "Você sabe que podemos queimá-la?"

"Eu sei muito bem disso", respondi.

Antes que tivesse a oportunidade de dizer mais alguma coisa, eles acrescentaram: "É apenas isso: *podemos* queimá-la. É você que nos dá esse poder. Não podemos queimá-la, a não ser que você nos dê o poder para fazer isso."

Enquanto ouvia, de repente eu senti como a excitação estava crescendo outra vez no meu coração. Os queridos pequenos Elementais do fogo abriram um caminho para mim sobre os carvões. É necessário acrescentar que foi um caminho muito *direto,* que num instante me conduziu ao outro lado, mas eles me mostraram uma forma de reivindicar o meu poder e de alcançar a vitória.

Essa foi uma noite que permanecerá eternamente entre as minhas melhores recordações, e eu jamais me esquecerei da maravilhosa lição que me foi dada pelos preciosos Elementais do fogo a respeito do reino angélico. Temos de honrar e respeitar a presença dos anjos em todas as coisas da vida — até mesmo no fogo. Desde então, participei de numerosas caminhadas sobre brasas. Cada uma delas é uma experiência diferente porque a vida está constantemente se modificando. Existe vida no fogo, nos participantes e até no próprio ritual da caminhada. As experiências sempre são diferentes, porque não existem dois momentos que sejam iguais e porque a nossa consciência está em constante modificação.

Os Elementais do fogo estão presentes no fogo físico, mas também em fogos espirituais. Existe uma chama espiritual especial que corresponde a cada um dos doze raios e podemos usar essas chamas como instrumentos para a nossa visualização. (Vide Figura 2.2.) Quando você imagina a cor de um raio na forma de uma chama, você pode usá-la em suas meditações e preces. Por exemplo, você pode usar o fogo azul nas suas visualizações para desenvolver a fé e a coragem, e um fogo rosa para desenvolver o amor.

Um dos maiores presentes que foram trazidos à Terra nesta nova era de Aquário é o fogo violeta. Trata-se da intensa coloração violeta encontrada nas flores da violeta africana ou no interior de um cristal de ametista. Você pode utilizar-se dela como ajuda para manifestar a liberdade e o perdão na sua vida e também para a transmutação do karma. O fogo violeta pode ajudar você a ver a presença dos anjos em tudo o que é vivo, purificando as suas percepções e deixando-as mais claras.

Para os que nunca ouviram falar a respeito desses fogos "invisíveis", há várias referências a eles na Bíblia. Quando João disse que Jesus "...vos batizará no Espírito Santo e no fogo" (Mateus 3:11), ele não se referia ao fogo físico, mas ao fogo espiritual. O mesmo também é válido quanto a Jesus, quando Ele disse: "Eu vim trazer fogo à Terra, e como gostaria que já estivesse aceso!" (Lucas 12:49). Alguns acreditam que o presente do fogo violeta é um dos verdadeiros significados dessas citações. Edgar Cayce também mencionou o uso do aplicador do "raio violeta" em várias de suas leituras psíquicas associadas à saúde.

O fogo violeta limpa e purifica, dissolvendo qualquer negatividade que coloquemos nessa chama. Além de termos o dom do fogo violeta, cada um de nós tem acesso a um anjo do fogo violeta. Os anjos do fogo violeta se apresentam como voluntários para ajudar todos os homens, mulheres e crianças da Terra a transformar as energias negativas presentes na sua vida.

A única coisa da qual você necessita para trabalhar com o fogo violeta e com o seu anjo pessoal do fogo violeta é focalizar as suas atenções nesse amigo altruísta, presente no seu campo de energia. Simplesmente, peça ajuda ao anjo para transformar tudo o que você quer modificar na sua vida. Ofereça-se como veículo para a dádiva da energia do fogo violeta que nos foi dada por Deus. Isso lhe será enviado pelo seu anjo do fogo violeta numa forma líquida etérica. Visualize como ele penetra pelo topo de sua cabeça e ilumina cada uma das partes do seu corpo.

Visualize como o seu anjo toma uma jarra e despeja esse elixir líquido violeta dentro do seu ser. A energia violeta irá fluir por todos os seus órgãos, pelos seus ossos, pelo sangue e pela pele, saturando completamente todas as células do seu corpo. Visualize com você mesmo está sendo transformado numa grande labareda violeta. E quando visualizar isso, saiba que você está formando uma unidade com Deus. Expanda-se ainda mais e veja a sua chama transformando-se num sol, de tal maneira que você agora está radiante e projetando a luz do fogo violeta para as outras pessoas.

Outro modo de inundar o seu ser com o fogo violeta durante o dia é visualizar a energia do fogo violeta brilhando dentro de cada copo de água que você tomar. E quando beber, peça ao anjo do fogo violeta que está trabalhando com você que use essa energia para transformar qualquer vibração discordante dentro do seu ser. Com o passar do tempo, usando o fogo violeta, você passará a registrar uma sensação aumentada de bem-estar e uma sensação muito mais profunda da presença dos anjos na vida como um todo, bem como uma clara unidade com ela.

Outra experiência que tive e que me ajudou a honrar a presença dos anjos em todas as coisas vivas, também ocorreu no reino dos Elementais da Terra. Ela também me ajudou a compreender que a nossa unidade com o universo transcende a morte. Na época, eu estava participando de um ritual de busca de visões, também realizado na minha propriedade. Uma busca de visões é uma cerimônia dos nativos da América do Norte, durante a qual a pessoa deve passar algum tempo só com a natureza, procurando uma "visão", ou seja, uma melhor compreensão da sua vida. Durante a "busca", a meditação, a oração e os rituais muitas vezes são usados com a finalidade de ampliar ainda mais a experiência.

No nosso grupo de trabalho de busca de visão os participantes escolhiam individualmente determinado foco com o qual trabalhariam, bem como uma área na floresta, onde passariam as próximas 24 horas meditando e antecipando possíveis visões espirituais que pudessem ocorrer. Como foco específico para mim, escolhi o pequeno cemitério de animais de estimação, onde estão enterrados os meus queridos bichos. Uma das metas dessa busca era a de transcender os nossos limites. Para alguns dos participantes, o limite era o medo de ficar sozinho no escuro. Para outros, era o limite do confronto com os elementos, uma vez que a noite estava fria e chuvosa. Quanto a mim, eu queria ultrapassar o limite da dor intensa que sentia por causa da perda dos meus amigos animais.

Equipada apenas com um saco de dormir, fui ao lugar escolhido no bosque e dei início à minha busca. Eu tinha a vantagem de estar familiarizada com o lugar, uma vez que eu me encontrava na minha propriedade; no entanto, quando tudo ficou escuro em volta de mim, uma situação agravada ainda mais pela chuva que me encharcava até os ossos, toda essa familiaridade se dissipou e eu comecei a me perguntar se alguma coisa inspiradora poderia resultar dessa experiência. Rezei a Deus pedindo que as 24 horas passassem depressa. Rezei também pedindo calor e rezei para eu não me molhar. Nas minhas preces, prometi que nunca mais participaria de uma busca de visões.

Esses pedidos iniciais, obviamente, tiveram origem na personalidade do meu ego, que estava muito aborrecido por sentir frio, umidade, medo e solidão. Aos poucos, no entanto, uma energia da unidade se apossou de mim. Apesar de estar totalmente molhada dentro do saco de dormir, senti essa unidade em relação às gotas da chuva que pingavam sobre as árvores e com as folhas molhadas sobre as quais eu estava sentada. Senti também a unidade com as árvores que compartilhavam o bosque comigo e com os Elementais da terra, no solo e nas pedras que me cercavam. Senti-me em unidade com os Elementais da água que estavam purificando o meu corpo e o corpo da terra.

Durante toda essa noite, os anjos me deram uma visão de um dos meus pequenos coelhos que tinha sido enterrado no cemitério. Ele veio até mim e se aninhou ao meu lado. Era Biloxi, um coelho de longas orelhas pendentes, do qual eu sentia muita falta. Os anjos me disseram que o amor é a energia que nos une com todos os reinos e que o amor nunca morre. Eles me recomendaram que, sempre que sentisse a falta dos meus animais, eu redirecionasse minha energia, deixando de focalizar a perda sentida para focalizar o amor que sentia, porque a energia desse amor nunca morre. Afinal de contas, o amor é eterno e Deus é amor. Os anjos me deram um presente muito valioso nessa noite: a "visão" de como fazer para homenagear o caráter eterno da vida e do amor.

Uma das minhas atividades prediletas e mais relaxantes no verão consiste em ficar à deriva, boiando na lagoa que existe na propriedade dos meus pais. Eu gosto da perspectiva que tenho quando estou sobre a superfície da água. A bóia permite que eu me aproxime dos patos que vivem na lagoa e também que chegue bem perto da margem, onde posso estudar as flores que crescem ali. Essa sempre é uma experiência extremamente refrescante — física, mental e espiritualmente.

Em certa tarde de domingo, eu estava preguiçosamente deixando a bóia me levar pela lagoa. A água estava tão refrescante que eu tinha a impressão de que o meu corpo todo se fundira com ela e que tínhamos nos tornado uma única energia. Eu estava pensando comigo mesma sobre a enormidade do meu *amor* pela água, quando repentinamente me conscientizei dos Elementais da água que falavam comigo. Eles me disseram: "Irmã do reino humano, nós, da mesma forma que você, somos expressões do amor de Deus. Quando você se funde com a nossa vibração, nosso amor comum é multiplicado em energia e o resultado é uma vivência aumentada da unidade." Isso expressava exatamente o que eu estava sentindo nesse dia e nunca mais me esqueci dessas palavras.

No meu trabalho realizado com os anjos, eles me conduziram e me guiaram no desenvolvimento de uma meditação durante a qual o participante cria visualmente um estandarte angélico, um símbolo personalizado que o ajuda a visualizar e a focalizar a sua vida com consciência angélica. Esse é o seu emblema pessoal de vida, uma bandeira que tremula majestosamente sobre a sua vida. Eu gostaria muito de compartilhar essa meditação com você. Quando você ler o texto seguinte, imagine que está criando uma bandeira para a nação que *você* é.

Meditação do Estandarte Angélico

Fique tranqüilo e descontraído. Peça que os anjos se juntem a você. Respirando de forma lenta e rítmica, permita que os seus pensamentos focalizem a criação do seu estandarte ou da sua bandeira. Entre no seu coração e sinta a unidade com Deus e com tudo o que é vida. Peça aos anjos para que concentrem na sua frente todos os componentes do seu estandarte angélico pessoal. Deixe que o desenho apareça a partir da sabedoria da sua alma. Decida primeiro a cor de fundo que você gostaria para o seu estandarte. Veja essa cor. Com o olho mental, visualize a cor e o tecido do seu estandarte.

Agora deixe que o foco da sua atenção se volte para o que você colocará nos quatro cantos do estandarte. Conscientize-se de objetos, figuras ou símbolos que lhe vierem à mente enquanto você pensa a respeito do que você "vê" nesses lugares. Talvez sejam itens que você coleciona; talvez símbolos religiosos importantes. Deixe que as imagens fluam. Uma imagem para a direita superior... outra para a direita inferior... uma para a esquerda superior... e uma última para a esquerda inferior. Se você vir uma flor, concentre sua atenção para determinar o tipo de flor. Se no começo você não visualizar imagem alguma, deixe que a sua imaginação entre em jogo. Pense nos símbolos que gostaria de ter incluídos no seu estandarte.

Agora focalize a parte central do estandarte. Ligue-se com a energia do coração da sua bandeira e permita ainda que uma imagem apareça. Lembre-se de que está participando da criação de algo que será um poderoso instrumento espiritual para ser usado por você mesmo. Observe atentamente o seu estandarte espiritual e veja como ele reflete mensagens endereçadas a você. Que símbolo irá refletir melhor os seus dons e talentos? Como é que os seus ideais deveriam ser expressos? A felicidade da sua vida? Como é que você poderia simbolizar a energia eterna do amor? Não fique ansioso com a possibilidade de receber ou não respostas para essas perguntas desta vez. Simplesmente deixe que as respostas entrem amorosamente nos seus pensamentos e saiba que todas as vezes que você pensar sobre esse seu estandarte, obterá informações e compreensões adicionais quanto a ele e ao seu significado.

Agora procure algo ainda mais elevado no reino angélico e peça aos anjos que criem um lema para a sua vida. Ele tanto pode ser formado por algumas palavras como pode ser um dito popular ou um *slogan*. Ouça com atenção para ficar sabendo o lema da sua vida. Quando sentir que o estandarte e o lema estão definidos, deixe que sua consciência volte ao lugar físico onde você se encontra. Lembre-se de agradecer aos anjos por tudo o que ficou sabendo e anote imediatamente o que viu e ouviu durante essa meditação.

* * *

Depois de terem feito isso, muitos dos meus clientes resolvem criar fisicamente os seus estandartes, em papel ou com tecidos, e os penduram em seus lares. Uma mulher fez um lindo escudo no estilo dos indígenas norte-americanos, contendo as visões que apareceram na tela da sua mente.

Quando honramos e homenageamos a divindade em toda a vida vivemos em harmonia com a totalidade das criações de Deus. Sabemos que tudo está certo no mundo e com o mundo. A harmonia traz consigo a aceitação e a tolerância em relação aos demais. Não ficamos ameaçados ou medrosos, pois concordamos em ser verdadeiros quanto à expressão de Deus dentro de nós e também permitimos que os outros façam a mesma coisa.

Dionísio resumiu isso muito bem e de forma muito bonita, quando escreveu que a bondade de Deus brilha sobre toda a vida e que é muito importante aceitarmos isso: "Pois exatamente como a Bondade estabelecida por Deus acima de todas as coisas atinge todos os seres, dos mais elevados e perfeitos aos mais baixos e íntimos... Ela dá luz a tudo o que pode recebê-la, ela cria e dá vida a tudo... E se alguma coisa não participa... isso não se deve a nenhuma fraqueza ou deficiência na Sua distribuição de luz, mas a uma inaptidão para a recepção da luz por parte dos que não se abrem para recebê-la."[3]

Essa é a mensagem dos anjos: Aceite Agora o Amor Eterno de Deus — aceite o seu direito inalienável à bondade não dividida. Honre a bondade que brilha na sua vida cuidando de si mesmo. Os anjos nos encorajam a "nos tornarmos mais leves". Uma das formas mais fáceis de fazer isso é manter uma energia de simplicidade em tudo o que fazemos.

Nosso mundo está cheio de excessos; é por isso que os anjos nos convidam para uma "maior leveza" e para tornarmos as coisas mais simples. Depois de fazermos isso, teremos muito mais facilidade para perceber e entender a unidade da vida. Algumas das maneiras pelas quais você pode simplificar a sua vida são: manter uma rotina regular e não complicada de exercícios físicos; desenvolva hábitos alimentares que sejam simples e nutritivos. Manter os compromissos de sua vida num nível de simplicidade; não exigir demais de si mesmo em qualquer área da sua vida; reservar tempo para os prazeres mais simples da vida, tais como observar a beleza da aurora e do crepúsculo; reservar tempo para simplesmente ficar quieto; sorrir com freqüência e não se esquecer de rir.

Sempre que você precisar *ser* alguma coisa, seja gentil e afável. O Dalai Lama do Tibete freqüentemente descreve a sua religião pessoal como simplesmente *ser gentil*. Essas são apenas algumas das maneiras pelas quais você pode simplificar a sua vida e abençoar a presença dos anjos em tudo o que tem vida.

Em homenagem à presença dos anjos na sua vida, ofereço o seguinte exercício de encerramento deste capítulo como uma oportunidade para que você sinta a luz de Deus que brilha no seu interior.

Exercício "Eu Formo uma Coisa só com a Luz de Deus"

Para começar, sente-se confortavelmente numa cadeira sem cruzar os braços e as pernas; mantenha a coluna dorsal tão reta quanto possível. Solte a respiração e relaxe por completo. Entre em meditação e envolva-se, por meio da visualização, num poderoso campo de força feito de luz branca. Esse campo de força impedirá que qualquer coisa que não seja luz interfira com a atividade sagrada da sua meditação.

Uma vez em meditação, visualize um trono dourado e muito ornamentado. Uma criatura angélica o convida a se sentar nele. Cada vez que você respira, está inspirando essa luz brilhante. Na medida em que seu corpo for se enchendo com essa luz, visualize-a como sendo de um dourado puro, intenso e brilhante. Veja como está se transformando num ser de luz. Seus pulmões, seus braços, seus pés, todo o seu corpo está repleto dessa luz. De repente, você passa a não ter mais peso. A luz se expande dentro do seu ser. Quando soltar lentamente o ar, veja a luz saindo de você e preenchendo o espaço que o cerca com uma luz pura e intensamente dourada. A luz se expande cada vez mais ao seu redor. Enquanto inspira e expira suavemente essa maravilhosa luz dourada, pronuncie o seguinte decreto:

"Deus brilha em mim como amor divino. Abro o meu coração para o amor infinito de Deus, e todos os sentimentos de medo, ódio e ressentimentos desaparecem. Estou repleto de pensamentos de perdão, de amabilidade e de compaixão."

"Deus brilha no meu corpo, e todas as tensões, as doenças e a falta de harmonia são transformadas em energia, força e saúde vibrante. Sou tão integro, tão forte e tão livre quanto Deus me criou para ser."

"Deus brilha em todas as minhas atividades. Minha vida está divinamente em ordem. Todas as ilusões de carência, de injustiça e de desequilíbrio são substituídas pela abundância, pela harmonia, pela justiça e pela felicidade."

"Deus brilha através da minha mente, do meu coração, do meu corpo e da minha vida. Também sou brilhante, porque sou uma coisa só com a luz de Deus."

Agora, suavemente, traga a sua consciência de volta ao lugar onde se encontra. Sinta e saboreie a leveza que está sentindo — a unidade que você compartilha com toda a vida e com a presença angélica por toda parte.

·CRIS ARBO·

Capítulo 8

Harmonize-se com os Anjos

"Vereis o céu aberto
e os anjos de Deus subindo e descendo
sobre o Filho do homem."
João 1:51

Vivemos num mundo em que a tecnologia das comunicações nos bombardeia com todo tipo de informações numa velocidade espantosa. Felizmente, uma ampla gama de informações espirituais está incluída nesse bombardeio e eu acredito que isso esteja ajudando a fazer com que um despertar espiritual ocorra na Terra. Quanto mais as pessoas são capazes de aprender a respeito dos assuntos espirituais, tanto mais elas querem saber. Por causa dessa busca de conhecimento, as pessoas estão modificando a maneira de pensar sobre si mesmas e sua vida espiritual.

No decorrer dos meus trabalhos, observei que muitos dos meus clientes estão adotando uma nova conscientização, na qual reivindicam pessoalmente a realidade da unidade que formam com Deus. Acredito que, na medida em que a consciência de mais e mais pessoas se transforme para adotar essa verdade, uma mudança acabará ocorrendo no campo de energia da própria Terra. O que está acontecendo, enquanto vivemos e respiramos, é o nascimento de uma nova idade de ouro de amor e de conscientização espiritual, com os anjos desempenhando um papel de importância básica nesse desenvolvimento.

Com a finalidade de nos ajudar nesse momento de revelação e de transformação, nossos guardiães angélicos e nossos guias espirituais estão cooperando conosco para desenvolver e manifestar técnicas especiais de energia que, apesar de não representar uma novidade nos reinos espirituais superiores, realmente são coisas totalmente novas na Terra.

O versículo bíblico usado como epígrafe deste capítulo (João 1:51) se refere a "anjos de Deus subindo e descendo sobre o Filho do homem". Esse versículo transmite uma imagem forte de como nós, os filhos e filhas de Deus, recebemos as energias divinas de reinos superiores, principalmente do reino angélico. Na medida em que trabalhamos com essas energias na nossa vida e na nossa consciência, podemos descobrir um momento decisivo no qual nos fundimos com as energias espiralantes que estão simultaneamente "subindo e descendo". Resumindo, podemos ter acesso direto à assistência de Deus por meio dos anjos.

Uma das maiores bênçãos recebidas no meu trabalho com o reino angélico foi a descoberta de uma técnica que ajuda esse momento decisivo a se manifestar. Eu a chamo de "Harmonização Angélica".

Harmonização Angélica é uma atividade especial dos anjos, que tem um significado muito importante. Trata-se de uma técnica em geral realizada por outra pessoa, mas que você também pode usar para si mesmo e que permite que você receba um influxo dramático de energias e bênçãos vindas do reino angélico. Trata-se de uma impressionante experiência transformadora para qualquer pessoa que tenha a sorte de passar por ela.

A Harmonização Angélica é uma experiência maravilhosa de transformação e de cura durante a qual os anjos lhe transmitem uma forte sensação de paz, harmonia, amor e união com Deus. Com a Harmonização Angélica você é capaz de transcender o seu nível humano de consciência e de se comunicar por telepatia com os anjos. A experiência também o ajuda a manter uma sincronia de vibrações com eles e uma sensação de unidade com o amor, a energia que faz a vida funcionar.

O dom das Harmonizações Angélicas foi dado ao planeta Terra para ajudar as pessoas e transformar suas vidas por meio de importantes mudanças nas suas atitudes e nas formas como vivem. Essa experiência pode ter uma duração que vai de alguns segundos a vários minutos, estabelecendo uma "comunicação" — no sentido mais exato da palavra — com os anjos. Seus efeitos perduram durante o tempo em que você consegue manter o foco da sua atenção — e enquanto você não destrói esses efeitos retornando aos pensamentos negativos e esquecendo o lugar que lhe cabe no coração de Deus.

Qualquer pessoa familiarizada com os anjos pode receber a assistência representada por uma Harmonização Angélica. Desde que você acredite nos anjos como espíritos que são ministros de Deus, você pode se abrir para o recebimento dessa Harmonização. Isso é conseguido através de uma fusão equilibrada entre a disposição e a capacidade dos anjos em elevar todos para mais perto de Deus e a crença do indivíduo na energia angélica, na sua facilidade com os poderes de visualização, na sua clareza de pensamentos e na existência dos pré-requisitos exigidos. (Mais adiante neste capítulo, eu pretendo compartilhar com você o procedimento propriamente dito, baseado na Harmonização que costumo fazer, mas que você pode usar para a sua própria experiência.)

Se bem que a Harmonização em geral seja feita na companhia de um monitor como eu, qualquer pessoa que queira trabalhar com a energia da Harmonização pode fazê-lo.

O primeiro passo é querer a Harmonização. Quando você quer se harmonizar com os anjos, não há necessidade de se preocupar com o reino angélico e com a maneira de chegar lá. A canção "*Never, Never Land*", do musical *Peter Pan*, expressa isso de uma maneira perfeita: o reino angélico não está num mapa, mas dentro do seu coração. É assim que é feito o encontro do reino angélico através da Harmonização.

Em seguida, você precisa saber exatamente o que pretende manifestar na sua vida. Isso é necessário para que o poder magnético criado durante uma Harmonização possa ser direcionado para uma meta específica. É como se a energia necessitasse de um alvo, antes de poder começar a causar seus efeitos. Portanto, antes de tentar o exercício de Harmonização, pense a respeito do que deseja manifestar. Lembre-se de que, como os anjos estão trabalhando pelo seu maior bem e para o maior bem da criação de Deus como um todo, as metas que você escolher deverão ser dignas de louvor. Lembre-se também de que uma meta não realista é algo que simplesmente não existe.

O principal critério é que a sua meta deve ser o bem mais elevado de todos os envolvidos, uma vez que sua Harmonização será uma associação com o que existe de único em toda a vida. Compreenda que você pode ser tudo o que desejar, mas que antes precisa se livrar de todas as sensações de limitações quando entrar na sua Harmonização Angélica.

Faça uma pausa e pense sobre a sua vida. O que você realmente quer? Como ajuda para determinar isso, faça a si mesmo as seguintes perguntas — e não se acanhe em anotar as respostas para ter uma referência no futuro:

O que eu quero espiritualmente? Quero ficar mais próximo de Deus? Quero ter um relacionamento com os anjos?

O que eu quero mentalmente? Quero aprender algo novo? Usar mais a minha mente?

O que eu quero emocionalmente? Existe alguma emoção que sempre acaba sendo mais forte do que eu e que eu gostaria de tornar menos intensa?

O que eu quero fisicamente? Quero ter mais energia? Ou quero curar alguma doença específica?

O que eu quero financeiramente? Eu gostaria de estar ganhando mais dinheiro? O que eu faria com o dinheiro adicional?

O que eu quero em termos de carreira profissional? Estou realmente satisfeito com o meu emprego atual? Sinto-me feliz no meu local de trabalho?

O que eu quero socialmente? Acaso eu gostaria de um novo relacionamento? Estou à procura de novas amizades?

A idéia básica é examinar com atenção cada área da sua vida e perguntar-se que metas você gostaria de estabelecer para si mesmo. Uma vez tendo determinado o que você quer manifestar na sua vida, declare isso em voz alta na forma de um decreto. Por exemplo:

"Amada Presença do Deus 'EU SOU' dentro de mim, decreto que estou merecendo um relacionamento satisfatório na minha vida."

Depois de ter decidido o que quer e de ter decretado a sua meta usando o poder das palavras, você está quase pronto para prosseguir com o seu processo de Harmonização Angélica. Lembre-se de que, depois de expressar o desejo de visitar os anjos por meio de um exercício de Harmonização e de ter identificado claramente o que deseja, você contará com a ajuda deles para elevar a sua consciência a um nível suficientemente alto para que a Harmonização possa ocorrer.

A energia da Harmonização ajudará você a visualizar a meta da sua vida e a direcionar seus pensamentos mais positivos para a sua concretização. Por esse motivo, é muito importante que você tenha isso claramente em mente. Essa meta ou "ideal", que você estabelece para si mesmo, é explicado por Cayce numa de suas leituras psíquicas: "Depois, como a influência guardiã ou o anjo sempre está diante do rosto do Pai, por meio dela a influência pode se manifestar —, mas apenas pelo comando ou pela sincronização com o que for o seu ideal" (1646-1).

Outro fator que ajudará sua Harmonização a ser bem-sucedida é a purificação da aura. Para isso, o simples desejo de se fundir com a vibração dos anjos pode ajudar a neutralizar as energias negativas que existem em torno de você e na sua aura. Isso funciona de modo semelhante à meditação básica e às sessões de cura. No entanto, a diferença é que numa Harmonização Angélica essa purificação da aura aumenta em manifestação assim que você e os anjos começarem com o fluxo de energia. É como um efeito dominó positivo.

Com a Harmonização Angélica você vivencia a sensação ou revelação de que você é amor, de que você é verdade e luz. A vibração transformadora dos reinos da luz angélica celestial o deixa em posição de sintonia, de tal modo que você é capaz de avançar com clareza e visão em direção ao que quer para si mesmo. Em termos terrestres, gosto de pensar que os anjos nos dão uma espécie de tônico forte e revigorante.

Quando você expressa o desejo de melhorar sua vida mediante essa experiência, os integrantes do reino angélico que podem prestar-lhe assistência no seu crescimento são convocados de forma automática. Aliás, eles estão sendo atraídos para você neste exato momento, enquanto você está lendo estas linhas.

William Bloom explica isso com as seguintes palavras: "...os Devas do crescimento espiritual começarão a ser atraídos... Eles trabalham na atmosfera em torno do indivíduo, ajudando a mantê-la limpa e magneticamente pura... e também se encarregam de deixar a atmosfera espiritualmente usável e à disposição da pessoa."[1]

O que faz com que a Harmonização Angélica seja tão única é a maneira como a energia o afeta nos níveis superiores, ajudando a unificar e a alinhar os seus corpos sutis. Os anjos integram as atividades dos sete componentes do seu ser durante o processo da Harmonização Angélica. (Vide Figura 8.1) O resultado disso é que Deus pode manifestar melhor a Sua unidade através de você, continuamente, nos níveis físico, mental, emocional e espiritual. E a explicação para isso está no simples fato de você estar atrapalhando menos!

Uma Harmonização Angélica é, na verdade, um processo de sete níveis que alinha os sete componentes do corpo, da mente e do espírito: os corpos físico, etérico e astral; os elementos conscientes, subconscientes e superconscientes da sua mente; e o seu espírito ou alma.

O corpo físico é o componente com o qual estamos mais familiarizados. Esse corpo é meramente uma representação tridimensional dos corpos superiores "invisíveis". É o corpo físico que se encarrega de toda as ações no mundo físico.

Estamos em meio a épocas de grandes transformações neste planeta. As mudanças por que estamos passando, como por exemplo uma sensação de que o tempo está passando mais depressa, são ao mesmo tempo maravilhosas e um tanto assustadoras. Stuart Wilde se refere à aceleração da energia como "o aceleramento".[2]

São muitas as pessoas que sentem essa aceleração do tempo, ao passo que, na verdade, são as nossas vibrações — você, eu e tudo em torno de nós — que se estão acelerando ou se movimentando mais depressa e com vibrações mais elevadas. Como resultado desse aumento da vibração, na medida em que nos adaptamos a ele, estamos passando por mudanças no nosso corpo físico. É possível que você tenha notado algumas mudanças na sua própria consciência. Faça uma pausa e responda para si mesmo as seguintes perguntas:

Você percebeu recentemente que tem sido capaz de se lembrar cada vez mais dos seus sonhos? Você notou que se tornou mais emotivo ultimamente, sentindo-se especificamente mais deprimido, desesperado, ou simplesmente "esgotado"? Você percebeu que às vezes acorda entre as 2 e as 4 horas da manhã, sentindo-se muito revigorado e pronto para iniciar o dia, mas como ainda não está na hora de se levantar, acaba dormindo outra vez?

Você tem sentido em torno da testa uma pulsação ou energia que não tinha notado antes? Você percebeu uma energia acelerada em torno do coração, como se estivesse tendo palpitações?

Se você respondeu afirmativamente à maioria das perguntas acima, esses podem ser sinais indicando que você está se conscientizando interiormente dessas mudanças planetárias e espirituais.

De maneira geral, essas mudanças são sentidas no corpo físico, que também é a nossa parte na qual se manifestam as doenças. Isso enfatiza a importância de se harmonizar o relacionamento entre o corpo físico e o etérico. Os anjos compreendem esse relacionamento. Esse é um dos principais motivos pelos quais as Harmonizações Angélicas são benéficas.

Os Sete Componentes
do Corpo, da Mente e do Espírito

<u>Espírito</u>

Alma

<u>Corpo</u>

Corpo Físico

Corpo Etérico

Corpo Astral

<u>Mente</u>

Consciente

Subconsciente

Superconsciente

Figura 8.1

Uma Harmonização Angélica alinha OS SETE COMPONENTES, ajudando a derrubar barreiras para que você perceba a unidade que formamos com Deus.

O corpo físico é uma espécie de cópia carbono do corpo etérico, que fornece a inteligência que constrói e mantém os órgãos e os tecidos físicos. O corpo etérico exerce uma função de equilíbrio no corpo físico. Quando se amputa um braço ou uma perna, o campo etérico que circundava essa estrutura física leva certo tempo para se dissipar. Isso costuma ser sentido pelas vítimas de amputação como "dor fantasma"; elas continuam "sentindo" os membros que já deixaram de existir fisicamente.

Durante essa época de mudanças, testemunhamos uma maior conscientização no relacionamento de saúde e de harmonia entre o corpo etérico e o físico. As pessoas estão compreendendo melhor que as doenças podem ser causadas pela falta de harmonia nos seus estados emocionais ou mentais. Essa desarmonia acaba resultando em doenças registradas pelo corpo físico.

O corpo etérico aparece como "aura" para os que são capazes de enxergá-la. A cura da aura exerce um efeito positivo sobre o corpo físico porque o corpo etérico é uma duplicata do físico e sua influência é dinâmica. No momento da morte, o corpo físico se torna inoperante e morre. O corpo etérico também morre, na maioria das vezes dissipando-se no decorrer de três dias. No entanto, a energia do campo etérico nunca se perde; ela apenas volta à sua fonte de origem.

O terceiro componente é o corpo astral, que contém as nossas emoções. Às vezes, esse corpo também é chamado de "corpo mental", mas não deve ser confundido com os três componentes da mente que descreverei mais adiante.

Tudo o que forma o corpo astral quando você está vivendo na dimensão física continua existindo depois da morte e influencia a alma. O corpo astral contém o nosso banco de memória e os nossos mecanismos de realimentação emocional.

A lei cósmica da atração é muito bem explicada por Patricia Diane Cota-Robles em seu livro *The Next Step*. Segundo essa lei, quando a luz de Deus entra nos nossos corpos, ela se conecta com as vibrações que existem na nossa consciência. A síntese dessas energias é projetada em forma física e, conseqüentemente, manifesta-se na nossa vida. Como diz a autora, "tudo se manifesta na nossa vida agora, pouco importa se estamos nos referindo à nossa situação financeira, à saúde, aos relacionamentos, às carreiras profissionais, à felicidade, ao sucesso ou à paz mental; tudo isso sempre é o resultado de nossas crenças, pensamentos, palavras, ações e sentimentos".[3] As emoções que dominam o nosso corpo astral são as que moldam a nossa realidade do mundo seguinte. As Harmonizações Angélicas ajudam a alinhar as emoções e os pensamentos com o corpo físico para garantir que a energia predominante seja benéfica e positiva durante a nossa vida e depois dela.

Muitos de nós já tivemos a sensação de fazer viagens pelo corpo astral, principalmente durante os sonhos. É possível que você já tenha acordado no meio da noite com o corpo molhado de suor e com a sensação de que seu corpo acaba de "cair" na cama, após ter estado em algum lugar muito distante. Por vezes, é essa sensação de "queda" que o faz despertar. Freqüentemente, as pessoas se referem a essas experiências como sendo experiências "fora do corpo", quando a verdade você apenas passou do seu corpo físico para o astral e depois voltou para uma viagem em sonhos. É sempre maior o número de pessoas que estão sentindo a existência do corpo astral durante experiências místicas ou nas situações em que suas vidas ficam ameaçadas.

Os três componentes seguintes são elementos da mente. A mente consciente está associada com o ego e com o mundo mundano, apesar de representar apenas cerca de 10% da nossa consciência total. Muitas pessoas ficam envolvidas nas ilusões criadas pela mente consciente quando ela é usada como uma espécie de marionete do ego.

No entanto, todos nós sabemos do considerável aumento na quantidade de pessoas que estão procurando encontrar outra maneira de viver. Basta perguntar às pessoas que você conhece se elas também acham que está ocorrendo um aceleramento do tempo e, na maior parte das vezes, a resposta é afirmativa. O que elas estão recebendo é um sinal do segundo componente da mente — o subconsciente — de que alguma coisa está "mudando".

A mente subconsciente fornece muitas funções de "manutenção" para o corpo físico. Especialmente importante é o fato de o subconsciente gravar e repassar as nossa fitas de programação positiva e negativa. Essa programação tanto pode nos manter num estado de estagnação quanto pode estimular um crescimento maior. É diferente o relacionamento entre a nossa mente subconsciente e as influências do corpo astral. Essa conexão com as nossas emoções tanto pode ajudar como atrapalhar o crescimento espiritual de um modo que não é revelado. Esse relacionamento também é diretamente afetado pela Harmonização Angélica.

Examine o seu ambiente e faça uma relação dos amigos e familiares que recentemente aumentaram seus estudos a respeito de assuntos espirituais. Essa conscientização está orientando muitas pessoas para uma busca intensa pelo contato com o terceiro aspecto da mente — o superconsciente.

O superconsciente tem vários nomes, dependendo da cultura: o Cristo interior, a consciência EU SOU, o Eu Superior. Também gosto de me referir a ele como sendo a presença angélica dentro de nós. Estar em contato com o superconsciente significa comungar com a mente onisciente de Deus. Essa conexão reside na mente superconsciente e, portanto, existe em cada um de nós. Como conseqüência, todos temos potencial para usar a sabedoria de Deus que existe no nosso interior.

Entrando em contato com o superconsciente é possível modificar a programação da mente subconsciente, o que nos faz capazes de mudar os padrões emocionantes e os pensamentos focalizados no corpo astral e na saúde do corpo físico. Essa é a essência da mudança que ocorre durante uma Harmonização Angélica. Trata-se de uma técnica de energia que nos ajuda a transformar e alinhar esses sete elementos do ser humano para um crescimento espiritual acelerado e para uma maior conscientização.

O sétimo e último componente da nossa natureza sétupla é a alma. A alma é uma vibração gloriosa, que faz parte do mundo espiritual; na verdade, no momento da morte, a alma não "parte" para ir para o mundo espiritual. Ela já está no mundo espiritual. Esse é o componente divino, eterno da nossa natureza.

No início, quando todos fomos criados, emergimos da fonte como extensões do Criador. A alma é a parte de nós que continua conectada com Deus. Cada um de nós recebeu uma alma para que pudéssemos vivenciar Deus individualmente. A finalidade da nossa criação foi para que pudéssemos conhecer o amor e a sabedoria de Deus. Assim que essa experiência se completasse, deveríamos voltar à fonte.

No entanto, nós nos afastamos do plano original e, como resultado disso, a alma basicamente está esperando que os outros seis componentes "se organizem", de maneira que a personalidade possa ser aperfeiçoada. Assim que a perfeição é atingida, a alma pode se elevar e tornar-se novamente parte da fonte de onde se originou. Podemos imaginar a alma como uma vela acesa na janela, indicando para nós o caminho de volta para casa.

A Harmonização Angélica é uma técnica que nos ajuda a trabalhar com vistas à nossa perfeição, misturando harmoniosamente esses sete componentes, de tal modo que eles funcionam como um todo e não independentemente. Quando você faz uma Harmonização Angélica bem-sucedida, a harmonia interior resultante também é sentida dentro da energia vital da Mãe Terra, e isso é um grande conforto para ela nesta época de tantas explorações. Acredito firmemente que a paz da Terra precisa começar com a paz dentro de cada um de nós. Harmonização Angélica ajuda a manter uma experiência de paz profunda no corpo, na mente e no espírito.

As energias da mente são alinhadas para que os seus pensamentos possam ser mais criativos e para que você possa se conectar mais diretamente com a mente de Deus. A Harmonização Angélica pode ajudar a substituir pensamentos ilusórios de imperfeição pela verdade da nossa divindade como filhos de Deus. O corpo físico é sintonizado de tal maneira que você reflita uma saúde radiante e a aparência juvenil da presença de Deus no seu interior.

O alinhamento também funciona para a transmutação e a transformação de todos os tipos de disfunções do corpo físico nos níveis atômico e celular. As emoções são alinhadas quando a Harmonização Angélica o eleva para as emoções harmoniosas das oitavas superiores de perfeição; por exemplo, a paz, o amor, a felicidade e a alegria dos anjos. O alinhamento da alma estabelece um novo esquema etérico que irá refletir o plano divino para a sua vida, ajudando-o a atingir a unidade com Deus.

Herbert B. Puryear e Mark A. Thurston, no livro intitulado *Meditation and the Mind of Man*, resumem esse pensamento afirmando: "Nosso trabalho na Terra, portanto, consiste em atingir a unidade com Deus mediante a integração das atividades do corpo, da mente e da alma. Quando essa harmonia é atingida, existe uma Harmonização que permite que Deus manifeste Sua totalidade através de nós."[4]

A maneira pela qual os anjos o transformam e o energizam durante a Harmonização está ligada ao uso da energia da "radiação", que funciona como um ímã para harmonizar o seu corpo, a sua mente e a sua alma e para atrair para você a meta que você mesmo determinou no início da Harmonização.

Agora eu gostaria de explicar melhor o conceito dessa radiação da energia de Deus, para que você compreenda totalmente o poder que está por trás da Harmonização. Os anjos servem a Deus irradiando o ideal específico que eles representam. Essa irradiação transmite uma qualidade ou uma energia positiva que ressoa em conjunto com o Criador. Os anjos aprendem, pelo controle de suas radiações, como "tornar" ideais seu ministério ou seus serviços.

Uma maneira interessante de se apreciar como os anjos "irradiam" esses ideais para nós, é compreender como eles ensinam esses ideais para os outros anjos. Nem todos sabem, mas os anjos que querem trabalhar no serviço à Terra são treinados por outros anjos, cujo serviço e responsabilidade diz respeito à concretização do plano de Deus. Eles ensinam os anjos a captar a radiação do coração do Criador Divino e como emular e irradiar uma "sensação" do ideal.

O anjo-mestre responsável pelos anjos estudantes irradia uma "sensação" para seus alunos. Vamos usar o exemplo da "verdade". A cor, a natureza e a energia da verdade passam telepaticamente do mestre aos alunos, que absorvem essa qualidade em suas essências interiores. Os alunos então *se tornam* essa qualidade — que contém o ideal — enquanto sentem essa radiação passando vertiginosamente pelo seu ser. Eles continuam aprendendo, sob a tutela dos mestres, como manter essa qualidade dentro dos seus corpos angélicos durante períodos cada vez mais longos de tempo.

Assim que se constata que eles são capazes de manter a radiação, eles são encaminhados para um membro mais experiente do reino angélico, que já esteja trabalhando no serviço às pessoas da terra. O anjo noviço é encarregado de manter a qualidade interior até que o anjo-chefe escolha uma pessoa que deverá ser o recebedor de radiação. Depois de se constatar que o anjo noviço é capaz de transmitir determinada radiação, esse anjo é enviado à Terra no serviço dessa radiação ou desse ideal particular.

À medida que os anjos noviços continuam crescendo em suas habilidades, eles adquirem controle suficiente de suas energias, podendo ser encarregados, por exemplo, dos cuidados de um lar, de uma igreja ou de um hospital. Nessa tarefa, eles atuam exatamente como fizeram em relação a uma pessoa, com a diferença de que continuam como transmissores constantes de suas radiações no local de que foram encarregados. Eles captam a energia de Deus para abençoar o lugar ou as pessoas pelas quais são responsáveis, e transmitem suas radiações para todos os habitantes desse local.

Através da facilidade que têm com a radiação, os anjos estão preocupados em trazer as dádivas de Deus à terra, e eles se concentram nisso com muita determinação. Por causa desse desejo de ajudar na transformação dos seres humanos que estão à procura da realização de sua própria divindade, os anjos nos oferecem a irradiação das Harmonizações Angélicas.

São Francisco de Assis teve uma experiência que, na minha opinião, reflete o modo como a radiação funciona. Ele tinha convidado um jovem frade do mosteiro a se reunir com ele na pregação aos moradores da aldeia. Os dois caminharam pelo vilarejo, conversando o tempo todo sobre vários temas espirituais. Quando já estavam voltando ao mosteiro, o jovem frade percebeu que, por terem ficado tão absortos na conversa, não tinham feito pregação alguma. São Francisco respondeu que, enquanto caminhavam, as pessoas os observavam e ouviam partes da conversa, tendo notado claramente que os dois estavam conversando a respeito do amor de Deus. Por esse motivo, não tinha muita importância o que São Francisco estava fazendo, porque ele estava em união com Deus. E essa união irradiava-se dele da mesma forma como tinha sido irradiada para ele.[5] Ele estava "sintonizado" com Deus.

Já ouvi pessoas usando a expressão "Mantenha esse pensamento", e acho que essa é a maneira apropriada de se descrever o que os anjos fazem. Deus pode incumbir um anjo, por exemplo, de manter o pensamento da "fé", e é exatamente isso o que ele faz. O anjo torna-se a pura essência da fé e é capaz de transmitir essa essência para todos os que estão necessitando de fé.

Portanto, quando você achar que precisa da assistência dos anjos, para que eles o encham de fé para poder enfrentar determinado problema, os anjos que transmitem a fé se conectarão com você e lhe transmitirão a radiação da fé. Pouco importa que qualidade eles estejam incumbidos de manifestar, eles se tornam essa qualidade com a sua consciência completa e a irradiam eternamente. É assim que os anjos são capazes de realizar trabalhos tão intensos durante as Harmonizações Angélicas.

Apesar de as Harmonizações Angélicas serem freqüentemente realizadas por alguém especializado no assunto, como eu, adaptei os métodos que uso para que você possa trabalhar com a energia da Harmonização por conta própria. Depois das instruções, vou acrescentar algumas recomendações que podem contribuir para um sucesso maior.

Reconhecer que somos filhos de Deus e irmãos e irmãs de Cristo é uma faceta de importância básica nas Harmonizações Angélicas. Isso significa aproximarmo-nos da compreensão de que somos, junto com Cristo, herdeiros de tudo o que Deus tem e é.

Edgard Cayce descreveu esse conceito como uma *igualdade* com Deus: "Cada experiência é uma afirmação. E, tal como Ele disse, observe a face dos anjos que estão eternamente postados diante do trono de Deus; a consciência no seu interior, de que você pode ser um com Deus Pai e igual a Ele, como filho Dele, como irmão de Cristo... E quando a conscientização chega, é na forma do anjo da esperança..." (2533-7).

Essa leitura ilustra muito bem como os anjos, que sempre estão próximos do trono de Deus, irradiam uma afirmação e uma conscientização da nossa unidade com Deus.

Charles Fillmore descreve Cristo como o "princípio encarnado do Deus-homem; a Palavra perfeita ou a idéia de Deus, que evolui para a forma do homem verdadeiro, abençoado com a vida eterna".[6]

Uma Harmonização Angélica aproxima a pessoa da auto-realização de que todos somos idéias perfeitas de Deus. Mantenha isso em mente quando prosseguir. (Se bem que você possa pedir que alguém leia os procedimentos para você, sugiro que tente sentir a energia da Harmonização à medida que for lendo este texto. Você também pode estudar a experiência nas próximas páginas e depois segui-la de memória durante a sua meditação.)

Meditação de Harmonização Angélica

Escolha um lugar em sua casa onde ninguém possa perturbá-lo. Faça a consagração dessa área acendendo uma vela em homenagem à fonte de toda a vida. Relaxe no momento. Saiba que a ordem divina de toda a criação está irradiando uma energia de unidade. Toda a vida expressa a totalidade do Criador. Nessa expressão de unidade, os anjos se oferecem em serviço a Deus e fazem com que o céu venha à Terra por meio das Harmonizações Angélicas.

Numa prece pessoal, expresse seu desejo de participar dessa Harmonização Angélica. Reitere o seu decreto.

Na medida em que continua a relaxar, volte o seu coração e a sua mente para os anjos — mensageiros da Fonte de toda a luz. Numa bela comunhão com os anjos, sinta a luz interior ficar cada vez mais brilhante e radiante até que esteja iluminando cada recanto do seu ser. Enquanto estiver fazendo isso, saiba que a luz divina está brilhando dentro de você, acima de você, abaixo e em torno. Visualize isso agora.

Imagine que você forma uma unidade com a luz. Deixe que a luz dos anjos brilhe pelo seu intermédio. Saiba que, ao harmonizar-se com eles, você está se harmonizando com uma maior consciência espiritual. Visualize essa consciência e sinta-a na medida em que ela cresce como uma semente no seu interior. Sinta a radiação dos anjos, quando ela é plantada no seu consciente e alimentada pela fé e pelo amor dos anjos. A radiação se espalha, se expande e cresce dentro de você.

A experiência foi descrita por David Spangler no seu livro *Attunement*: "Compreendo que essa Consciência do Amor ilimitado não está fora de mim; ela tem um contraponto uma oitava abaixo dentro de mim. Preciso encontrar esse contraponto e esse lugar; é como tocar um dó para ouvir, pela ressonância, o dó de uma escala superior."[7] Os anjos estão acionando a tecla do amor no seu interior para que você possa vivenciar o reino angélico pela ressonância da vibração do amor dos anjos por você.

Agora use a sua imaginação e sinta a sua consciência elevando-se cada vez mais em direção aos reinos de luz. Você está subindo para as oitavas superiores do reino angélico. Imagine uma luz branca circulando em torno dos seus pés e tornozelos. Esse belo vórtice espiralante de energia vai aumentando, subindo pelas pernas e envolvendo o seu corpo. Acredite que isso é possível e isso será possível, pois os anjos estão com você.

Todo o seu corpo está sendo rodeado por essa gloriosa luz branca. Sinta-se em paz — na unidade — harmonizado com o reino da luz angélica. Lentamente, deixe que a luz dos seus pés volte espiralando para o chão; no entanto, continue harmonizado com a eterna luz angélica. Fique no meio de um vórtice espiralante de energia, que vai de um ponto abaixo dos seus pés a um ponto acima da sua cabeça, enquanto você se abre para a unidade de todos os reinos. Esqueça totalmente a sensação de que um homem ou uma mulher, na medida em que vai se conscientizando cada vez mais do fato de que você é luz.

Os seus sete corpos estão agora alinhados com os anjos — eles formam um canal de esforço consciente focalizado, por meio do qual a bondade mais elevada de Deus irá fluir para você. Nada poderá atrapalhar essa bondade — nenhum pensamento humano, nem sentimentos ou palavras. Deixe que a radiação dos anjos cresça cada vez mais, na medida em que você vai se tornando mais sensível à sutil vibração deles.

Lembre-se de que a Harmonização elimina velhos padrões de separação. Você está ficando alinhado com a verdade da grandeza de Deus na sua vida. Deixe que todos os seus temores, raivas, frustrações e ressentimentos sejam transmutados em pura luz pela ação dos anjos.

Enquanto a Harmonização estiver ocorrendo, sinta que você não está só. Compreenda que nunca esteve só e que nunca mais sentirá solidão. O amor dos anjos sempre o envolve e o protege. Uma legião de milhares de anjos está a seu redor. A Harmonização faz com que você se conscientize de que todos os bens de Deus estão o tempo todo à sua disposição. É só a limitação da percepção humana que nos impede de compreender isso e de expressar a bondade superior de Deus em todas as áreas da nossa vida.

Sinta-se harmonizado com a respiração de Deus, com os batimentos cardíacos de Deus. Por meio dessa Harmonização, você está absorvendo as qualidades de Deus; esse processo está limpando os seus sete veículos e o está ajudando a construir para si mesmo uma verdadeira Realidade: Deus. Saiba que os anjos lhe proporcionam a experiência da totalidade de Deus — saúde perfeita, harmonia, paz, amor e alegria. Existe apenas uma única presença, que é o espírito do amor de Deus.

Esse amor agora está ancorado nos seus sete veículos inferiores e irá irradiar a mensagem do amor de Deus a todas as pessoas com as quais você entra em contato. A radiação se tornará o poder da atração, chamando para perto de você todos os ideais honrados que você desejar para si mesmo.

Saiba que por intermédio dessa Harmonização, o caminho que você percorrer o levará apenas à atualização do seu bem mais elevado. Os pensamentos que você tiver assegurarão a expressão desse bem superior. Os anjos decretam que você deverá sentir a bondade superior de Deus no seu íntimo em tudo o que vir, sentir e falar.

Sinta que você forma uma coisa só com o reino dos anjos. Saiba que uma consciência unilateral está voltada para você: são os anjos que servem a Deus que estão irradiando para você a mensagem de que você é amado.

Sinta a energia angélica aumentando ao seu redor. Sinta essa energia acelerando-se. Saiba que, à medida que a energia continua aumentando, a realização da vontade de Deus na sua vida fica cada vez mais clara. Deixe que o dom da clareza se manifeste. A freqüência mais elevada da luz dos anjos permitirá que você saiba, além de qualquer tipo de dúvida, que a energia dos anjos está fluindo dentro, através e em torno de você. Opte por uma maior compreensão da verdade para a sua própria vida; alegre-se com o seu crescimento espiritual e com a sua beleza interior. Sinta a bênção da ordem divina que está sendo dada à sua vida. Sinta a plenitude de Deus.

Sua vida está sendo energizada com a bela luz dourada dos anjos. Todos os caminhos abençoados lhe estão sendo abertos, para ajudá-lo a compreender a realidade de Deus no seu interior. A radiação angélica intensificada está harmonizando os seus sete veículos inferiores, e a luz dos anjos está se expandindo. E seu potencial ilimitado também se expande.

Lembre-se de que a totalidade da multidão dos anjos está à sua disposição para ajudá-lo. Você não precisa mais aceitar limitações na sua vida. Você sabe e aceita essa verdade. Deste momento em diante, você pode sentir algo de novo na sua vida, pois você é a obra-prima da expressão da vida de Deus.

Contentes, os anjos irradiam para você as energias da vida perfeita, da paz, do amor e da alegria. Você está sendo transformado pelas bênçãos deles através de uma Harmonização Angélica. Os anjos estão criando uma energia de atração que percorre todos os níveis da sua existência.

O amor e a luz dos anjos iluminam a sua vida e a vida de todos os que o cercam. É possível que tenha havido escuridão, mas agora existe apenas luz. Saiba que esses seres brilhantes estão irradiando amor para você. Sinta-se brilhando com amor, com fé e com tudo o que você necessita na sua vida. Sinta-se harmonizado e sintonizado com a vibração do que você quer. Com essa radiação, você foi abençoado e irá abençoar outras pessoas. Aceitando a experiência de uma Harmonização Angélica, volte suavemente o foco da sua atenção para o eterno agora.

Acredite que, graças à ajuda dos anjos, você pode ter uma nova alegria, uma liberdade espiritual e uma plenitude total. Dê um passo para a frente e receba de braços abertos e com muito entusiasmo esse novo dia. Tudo está em ordem divina na sua vida. Tudo está bem com a sua alma. A gloriosa companhia do Céu está fornecendo sua radiação para ajudá-lo na expressão mais completa da sua perfeição.

Os seus sete corpos estão unificados, formando uma consciência aguçada por meio da qual as bênçãos de Deus podem fluir livremente para os seus pensamentos, palavras, sentimentos e ações. Sem nenhum tipo de limite, você é prosperidade, sucesso, saúde, amor, inteligência, felicidade e alegria. Sinta as correntes divinas fluindo para dentro e através de você. Sinta a energia espiralante em torno de você, dando-lhe uma visão de anjos que sobem e descem. Absorva a energia angélica; conscientize-se de que dentro dos sentimentos e da energia que você está sentindo encontra-se a realização de todas as coisas boas e perfeitas que deseja.

Cada célula, cada elétron, cada átomo, assim como cada pensamento e cada sentimento podem ser tocados. Uma energia de ressurreição foi chamada e acionada dentro do seu ser. Sua verdadeira identidade divina ressuscitou graças às energias da Harmonização Angélica. Agora, a presença de Deus está completamente ancorada nos seus sete corpos e a atividade transformadora da luz Dele está aumentando a cada minuto, à medida que você emerge da experiência da Harmonização. Desse momento em diante, mostre-se aberto para receber as diretrizes divinas, as inspirações e idéias que o ajudarão na concretização do seu plano divino.

* * *

Através do uso regular da energia de Harmonização você pode aumentar a sua sensação de unidade em todas as áreas da sua vida até descobrir, certo dia, que a sua vida forma uma unidade contínua com o universo. Em outras palavras, esse é um meio de ajudar todas as pessoas que procuram atingir a Conscientização de Deus — a unidade com o Superconsciente.

Assim que começar a trabalhar regularmente com a energia da Harmonização Angélica, você passa a ter a compreensão do fato de a sua consciência se estender além deste mundo. Você descobrirá então que as fronteiras entre Deus e você desapareceram e, finalmente, saberá como é sentir o seu próprio infinito, o seu próprio lugar eterno no universo.

Já vi pessoas que, como resultado da experiência especial da Harmonização Angélica, conseguem maior liberdade financeira; criam maravilhosos relacionamentos de amor; restauram o corpo, dotando-o de um estado de saúde vibrante; desenvolvem seus mais elevados potenciais espirituais; atingem elevados níveis de excelência e de sucesso; atraem compradores perfeitos para suas casas; registram avanços ou mudanças nas posições profissionais. A lista é interminável, exatamente como é interminável o poder dos anjos em nos ajudar na Terra.

Uma experiência particular de Harmonização que gosto de compartilhar envolve uma mulher chamada Joanne. Numa sessão privada com um trabalhador da luz, ela recebeu a sugestão de que poderia haver uma raiva escondida no fundo do seu ser, raiva que precisava ser libertada para permitir que seu crescimento espiritual prosseguisse. O trabalhador de luz havia recomendado que ela trabalhasse com os anjos para conseguir isso, de maneira que ela me telefonou para marcar uma consulta.

Joanne me alertou pelo telefone de que poderia ser uma sessão "muito feia" por causa do que precisava ser liberado, uma vez que não era fácil chegar à raiva oculta que a torturava. Eu me lembro que, no mesmo instante em que conversava com ela, os anjos me estavam assegurando que não há nada que seja feio diante dos olhos de Deus; existe apenas o que é vazio de luz. Além do mais, eu já sabia que nunca é difícil chegar à verdade — não quando se está na companhia dos anjos.

Quando Joanne e eu iniciamos a Harmonização, pude ver que ela fora imediatamente cercada pelo seu Anjo da Guarda e pelos anjos de serviço que apareceram para ajudar na sessão. O lugar estava lotado! Eu achei imediatamente que a multidão de anjos estava ali para dar assistência a Joanne.

No entanto, não demorou muito para que nos fosse mostrado que não havia nenhuma raiva a ser liberada; pelo contrário, havia a necessidade de Joanne manter e reivindicar para si mesma a perfeição inata de sua alma imortal. Com voz pequena, embargada de lágrimas de amor, Joanne disse: "Deus está me dizendo que eu sou perfeita." Ela estava chorando e eu também, porque novamente nos tinha mostrado que "o Pai sempre sabe melhor das coisas".

O amor que é irradiado por meio das Harmonizações vai além das palavras. Ele simplesmente "é". Através dessa Harmonização, a raiva oculta que o trabalhador de luz viu em Joanne foi curada. Ela simplesmente desapareceu e a vida de Joanne mudou inteiramente.

Essas, evidentemente, são as experiências ideais de Harmonização. É muito importante que você saiba que uma Harmonização bem-sucedida pode não ocorrer todas as vezes — tanto quando você trabalha sozinho como quando o faz na companhia de alguém. O sucesso de uma Harmonização Angélica não é garantido porque, apesar de os anjos estarem sempre dispostos a trabalhar com você, há algumas condições que devem ser observadas.

Constatei que, quando as pessoas estão num estado de negação quanto à necessidade de trabalhar consigo mesmas, os anjos sabiamente as ajudam a adormecer durante o processo de Harmonização! Algumas pessoas querem Harmonizações e esperam que os anjos se encarreguem de todo o trabalho. Elas querem que os anjos "construam uma parede mágica" e façam com que tudo aconteça sem ter uma participação direta e ativa. Se as pessoas não acreditarem realmente, em seus corações, que uma Harmonização Angélica é possível, os anjos simplesmente instalarão uma espécie de véu sobre a consciência delas e, novamente elas adormecerão.

Caso você não esteja conscientemente preparado para se harmonizar com a energia, os anjos irão respeitar o seu bem maior e não passarão por cima do seu livre-arbítrio. Quando isso acontece, acredito que você continue recebendo a energia da Harmonização, mas num nível inconsciente. Os anjos nunca lhe recusam energia ou amor; eles simplesmente dão isso numa freqüência de vibrações apropriada para o seu bem maior. É possível que a pessoa não sinta nada conscientemente, mas os anjos nunca deixam de direcionar o amor que têm a quem quer que peça por ele.

Em última análise, para que a Harmonização funcione, você terá de se dedicar ao aspecto único da vida, reservando tempo para rezar e meditar regularmente. Você também precisa reservar tempo e tomar as medidas necessárias para repetir seu trabalho com a energia da Harmonização, na medida em que as exigências do mundo exterior e da sua personalidade inferior começarem a aparecer novamente na sua consciência, trazendo consigo toda a sua grande carga negativa.

Quanto mais experiências você fizer com as Harmonizações Angélicas, tanto mais você será capaz de se comunicar telepaticamente com os reinos angélicos. As Harmonizações Angélicas são muito mais do que meras oportunidades de comunicação e muito mais também do que simples sessões de cura. Elas são experiências de comunhão.

À medida que você trabalhar com a energia da Harmonização, poderá ir atingindo níveis cada vez mais elevados de consciência e — desde que tenha bastante fé — os anjos o ajudarão em cada etapa desse caminho. Ao progredir no intuito de fazer mudanças positivas na sua vida, saiba que cada ponto final representa também um novo início — esse é o grande presente que a Harmonização Angélica lhe pode proporcionar.

Depois de ter passado por uma bem-sucedida Harmonização Angélica, deixe que os anjos o guiem para que atinja suas metas em todas as áreas da sua vida. Os sete componentes do seu corpo, da sua mente e do seu espírito ficam cheios de energia vibrante. A energia total da luz de Deus está com você e o ajudará a deixar para trás a sua velha personalidade e a assumir uma nova. Agora você é capaz de se livrar de velhos padrões e das condições impostas pelo medo. Seu antigo sentimento de frustração pode desaparecer para sempre.

Assim que procurar uma Harmonização Angélica na sua vida, você passará a sentir toda a glória, toda a perfeição e toda a beleza que fazem parte da sua herança. Saiba que Deus pode fazer pulsar a cura e a abundância dentro de você. Através da Harmonização, os anjos irão se oferecer para servir como mão sagrada de Deus para restabelecer na sua vida a concretização do plano divino.

Deixe que a mão sagrada toque em você.

·CRIS ARBO·

Capítulo 9

Espere Bênçãos Angélicas

"... teu Deus,
trocou por bênção a maldição,
porque ele te ama."
Deuteronômio 23:6

Os anjos são reflexos da luz e da abundância de Deus, e o que eles mais gostam de fazer é ir à "cozinha" de Deus e "cozinhar" algo de bom para nós. Eles sempre estão preparando algo de bom, fazendo milagres ou pensando em novas bênçãos. O problema está no fato de que não há pessoas em quantidade suficiente para perceber isso. Os anjos rodeiam cada um de nós, independentemente de termos ou não consciência do fato, abençoando-nos com orientação, proteção e amor. Afinal de contas, como filhos de Deus, temos direito, por herança, de concretizar os melhores e mais caprichosos desejos do nosso coração.

Em seu livro *Beyond Space*, Fr. Pascal P. Parente descreveu claramente o trabalho dos anjos com as seguintes palavras: "Os santos Anjos, que um Pai piedoso incumbiu de cuidar de cada um de nós, acompanham-nos como uma escolta nessa jornada; eles caminham na nossa frente, protegendo-nos e defendendo-nos, e também conduzindo-nos nesta jornada..."[1] Eu também constatei que isso é verdade. Os anjos nos protegem, nos defendem e nos guiam no nosso caminho — e isso realmente é uma bênção que nos foi dada por Deus.

Conte Suas Bênçãos é um hino maravilhoso que reflete enfaticamente a importância de se realizar regularmente um inventário de todas as coisas boas que temos na vida. O refrão do hino afirma: "Conte suas bênçãos — cite uma por uma; conte suas muitas bênçãos e veja o que Deus fez."[2]

Uma bênção é qualquer dádiva de Deus que nos ajude em nossas vidas. As bênçãos podem ser pessoas, lugares, sentimentos, palavras, presentes, favores, donativos, condições, sentimentos, compreensões ou milagres. A melhor definição de bênção é a seguinte: qualquer coisa que traga uma medida da bondade de Deus para quem a recebe. Pode ser uma surpresa com a qual não contávamos, ou alguma coisa que tínhamos esperança de conseguir.

Exatamente como você, eu recebi muitas bênçãos na minha vida. Deus me ama e essa é a maior de todas as bênçãos. Além disso, Deus me deu a bênção de ter pais amorosos, irmãos e irmãs, amigos, uma pessoa especial, bichos de estimação, um lar agradável, um trabalho que me realiza, roupas e alimentos.

Às vezes, passam-se muitos anos antes de conseguirmos compreender que muitas das coisas que julgávamos óbvias são, na verdade, bênçãos. Apesar de eu não ter filhos próprios, aprendi a dar valor para tudo o que os meus pais fizeram por mim enquanto eu estava crescendo. Obviamente, agora sou obrigada a fazer eu mesma essas coisas, mas, mesmo assim, meus pais foram e continuam sendo uma bênção perpétua na minha vida.

Recebo uma quantidade enorme de bênçãos "automobilísticas". Meus carros freqüentemente funcionam graças a "asas e orações". Parece que muitas vezes me livro de ter problemas com os carros; mas certas vezes fui abençoada pelo lugar onde esses problemas ocorreram. Por exemplo, já estive às voltas com uma pane de motor dentro de um posto de gasolina quando estava enchendo o tanque. Em outra ocasião, parte do meu carro se desprendeu justamente quando eu estava entrando na minha garagem. Nessas duas ocasiões, fui abençoada com o fato de não ter ficado com um carro quebrado num lugar distante e desconhecido.

Depois que as questões relativas à partilha de bens no meu divórcio foram resolvidas, fiz uma hipoteca para refinanciar algumas coisas. Enquanto eu estava passando por essa transição, eu não sabia que o meu divórcio coincidira com as taxas de juro mais baixas de toda uma década. Essa foi uma bênção inesperada em meio a um período muito doloroso da minha vida. O advogado que cuidou do acordo comentou que eu devia ter uma bola de cristal que me mostrou o momento exato para requerer essa hipoteca. Apontando para o céu, sorri com muita gratidão e respondi: "Eu não, mas Ele certamente tem uma bola de cristal."

Quando você começar a contar as bênçãos que recebe, por certo ficará espantado com a grande quantidade de coisas pelas quais deveria ser grato, mesmo se a sua vida tiver sido particularmente difícil. Focalize a sua atenção nessas bênçãos e você será capaz de aceitar mais facilmente as dificuldades como parte integrante da vida. Já vi pessoas tão envolvidas consigo mesmas e com os aspectos negativos da vida, que simplesmente são incapazes de reconhecer uma bênção. Você deve iniciar o seu dia contando as suas bênçãos e mostrando-se aberto para todas as novas bênçãos que os anjos possam lhe dar e que você poderá acrescentar à sua lista.

Quero compartilhar com você um pequeno jogo que eu costumo fazer com os anjos. Sempre que encontro uma moeda no chão, imediatamente agradeço aos anjos por aqueles "centavos enviados pelo céu". Para mim, a moeda é um aviso dos anjos, anunciando que uma bênção está para acontecer e que eu preciso ficar muito atenta. Estou sempre procurando essas moedas perdidas que se tornaram mensagens do tipo "algo vai acontecer" para mim. Penso nelas como moedas celestes, tal como celestes são as bênçãos que ocorrem em seguida.

Existem bênçãos e milagres ocorrendo a cada segundo por intermédio dos anjos. O mais excitante de todos, porém, é o milagre que está acontecendo no seu íntimo enquanto você lê este livro. À proporção que você avança na leitura, está abrindo a mente e o coração para o reino angélico, cujos membros só estão aguardando uma oportunidade para inundá-lo de bênçãos e dádivas.

Como é que nós nos abrimos para esperar e receber as bênçãos dos anjos? Acredito que a energia que exercemos sobre a nossa vida e sobre a vida dos outros, tanto emocionalmente quanto através dos nossos pensamentos e das nossas imagens mentais não é apenas irradiada por nós para o mundo, como também volta para nós, como um bumerangue. Como diz a Bíblia: "Lança o teu pão na superfície das águas, que depois de muitos dias poderás encontrá-lo!" (Eclesiastes 11:1).

Se você abençoa uma coisa, essa coisa, por sua vez, abençoará você. O inverso também é verdadeiro: se você amaldiçoar alguma coisa, ela fará o mesmo com você. Quantas vezes você já ouviu alguém dizendo (talvez até você mesmo): "Odeio o meu corpo"? Mesmo tendo motivo para críticas, você sempre deveria abençoar o seu corpo. Mesmo quando não estiver se sentindo bem, abençoe o seu corpo por causa da energia positiva que você estará enviando para ele.

Não estou querendo dizer que você deva abençoar a doença, que é apenas uma expressão transitória, mas que deve abençoar a sua vida e tudo o que faz parte dela: o seu lar, a sua família, o seu escritório, o seu emprego. Faça isso, e a energia que você semear no "aqui agora", você logo estará colhendo também no "aqui agora". E quanto mais bênçãos você reconhecer, tanto mais livres os anjos serão para lhe dar mais e mais bênçãos novas e adicionais.

As bênçãos ocorrem de muitas maneiras. Por exemplo, os anjos costumam enviar bênçãos disfarçadas de elogios que nos são feitos por outras pessoas. Elogios são bênçãos verbais. E muitas pessoas realmente precisam aprender a aceitar essas bênçãos verbais. Quando alguém me diz: "Você está com ótima aparência hoje, Janie", retribuo o elogio, dizendo: "Deus te abençoe." Para mim, essa resposta faz com que a energia da bênção continue fluindo e também passa uma espécie de recibo para a pessoa que me disse aquelas palavras agradáveis, mostrando-lhe como elas foram importantes para mim.

Aprenda a aceitar as bênçãos com graça e também e irradiá-las com naturalidade. Exatamente como nos velhos tempos se organizavam as brigadas de baldes para ajudar a apagar incêndios, precisamos nos ver como brigadas de bênçãos e manter o fluxo delas em andamento. Essa nossa brigada de bênçãos servirá para acabar com a ilusão de que estamos separados uns dos outros e também de Deus — fonte de onde sempre brotam todas as bênçãos.

Um amigo muito querido estava encontrando dificuldade para aceitar as bênçãos na sua vida. Sempre que eu lhe dava algum presente, ele imediatamente começava a me dizer que eu não deveria ter feito aquilo, ou então pedia desculpas por não ter pensado num presente para mim também. Os anjos me encorajaram a ajudar esse homem a reconhecer a importância de aceitar presentes e não apenas a dá-los.

Numa ocasião em que eu lhe havia dado um presente, ele novamente começou a dizer que eu não deveria ter feito aquilo para ele. Eu peguei o presente que lhe dera e disse: "Está na hora de você se abrir para receber tudo o que Deus quer lhe dar, e isso inclui também este presente que chegou para você por meu intermédio!" Em seguida, voltei a lhe oferecer o presente. Quando fiz isso, pude ver nele uma transformação: ele finalmente estava descontraído, deixando que Deus o abençoasse com amor na forma do meu presente. Esse homem modificou a tal ponto sua atitude em relação aos presentes, que recentemente me fez um pedido específico, dizendo o que queria ganhar para a inauguração da sua casa recém-construída: um catavento com a imagem do Arcanjo Gabriel tocando sua trombeta.

Gosto muito de abençoar as pessoas, lembrando-me delas com presentes especiais, e os anjos têm sido muito criativos, conseguindo orientar-me até encontrar o presente perfeito. Minha agenda vive tão lotada que raramente tenho tempo de sobra para ir às compras, mas para mim continua sendo de grande importância mostrar aos outros o amor que sinto por eles com presentes para todos os que são verdadeiras bênçãos na minha vida.

Nunca hesito em pedir aos "anjos das compras" que me ajudem a encontrar o presente perfeito para alguém que eu amo. Feito o pedido, ele nunca deixa de ser atendido. Alguns dias depois, tenho uma inspiração a respeito do que a pessoa em questão gostaria de ganhar. Os anjos funcionam muito melhor do que qualquer serviço de compras disponível na Terra! Sempre fico muito excitada quando recebo a resposta. Além do mais, o tempo que os anjos me ajudam a economizar é fenomenal. Os anjos sempre me poupam longas caminhadas à procura de alguma coisa.

E importante compreender que compartilhar da alegria de outra pessoa também é uma forma de abençoar essa pessoa. Todos precisamos tomar cuidado para não nos tornarmos desmancha-prazeres quando bênçãos angélicas forem recebidas por outros. Existe uma abundância infinita de bênçãos à disposição de todos, de maneira que é importante não nos mostrarmos ressentidos quando algo de bom acontece aos outros. Deus nunca fica com falta de milagres ou de bênçãos para todos nós.

Diane Berke, reitora do The New Seminary de Nova York, sabiamente afirma que os principais obstáculos que impedem a percepção das bênçãos na nossa vida é a nossa mania de achar defeitos em tudo, de nos queixarmos e de considerarmos as coisas como óbvias. Ela afirma que podemos escolher entre ser pessoas que encontram defeitos ou pessoas que encontram o amor. Quando optamos pela primeira alternativa tendemos a passar por privações. Mas quando escolhemos ser pessoas que encontram o amor, recebemos muitas bênçãos. Recomendo que todos os dias, pela manhã, você tome a resolução de encontrar muito amor.

Além disso, você deve ficar sempre muito atento para perceber as bênçãos que recebe sob disfarces. Os anjos gostam muito de camuflar uma bênção de tal forma que ela pareça um retrocesso ou uma desvantagem. Por ocasião de uma recente viagem que fiz à Filadélfia, eu estava enfrentando vários problemas com minhas conexões ferroviárias por causa de uma das linhas que tinha sido cancelada um dia antes. Acabei tendo de contratar um táxi para me levar aonde precisava ir. Sentada no fundo desse táxi, exausta e frustrada, eu queria saber onde poderia estar a bênção de toda essa experiência.

Quando cheguei à conferência, encontrei um colega de palestras e contei-lhe a dificuldade que tinha enfrentado; ele se ofereceu para me deixar em Baltimore, na volta para Virgínia. Esse homem é presidente de uma associação de igrejas metafísicas nos Estados Unidos; além disso, ele também é uma bênção extremamente agradável. Durante a viagem de volta, viemos conversando o tempo todo, o que foi muito bom pois, como resultado dessa conversa, recebi um convite dele para fazer uma palestra sobre anjos numa próxima conferência a ser realizada em Michigan. Acho muito intrigante saber que todas as dificuldades que enfrento podem rapidamente transformar-se em bênçãos disfarçadas e camufladas.

Os anjos freqüentemente dão bênçãos sob a forma de proteção. Como é que os anjos podem nos proteger? Quando você está se sentindo extremamente vulnerável, eles podem usar sua energia para envolvê-lo com uma profunda sensação de calor transmitindo a seguinte mensagem: "Você é amado e não está só." Eles também podem transmitir uma sensação de fortalecimento que afirma: "Você está abençoado com a proteção dos anjos. Nada de ruim pode lhe acontecer." Basta que você acredite nisso e que fique aberto para senti-lo.

Conheço pessoas que foram protegidas de um modo extraordinário pela luz fornecida pelos anjos. Num desses casos, uma mulher estava sendo assaltada com uma arma apontada para a sua cabeça. Apesar de ela estar consciente da própria ansiedade e temores, ela também tinha consciência da impressionante energia de uma presença angélica que a protegia, assegurando-lhe que nada de ruim iria acontecer. Apesar de os ladrões terem levado a sua bolsa, ela nada sofreu fisicamente. É muito importante que você saiba que pode invocar a proteção dos anjos em qualquer situação de emergência.

Sempre que estiver passando por momento de grande ansiedade, volte seus pensamentos para os anjos e peça uma bênção de proteção. Deixe que os anjos lhe dêem assistência. Eles estão sempre presentes oferecendo-lhe um ombro no qual você poderá se apoiar ou para ajudá-lo a carregar o seu fardo. Peça a ajuda dos anjos para aliviar os problemas que está enfrentando. Da mesma maneira como ajuda muito saber que, se a vida me der limões, sempre vou poder fazer um limonada, também ajuda saber que posso invocar os anjos a qualquer momento para que eles me ajudem a resolver os meus problemas.

Visualize a transferência de suas preocupações mundanas para as mãos amorosas dos anjos. Quando sinto que não estou conseguindo suportar um problema, freqüentemente digo aos anjos: "Por favor, carreguem esse fardo para mim por algum tempo." E não é uma bênção maravilhosa o fato de Deus ter criado todo um reino desses seres gloriosos para que nos ajudem em todas as etapas da nossa vida?

Certa vez, fui passar férias numa espécie de hotel-fazenda no Estado do Colorado. Como parte do pacote turístico, tive o duvidoso privilégio de poder montar um cavalo chamado Dusty durante todo o tempo que quisesse na semana que passei lá. Dusty (Empoeirado) era um nome bastante apropriado para esse animal, que parecia estar sempre tramando uma nova maneira de me jogar na poeira. Ele disfarçava essa sua vontade, fazendo de conta que queria comer toda e qualquer planta na beira dos caminhos. Dusty adorava caminhar lentamente ao longo da trilha e depois, repentinamente, correr até alguma flor de aparência mais saborosa, que ficava mastigando até terminar. Quando encontrava uma de suas flores prediletas, ele simplesmente parava, pouco se importando se eu ficasse sentada na sela ou se descesse para fazer companhia à planta. Dusty nem sequer considerava a possibilidade de continuar andando enquanto não tivesse acabado do comer inteiramente a planta de sua preferência.

Certo dia, estávamos explorando uma trilha que conduzia ao topo de umas pequenas montanhas. Apesar de eu estar desesperadamente tentando me impor a Dusty, usando todas as expressões que já ouvira nos velhos filmes de Roy Rogers e Dale Evans, o bicho continuava parando diante de qualquer planta cuja aparência julgasse saborosa.

Durante um desses acessos, Dusty simplesmente saiu em disparada, sem pensar em mais nada. Eu estava agarrada na sua crina, temendo pela minha vida, quando ele parou de repente na beira de um precipício. Eu já estava sentindo o meu corpo sendo expelido da sela e despencando nas profundezas, quando uma mão invisível agarrou-me pelos fundilhos e me manteve numa posição de segurança. Enquanto Dusty inclinava a cabeça para devorar sua recente descoberta na beira do abismo, eu estava sem fôlego e ocupada em agradecer aos anjos por me terem salvo de um perigoso mergulho no precipício.

Outra bênção igualmente protetora me foi dada pelo meu Anjo da Guarda durante uma tempestade de inverno. Eu estava descendo uma colina e me aproximando de um sinal de parada obrigatória, quando suavemente coloquei o pé nos freios para parar no final da estrada. No entanto, por causa da camada de gelo que recobria a pista, o carro fez um cavalo-de-pau bem no meio de um movimentado cruzamento. Eu não tinha certeza de onde ou quando o carro finalmente iria parar. No pânico do momento, quis pisar nos freios, mas repentinamente ouvi as palavras calmas do meu maravilhoso Anjo da Guarda, dizendo: "Não toque nos freios." Nem questionei o seu conselho e senti um amoroso "apertão" na minha perna, como se ele quisesse se certificar de que eu tinha ouvido as suas palavras. Deixei que o carro parasse sozinho. Ele acabou virando na direção oposta e parando milagrosamente sem atingir nenhum outro veículo. Não era apenas o meu carro que estava sendo pilotado por um anjo naquele dia; tenho a certeza de que outros anjos também estavam ocupados trabalhando em vários outros automóveis.

Os anjos também têm sido maravilhosos abençoando-me com orientações quando me perco durante uma viagem. Certa noite, eu deveria fazer uma palestra numa igreja metafísica situada a cerca de uma hora de carro da minha casa. Eu achava que estava bem preparada para a viagem, porque um dos líderes daquele grupo havia me fornecido indicações exatas de como fazer para chegar lá.

Durante o percurso, no entanto, ficou claro que alguma coisa simplesmente não estava dando certo. Olhei para o relógio e vi que o horário da minha palestra estava se aproximando rapidamente. Em pânico, eu disse aos anjos: "Estou realmente perdida! Se vocês querem que eu fale a essas pessoas nesta noite a respeito do reino de vocês, é bom que me mandem ajuda bem depressa!" Mal acabara de pronunciar essas palavras, quando duas mulheres apareceram caminhando na beira da estrada. Abaixei o vidro da janela e pedi que me orientassem. Elas não apenas sabiam exatamente onde era o lugar para onde eu queria ir, como sabiam o caminho mais curto para chegar lá.

Os anjos não nos abençoam apenas com apoio e sabedoria, como também nos tiram dos momentos de desânimo com as bênçãos da música, da arte e de outras formas de inspiração. São Francisco de Assis foi abençoado quando um anjo apareceu ao seu lado segurando um violino e um arco nas mãos. O anjo disse ao santo que tocaria para ele exatamente como os anjos tocam diante do trono do Senhor. Em seguida, o anjo passou o arco sobre as cordas do violino, produzindo uma única nota. São Francisco contou mais tarde que se sentiu tão repleto de alegria, que se ela tivesse sido um pouco maior, ele não teria suportado e sua alma certamente teria deixado o corpo.

Tive uma sensação parecida de felicidade quando vi pela primeira vez uma fotografia intitulada *"Anjo Descendo"*, tirada por John Wimberley. A imagem mostra apenas um pé suspenso no ar; tem-se a impressão de que ele pertence a um maravilhoso anjo celeste prestes a colocar o pé na terra. Quando vi essa foto, senti como se estivesse observando uma obra renascentista, e não uma fotografia moderna.

A foto *"Anjo Descendo"* adquiriu significado ainda maior para mim durante uma experiência com um grupo de trabalho em Guadalajara, no México. Eu estava participando de um grupo de trabalho de uma semana de duração, dirigido pelo dr. Fritz Smith, criador de uma modalidade de cura conhecida como Equilíbrio Zero. Durante essa semana, o dr. Smith escalara um instrutor de ioga que nos acompanharia nos exercícios todas as manhãs.

Certa tarde, o dr. Smith comentou que essa pessoa, além de ser um talentoso instrutor de ioga, também era um excelente fotógrafo. Em seguida, ele nos mostrou um catálogo com os trabalhos do jovem artista. Na capa da brochura estava o *"Anjo Descendo"*. Muito espantada, virei-me para ele e disse: "Então, você é o autor deste *"Anjo Descendo*?" Nesse instante tive a certeza de que os anjos abençoados tinham planejado para que nossos caminhos se cruzassem naquele distante local no topo das montanhas mexicanas.

Em conversas que tive mais tarde com o fotógrafo, fiquei sabendo detalhes da sua experiência ao fazer a foto *"Anjo Descendo"*, e também como ele teve a sensação de que Deus estava segurando a câmara na ocasião. Até hoje continuo agradecendo aos anjos por me terem dado a oportunidade de conhecer o artista que tão bem homenageou os anjos em seu trabalho.

Muitos artistas e músicos foram abençoados com visões do céu, que eles depois compartilharam com o restante do mundo através de suas obras-primas. O compositor George Friedrich Händel teria tido uma visão assim quando compôs o seu famoso oratório *O Messias*. Durante 24 dias ele ficou trabalhando num isolamento total. Quando terminou o Coro do Aleluia, Händel teria exclamado que viu o céu. E como a humanidade toda foi abençoada com o *Messias*, a dádiva que recebeu de Händel!

Fra Angélico, o grande artista renascentista conhecido principalmente pelos anjos que pintou, foi abençoado pela experiência de ver anjos na sua cela ao despertar. William Blake via anjos e freqüentemente os incluía nos seus poemas e nos seus desenhos. O mundo tem sido abençoado desde então com os desenhos de anjos feitos por Blake, muitos dos quais, conforme já foi dito, dão a impressão de que os anjos chegaram a posar para ele. Eu não me espantaria nem um pouco se isso fosse verdade!

Os anjos também podem nos levar a bênçãos que ocorrem na forma de uma "surpresa" em matéria de dinheiro. Uma mulher me procurou para que eu pedisse aos anjos conselhos para resolver um problema financeiro. Ela estava desempregada, as contas se acumulavam e o dinheiro praticamente havia acabado. No início da sessão, o ponto focal dela estava voltado para tudo o que faltava em sua vida.

Depois de termos rezado e meditado juntas, chegou uma mensagem clara e sonora. Ela foi encorajada a agradecer por todas as bênçãos recebidas de Deus em sua vida e a se concentrar nas coisas que possuía e não nas que lhe faltavam. Por intermédio de afirmações sugeridas pelos anjos, eles a levaram a se abrir mais e a se mostrar receptiva para a bondade de Deus que certamente chegaria até ela. A mulher não se mostrou muito convencida e voltou para casa.

Algumas semanas mais tarde, ela foi surpreendida por uma bênção inesperada na forma de um cheque. Ele tinha sido emitido pela empresa onde ela fizera uma hipoteca e era para reembolsá-la pelos pagamentos excessivos que fizera no decorrer dos anos. Era um cheque no valor de vários milhares de dólares. Esse dinheiro permitiu que ela reiniciasse sua vida e restaurou a sua fé em Deus, que sempre nos dá a Sua ajuda. Posteriormente, nos perguntamos se a empresa descobrira sozinha o erro em sua contabilidade — ou se uma intervenção dos anjos havia desempenhado algum tipo de papel. Meu palpite pessoal é de que os anjos ajudaram.

Também recebi uma surpreendente bênção em matéria de finanças. Há vinte anos trabalho para um homem, proprietário de uma agência de publicidade especializada em anúncios sobre compra e venda de cavalos. Ele tem sido uma bênção na minha vida por causa da inspiração do seu gênio criativo e do encorajamento que me tem dado para que eu acredite em mim mesma e para que sempre tenha o melhor desempenho possível.

Quando o meu casamento terminou, esse homem, que costumo chamar de "Chefe Anjo", me convidou para a sua sala e disse: "Você está passando por alguma necessidade financeira por causa da separação?" Meu patrão é um bem-sucedido homem de negócios, sempre preocupado com a base dos seus lucros, mas naquela manhã ele foi um verdadeiro anjo para mim. Ele estava querendo saber qual era a base do que eu necessitava. Ele é um homem que conseguiu encontrar a mistura ideal das suas idéias espirituais com as exigências do mundo material.

Os anjos lhe dão bênçãos quando você está se sentindo muito desanimado e necessita, no mínimo, de um milagre para poder continuar a viver.

Uma viúva que procurou os anjos para uma sessão de cura estava extremamente abalada com a morte do companheiro de toda a sua vida. Quando chegou, ela parecia achar-se num profundo estado de depressão. Estranhamente, os anjos sugeriram que ela começasse a trabalhar como voluntária num hospital dos arredores. Ela começou a fazer isso e transformou-se numa bênção com os serviços que prestou. E seu trabalho a abençoou com o reencontro da alegria e da felicidade, além de lhe proporcionar a ocasião de fazer muitas amizades novas e gratificantes.

Não importa quão impossível uma situação possa parecer ou quão desesperadoras sejam as circunstâncias, sempre se pode encontrar um benefício. Essa crença simples pode representar a diferença entre esperar o pior e esperar o melhor.

Quando Jacó estava a caminho para se encontrar com seu irmão, Esaú, ele lutou com um "homem" ao lado de um rio (Gênese 32: 24-28). Muitos acreditam que, na verdade, esse "homem" era um anjo, um mensageiro de Deus. Depois de ter lutado com ele durante a noite toda, Jacó venceu. Ao amanhecer, o homem pediu para ser libertado e Jacó lhe disse: "Não deixarei que você se vá, a não ser que me abençoe." Como resposta, o anjo mudou o nome de Jacó para Israel, que significa "Príncipe de Deus".

Acredito que a luta de Jacó com o anjo simboliza a maneira como todos nós lutamos com nossos temores. Tal como Jacó temia a represália de Esaú, nós também lutamos com nossas dúvidas e temores até que a aurora da verdade e da luz penetre em nossas vidas. E tal como Jacó finalmente triunfou sobre seus temores, nós também podemos fazer isso. A verdade é que sempre existe uma bênção em todo conflito e esforço. Basta procurar por ela. Pouco importa qual desafio você esteja enfrentando na sua vida: lute com ele até que ele o abençoe. Diga aos anjos: "Eu sei que existe algo de bom nesse problema. Mostre-me esse lado bom." Tal como o anjo fez no caso de Jacó, eles também o farão.

Nunca desista da sua crença de que uma graça está a caminho. Num dos meus grupos de trabalho, uma mulher chamada Emma compartilhou conosco uma graça muito bonita que recebeu em sua vida. O que diferenciou e tornou especial essa graça foi o fato de ela ter levado 25 anos para chegar. Quando jovem, Emma teve uma filha antes do casamento e deixou que a menina fosse adotada. Anos depois, ela encontrou um homem maravilhoso, com o qual se casou. Por causa do amor verdadeiro que existia entre ambos, ela compartilhou abertamente com ele a sensação de perda que tinha em sua vida por não ter criado a sua filha. No seu íntimo, queria saber onde estava a filha e se ela estava bem. Seu marido a apoiou na busca da filha perdida, mas a tarefa parecia impossível.

Durante anos, Emma e seu marido tentaram todas as maneiras possíveis e imagináveis de descobrir uma pista. Por causa das condições da adoção, Emma não tinha acesso às informações das quais necessitava, ou seja, os nomes e o endereço dos pais adotivos. Mas Emma nunca desistiu da busca e nunca deixou de rezar a Deus, pedindo que um milagre acontecesse. Ela disse ao marido que, antes de morrer, com toda a certeza iria encontrar-se com a filha.

Certo dia, Emma teve a inspiração de publicar um anúncio num jornal da cidade na qual tinha dado à luz há vinte anos. No anúncio, ela dizia que estava procurando uma mulher jovem naquela cidade que tivesse nascido no mesmo dia do nascimento de sua filha e que fora criada por pais adotivos. Ela tinha esperanças de que sua filha, ou alguém que a conhecesse, lesse o anúncio.

Quando Emma teve a filha, sentiu-se profundamente envergonhada pelo fato de ter engravidado sem ser casada. Não queria que seus familiares soubessem do seu "passo em falso", e por isso, no registro de nascimento, declarou apenas o nome, sem acrescentar nenhuma informação sobre a sua família. Mesmo se a filha tivesse resolvido encontrar Emma e conseguisse que os tribunais lhe dessem acesso aos documentos, ela encontraria apenas o nome de Emma e um local de nascimento falso.

A filha não viu o anúncio. O motivo, como Emma constou mais tarde, era o fato de a menina ter-se mudado oito vezes para diferentes pontos do país desde que fora adotada e já não morava mais naquela cidade. Mas outra pessoa viu o anúncio classificado. Era uma mulher que colabora com um homem misterioso, conhecido simplesmente como o "Observador Silencioso" e que trabalha anonimamente para ajudar pessoas a encontrar filhos perdidos em várias cidades da Costa Leste dos Estados Unidos.

Essa mulher telefonou para Emma e explicou-lhe que o "Observador Silencioso" seria capaz de encontrar a sua filha, uma vez que tinha à sua disposição fontes que não podem ser usadas pelos cidadãos comuns. A mulher acrescentou que há poucas informações a respeito do "Observador Silencioso", a não ser que ele adotou como missão de vida encontrar pessoas desaparecidas. Ele cobrava certa taxa pelo tempo gasto e Emma foi informada sobre os custos. A mulher quis saber se Emma estaria interessada em receber um telefonema do "Observador Silencioso". Apesar de sentir muitas dúvidas, Emma concordou.

Pouco tempo depois, Emma recebeu um telefonema do homem, dizendo que ela nunca se encontraria pessoalmente com ele e também que não teria oportunidade de lhe telefonar. Ele telefonaria para Emma. Ela lhe deu as poucas informações das quais dispunha — o nome da cidade onde ocorrera o parto, bem como a data e o horário do nascimento da menina. Ficou combinado que, quando Emma recebesse um telefonema dizendo que a filha havia sido localizada, ela enviaria o dinheiro para o endereço da mulher que estabelecera o primeiro contato. Depois de o dinheiro ter sido depositado, Emma seria colocada em contato com a filha. O "Observador Silencioso" disse que voltaria a ligar assim que a filha fosse encontrada.

O "Observador Silencioso" impôs mais uma condição, que Emma precisava compreender claramente e aceitar sem compromissos. Caso se descobrisse que a filha era viciada em drogas, nenhuma informação seria transmitida à mãe. Nesse caso, também se esperaria que Emma não tentasse conseguir nenhum tipo de informação junto ao "Observador Silencioso". Emma rezou muito, pedindo para que não fosse esse o caso.

Três semanas depois, Emma recebeu um telefonema. Ela foi informada de que a filha estava viva e passando bem, que tinha se casado e que tinha três filhos. Em seguida, disseram-lhe o nome da cidade onde ela morava.

O "Observador Silencioso" também brincou com Emma, porque ela achava que tinha tido a filha nas últimas horas do dia 10 de outubro; no entanto, com a confusão e a ansiedade naturais nessas ocasiões, ela perdera a noção do tempo e o parto na verdade acontecera nos primeiros minutos do dia 11 de outubro. O "Observador Silencioso" informou Emma a respeito dos lugares onde a filha morara pelo país inteiro por causa do estilo de vida dos seus pais adotivos e do marido. Emma foi aconselhada a ter fé e a mandar o dinheiro. Assim que o pagamento fosse recebido, o "Observador Silencioso" colocaria Emma em contato com a filha.

Emma enviou o dinheiro numa manhã de sexta-feira e até a noite de segunda-feira não tinha recebido telefonema algum, nem da filha, nem de nenhuma outra pessoa. Emma começou a pensar na possibilidade de ter sido enganada. Ela disse ao marido que, mesmo se fosse esse o caso, ela voltaria a fazer tudo outra vez na esperança de conseguir localizar a filha.

Na noite de segunda-feira, Emma resolveu ligar para a mulher que fizera o primeiro contato e manifestar sua preocupação por não ter tido nenhuma informação depois de ter enviado o dinheiro. No entanto, muito excitada, a mulher disse que Emma deveria desligar imediatamente o aparelho, uma vez que um telefonema estava a caminho.

Passados alguns minutos, o "Observador Silencioso" ligou e forneceu a Emma o nome e o endereço da filha, pedindo que ela lhe ligasse imediatamente, uma vez que a filha estava aguardando ao lado do telefone. Aparentemente, a filha havia viajado durante o fim de semana e foi apenas no início da noite que o "Observador Silencioso" pode informá-la de que receberia um telefonema de sua verdadeira mãe.

Nervosa e com o coração batendo mais forte, Emma ligou imediatamente para a filha e teve início uma bela reunião entre mãe e filha. Elas conversaram pelo telefone — interurbano — durante a noite inteira. Antes que se passasse um mês, elas se encontraram também fisicamente, quando Emma e o marido pegaram um avião para ir visitar a filha, o genro e os netos.

Emma nunca desistiu da crença de que acabaria encontrando a filha. Ela atendeu à mensagem que lhe dizia para colocar o anúncio no jornal e nunca deixou de ter esperanças de que acabaria alcançando essa graça. Os anjos de serviço ouviram suas preces, apesar de ela ter esperado 25 anos para que fossem atendidas. Recentemente, ela me contou a grande felicidade que sentiu quando teve a oportunidade de celebrar um Dia de Ação de Graças na companhia de todos os seus filhos e netos — incluindo a primogênita perdida.

Tal como Emma, nunca deixei de procurar bênçãos sob a forma de milagres. Uma leitura de Edgar Cayce encoraja-nos a seguir o exemplo dos anjos e a deixar que a nossa vida seja inundada com "a verdadeira felicidade de viver" (1159-1). Uma das maiores alegrias que podemos sentir na vida é quando somos convencidos de que as bênçãos e os milagres são reais e verdadeiros para cada um de nós.

Comece hoje mesmo a enviar mensagens de bênçãos aos outros. Eu acredito que três das palavras mais doces que podem ser pronunciadas são: "Deus te abençoe." Portanto, ao olhar para a totalidade da criação de Deus, abençoe-a. Abençoe todas as pessoas e todas as condições existentes na sua vida, pouco importando se são boas ou não. Procure as coisas boas em todas as pessoas e em todas as coisas. Independentemente do que você esteja fazendo, abençoe isso e agradeça a Deus. Quando você se levantar da cama pela manhã, abençoe o dia que está começando. Quando vestir as suas roupas, abençoe-as também.

Para mim, não existe nada mais bonito do que ouvir histórias a respeito do como os anjos falaram às pessoas por meio de outros no momento certo. Da mesma maneira como Deus envia os anjos, os anjos freqüentemente enviam mensageiros humanos para nos dar importantes palavras de consolo ou de conselho quando mais estamos necessitados.

Alguém fez isso por mim quando eu estava me sentindo muito ansiosa com determinado grupo de trabalho, de cuja organização fora encarregada. Estava prevista a participação no grupo de uma pessoa cuja presença era um pouco desagradável para mim. Apesar de estar fazendo o possível para transmitir-lhe um amor incondicional, interiormente, eu estava odiando esse encontro inevitável.

Pouco antes do início dos trabalhos, Ann, uma amiga muito querida que não tinha planejado participar dos trabalhos apareceu inesperadamente, anunciando que estava com uma repentina vontade de se juntar a nós. Ann praticava suas meditações com os anjos há vários anos e já era capaz de ouvir regularmente as mensagens deles. Suas palavras foram as seguintes: "Eu realmente não sei por que estou aqui, além do fato de os anjos terem dito para mim que você precisaria de mim. Eles me disseram para que eu viesse até aqui o mais depressa possível, e foi o que eu fiz." Em particular, compartilhei minha ansiedade com ela e disse-lhe como era importante para mim o fato de ela estar presente naquela noite.

Às vezes ficamos tão envolvidos nas nossas emoções que a ajuda que receberíamos do alto simplesmente não consegue chegar até nós. A própria tensão humana se encarrega de bloquear os caminhos. É justamente nessas ocasiões que os anjos enviam suas legiões terrestres para derrubar nossas barreiras. Ann foi realmente uma dessas bênçãos naquela noite.

Eu gostaria de compartilhar agora outra crença que tenho a respeito de nos abrirmos para receber mensagens de bênção. Sempre que sentimos fome, nunca hesitamos em nos alimentar. Para algumas pessoas, isso significa três ou mais refeições por dia. Com que freqüência você costuma saciar a sua fome espiritual? Você está abençoando a sua mente com pensamentos de inspiração? Eu desafio você a ingerir alimentos espirituais e a cuidar da sua alma, abençoando-a com a mesma freqüência com que alimenta o corpo. Desenvolvi os meus cartões angélicos por acreditar que todos nós necessitamos na vida de instrumentos espirituais que nos ajudem a sincronizar melhor nossa capacidade de captar essas mensagens e essas bênçãos.

Compreendi melhor a importância dos pensamentos positivos e da inspiração quando realizei uma sessão de cura com uma cliente que estava abrindo um local de massagens. Essa mulher estava ansiosa, não sabendo se o seu empreendimento seria ou não um sucesso e se o seu desejo de prestar serviços seria atendido. Os anjos a encorajaram a acalmar toda essa ansiedade usando a seguinte afirmação diária: "Deus está abençoando e curando o mundo por meio do meu centro de massagens." O que ela afirmava logo se transformou em realidade porque, além de o negócio prosperar, seus clientes são unânimes em afirmar que ela realmente é uma bênção e uma força curadora na vida deles.

Os anjos compartilharam comigo muitas meditações que serviriam para abençoar a nossa vida se as usássemos com mais freqüência. Umas das meditações mais renovadoras das quais você pode participar é conhecida como o "Banho de Bênçãos e a Ducha Angélica do Amor". Exatamente como Deus cura a Terra com duchas de chuva, os "Banhos Angélicos de Bênçãos" renovam-nos quando o nosso espírito está em baixa ou quando nossas almas estão ressecadas. Quando precisamos desesperadamente que as águas do amor de Deus fluam através de nós, refrescando-nos e reanimando-nos para a vida, um "Banho Angélico de Bênção" é a melhor resposta.

Tente ir imaginando os quadros descritos na medida em que for lendo o texto da seguinte meditação e deixe que a experiência se torne real para você.

Meditação: "Banho de Bênçãos e Ducha Angélica do Amor"

Comece visualizando uma luz angélica divina, branca e brilhante. Inspire essa luz para o seu coração e, quando soltar o ar dos pulmões, sinta a luz angélica se expandindo por todo o seu corpo. Repita várias vezes enquanto a luz se expande para atingir níveis cada vez mais intensos.

Falando a partir do coração, deixe suas intenções bem claras para o reino angélico: "Chamo a presença dos Arcanjos, dos Anjos, dos Devas, dos Elementais e de todos os membros da Luminosa Multidão dos Anjos que queiram me ajudar na meditação do 'Banho de Bênçãos e na Ducha Angélica do Amor' para conseguir o bem mais elevado de todos."

Visualize uma única gota de água angélica descendo do alto até você. Essa gota de água cai sobre a sua cabeça e o abençoa com a pureza. Quando ela bate no seu crânio, outras gotas seguem pelo mesmo percurso, e isso vai se expandindo cada vez mais até que você passe a ver uma torrente de gotas de água caindo pelo seu corpo, indo do topo da sua cabeça à base da espinha, continuando até os pés e penetrando no solo. Quando estiver sendo lavado dessa maneira, também estará recebendo a bênção da purificação dos anjos. Os anjos estão purificando todos os seus pensamentos, sentimentos, palavras, ações, abençoando-os com a essência da bondade de Deus.

Agora, à medida que o fluxo da água angélica se transforma num rio, visualize o seu corpo e a sua mente sendo simultaneamente erguidos em vibração. Sinta-se purificado, equilibrado e energizado com o desejo de perfeição que Deus tem para você. Você está sendo sintonizado com a paz, o amor e a harmonia do reino angélico. E quando esse rio se transformar numa inundação, sinta a energia da perfeição penetrando no seu interior, envolvendo-o por todos os lados.

A inundação de água angélica torna-se mais intensa dentro de você e, de repente, você se conscientiza da presença de um Arcanjo magnífico. É o amado e radiante Gabriel, parado atrás de você. Em meio a esse banho angélico, ele o inunda de amor. Ele coloca as mãos sobre os seus ombros e o abençoa, do lado direito, com o amor de Deus e, do lado esquerdo, com a capacidade de amar que lhe foi dada por Deus. Agora, ele coloca as mãos sobre a sua cabeça e o abençoa com a sabedoria de Deus. Você sente a energia do amor de Deus inundando-o, o poder de Deus emergindo no seu interior. Você sente a sabedoria de Deus banhando-o com a iluminação desde o topo da sua cabeça à ponta dos pés. Dentro de seu ser, ocorre um despertar da energia espiritual na medida em que cada célula, cada átomo e cada molécula se encharcam com a brilhante e vibrante energia da ducha de Deus. Por meio desse banho, você está adquirindo uma nova e mais elevada consciência da sua verdadeira identidade. Você percebe que sempre que se faz referência ao nome de Deus — EU SOU O QUE SOU — você faz parte integrante dele.

Agora você percebe que o Arcanjo Gabriel está parado na sua frente com os braços estendidos oferecendo-lhe uma brilhante chave dourada. Gabriel diz: "Doce criatura de luz. A chave é o modo de você servir."

Gabriel coloca a chave dourada em suas mãos. Enquanto você olha para a chave, sente que a chuva está se transformando numa coluna de luz branca e pura, descendo do céu até atingir o ponto de luz no seu coração a partir do qual você iniciou tudo. Essa coluna de luz penetra no ponto de luz em seu coração e assume a imagem de uma semente. Essa é a semente do "Conceito Imaculado", do plano divino que existe no seu interior. Com a luz de Deus acima de você ligando-se à luz de Deus no seu interior, você é elevado para a conscientização do seu objetivo e do serviço que deve prestar a si mesmo e aos outros na Terra. Seu corpo e sua consciência agora estão aceitando o plano original da perfeição de Deus para você. Você está vendo o "Conceito Imaculado" na sua vida com muita clareza e iluminação.

Gabriel anuncia que você é abençoado entre os filhos da Terra, pois dentro do seu ser está uma semente de serviço que só você poderá fazer nascer. Sinta como você se mescla à mensagem de Gabriel e como você é uma bênção para si mesmo e para todos os que entram em contato com você. Você é a expressão radiante de Deus.

Você olha novamente para a chave e Gabriel diz que ela simboliza a sua liberdade de abrir qualquer porta que você queira ver aberta na sua vida. Se quiser uma saúde perfeita, essa porta se abrirá, e você será abençoado com uma saúde vibrante. Se desejar sucesso e realização profissional, a porta se abrirá, e você será abençoado com isso. Se quiser um relacionamento melhor, a porta se abrirá, e você será abençoado com um companheiro amoroso.

Essa chave é a chave de serviço para você e para o planeta. Você tem a chave para qualquer objetivo louvável que deseje na sua vida. É você quem escolhe as portas que quer abrir e as que quer manter fechadas. Você tem nas mãos a chave para uma vida de bênçãos abundantes. Mantenha essa imagem de bênçãos abundantes no seu coração e no seu pensamento, enquanto lentamente, volta a focalizar a atenção na sala onde está... nesta vida... nesse plano de serviço.

* * *

É muito importante que todas as pessoas — principalmente você — não apenas acreditem na possibilidade das bênçãos como também *esperem* por elas na vida. No seu *status* de filho ou filha amada de Deus, faz parte do seu direito inalienável esperar todo o amor que Deus tem para oferecer, e são os anjos que podem lhe entregar esse amor mais facilmente — desde que você abra a sua consciência para a sinceridade deles. Não é infantil ou tolo esperar que os anjos o abençoem, o ajudem e o surpreendam. Acima de tudo, acredite que você merece, e logo irá começar a perceber as bênçãos na sua vida.

O Arcanjo Gabriel me encoraja a fazer uma última declaração antes do final deste capítulo. Ele quer que eu lhe diga para prestar muita atenção ao aparecimento de uma chave no decorrer dos próximos dias e semanas. Será uma chave que você poderá colocar no seu altar, onde ela lhe servirá de lembrança do fato de que você é o elemento-chave no plano divino traçado por Deus para a sua vida — e que você também é a chave para ajudar aos anjos a abençoar os que o cercam, principalmente aqueles que ainda não abriram a mente para a realidade dos anjos em suas vidas.

·CRÍS ARBO·

Capítulo 10

Seja um Anjo

"Não vos esqueçais da hospitalidade;
alguns a praticaram, tendo a sorte de,
sem o saberem, acolher anjos."
Hebreus 13:2

Um garotinho chamado John ficou fascinado pelo sermão sobre os anjos que acabara de ouvir na igreja, porque a famosa citação contida na epístola enviada aos hebreus lhe dera idéias muito definidas a respeito de como os anjos se trajam. Ele estava conversando sobre isso com um amigo quando os dois se envolveram numa discussão. O amigo insistia que a única coisa que os anjos usavam eram as asas, mas John não concordava.

"Não é verdade", disse John. "Nosso pastor disse que alguns deles aparecem como pessoas desconhecidas usando roupas de baixo."[1]

Se os anjos são capazes de assumir a forma humana e de se disfarçar como "desconhecidos", como poderemos reconhecer que são realmente criaturas angélicas camufladas de seres humanos? Qual é uma característica distintiva dos anjos que podemos procurar e que nos garantiria que estamos tendo contato com "anjos disfarçados"? É possível resumir essa resposta numa única palavra: SERVIÇO.

Os anjos servem a Deus. Eles servem a Deus em tudo o que fazem. E se quisermos expressar a energia dos anjos na nossa vida, precisamos nos tornar mestres em servir. Flower A. Newhouse encontrou uma forma muito bonita de expressar isso quando escreveu: "Nossos esforços interiores e exteriores recebem novos encorajamentos todas as vezes que fazemos uma pausa para considerar profundamente a grandeza angélica do serviço altruísta prestado na beleza da santidade." [2]

Uma das minhas citações prediletas da Bíblia é o versículo em que Jesus diz aos seus discípulos: "O maior dentre vós se faça vosso servidor" (Mateus 23:11). Jesus estava nos dizendo que servir é a coisa mais importante que podemos fazer na vida.

Alice A. Bailey, ao canalizar o mestre ascensionado Djwhal Khul no seu livro *Ponder on This*, afirmou o seguinte: "Esta Lei de Serviço foi expressa completamente pela primeira vez por Cristo, há 2 mil anos... Hoje, temos um mundo que está compreendendo cada vez mais que ninguém vive só, e que só prestando serviços é que o homem pode começar a realizar todas as suas capacidades inatas."[3]

Albert Einstein captou essa mesma idéia sobre a importância de servir quando escreveu: "O destino mais elevado das pessoas é servir e não governar..."[4]

Conforme afirmei em capítulos anteriores, os anjos não se preocupam com questões de hierarquia — ou seja, com quem ocupa posições mais elevadas ou menos elevadas dentro do seu reino. A finalidade e a intenção deles está em realizar a tarefa para a qual foram criados por Deus. Nada os demove da prestação de serviços a Deus.

Quando descobri a leitura 2300-1 de Edgar Cayce, as palavras se tornaram um lema de batalha tanto para os servidores do reino angélico quanto para o mundo. A enérgica declaração de Cayce — "E que o seu lema seja: *Use-me, Senhor! Use-me!*" — equivale a uma proclamação a Deus, pedindo que nossas vidas sejam gastas servindo ao plano divino. Na leitura 1710-10, Cayce nos oferece a seguinte afirmação para nos ajudar a desenvolver nossas vidas por meio do serviço como uma bênção aos outros: "Senhor, que eu me atenha aos Teus caminhos no meu corpo, na minha mente e nos meus objetivos, de tal forma que eu possa sempre ser um canal de bênçãos para os outros — no Teu nome."

O coronel James B. Irwin, um ex-astronauta que participou de uma equipe que passeou na Lua, quando dá palestras, freqüentemente explica a revelação que teve ao voltar para o nosso planeta. Ele compreendeu que a "missão" de sua vida era a de ser um servidor — não uma celebridade — e que para conseguir isso precisava compartilhar suas experiências com outros, de maneira que pudessem conhecer a glória de Deus.

Diariamente, temos a oportunidade de escolher entre o chamado do nosso Eu Superior para servir a Deus e o chamado do ego para servir ao "pequeno eu". Para este "pequeno eu", conhecido também como "personalidade do ego", o trabalho e o serviço ocasionalmente são considerados como maldições. Por outro lado, para o Eu Superior, o serviço é uma oportunidade para dar, não apenas a Deus, mas também a si mesmo. Qualquer serviço, mesmo na forma de trabalho físico, desde que seja feito livremente, dá-lhe a chance de revelar ao mundo a pessoa magnífica e perfeita que Deus já sabe que você é.

Os anjos sabem que, independentemente do que se exija deles, eles estão sempre servindo a Deus. De forma semelhante, tudo o que fazemos, pouco importa se estamos preparando o jantar, levando os filhos para a escola, limpando a casa, aparando a grama ou arrancando as ervas daninhas do jardim, deveríamos sempre sentir que estamos fazendo o nosso trabalho como um serviço e uma homenagem a todos e, conseqüentemente, a Deus.

Respondendo à pergunta "Como é que os anjos nos ajudam?", John Wesley, fundador da Igreja Metodista, declarou: "São milhares de formas diferentes... Eles podem nos ajudar na busca da verdade, removendo dúvidas e dificuldades... Eles podem nos alertar para males disfarçados e lançar luzes claras sobre tudo o que é bom. Eles podem conduzir suavemente a nossa vontade para o que é bom e fazer com que fujamos do mal..."[5]

Exatamente como no caso dos anjos, há "milhares de formas diferentes" de prestarmos assistência e serviços a Deus na nossa vida. Os anjos são mensageiros que divulgam a notícia do amor de Deus, mas nós também podemos ser anjos, aumentando nossas bênçãos e as das outras pessoas.

Parece que muitas pessoas não sabem que devem esperar bênçãos e milagres da parte dos anjos; no entanto, mais triste ainda é constatar que, por não acreditar nisso, esses milagres e essas bênçãos não são compartilhados com os demais. A verdade é que você foi abençoado para ser uma bênção e para servir. Edgar Cayce reconheceu a importância dessa mensagem na leitura 3161-1: "Para ser um canal de bênçãos para os outros é que cada alma veio à atividade consciente no mundo material."

Realmente, acredito que somos abençoados a sermos bênçãos e assim, reagindo a uma mensagem recebida dos anjos, as letras da placa de licenciamento do meu carro formam a palavra "BLESSIN" ("bênção", em português). Quando estou ao volante do meu carro, gosto de pensar que todos os que lerem a minha placa farão uma associação com as bênçãos que têm em suas vidas.

Houve uma meditação particularmente bem-humorada na qual os anjos comentaram comigo que podemos resumir todas as experiências da vida com as seguintes palavras: "Lições e bênçãos." Afinal, estamos aqui na Terra para aprender lições específicas e para nos abrirmos aos benefícios que Deus nos dá com tanta abundância.

De que modo específico uma pessoa pode "ser um anjo" e servir? Quais são algumas das coisas que você pode fazer para ser um anjo prestador de serviços na Terra? Os anjos estão constantemente entoando louvores a Deus. Portanto, você pode ser um anjo agradecendo a Deus por todas as bênçãos recebidas. Diga às pessoas da sua vida que você é grato a elas por tudo o que elas fazem por você. Os anjos irradiam a verdade e os princípios divinos de Deus. Você pode ser um anjo mostrando-se verdadeiro em relação à sua própria verdade e aos seus ideais. Os anjos nos tocam com o seu calor. Você pode ser um anjo tocando e abraçando alguém, compartilhando do seu calor. Por que não procurar, ainda hoje, alguém com quem você possa compartilhar o calor de um abraço? As oportunidades de servir estão evidentes por toda parte; basta abrir o coração para elas.

Uma das melhores lições quanto à importância do serviço nos foi dada por Jesus durante a Última Ceia. A lição deve ter soado estranha aos seus discípulos, quando Ele tomou uma toalha e começou a lavar os pés deles: "Se eu, o Senhor e Mestre, vos lavei os pés, também vós deveis lavar os pés uns aos outros" (João 13:14).

Faço parte de um grupo feminino de cura e oração. Numa de nossas reuniões, juntamos ervas e óleos aromáticos, enchemos bacias com água e depois lavamos e massageamos os pés umas das outras. Isso foi feito para nos lembrarmos de seguir o exemplo de Jesus servindo aos outros.

Os anjos não têm dores, sofrimentos ou sensações de separação; portanto, seja um anjo esquecendo velhas mágoas e ferimentos e também aceitando a cura na sua vida. Os anjos nos elevam e inspiram para que reconheçamos a nossa verdadeira divindade. Você também pode ser um anjo inspirando alguém com palavras de encorajamento.

Os anjos são espíritos que prestam serviço. Eles atendem às nossas necessidades trazendo-nos mensagens de esperança e de felicidade. Escrevendo uma carta de alegria ou enviando um cartão de esperanças a alguém que esteja necessitando disso, você também pode ser um anjo. Quando for a uma papelaria para comprar um cartão de aniversário para um amigo ou parente, por que não gastar um pouco mais de tempo e procurar se lembrar de mais alguém que esteja precisando receber uma mensagem positiva? Quando eu estava passando pelo processo de divórcio, muitas pessoas me inspiraram com lindos cartões e com gestos significativos. Alguns dos cartões que recebi nessa época continuam sendo fontes de alegria para mim até hoje.

Nunca gostei de cozinhar e todos sempre souberam disso; aliás, isso é motivo de constantes gozações e brincadeiras por parte de todos os meus amigos. Quando fazemos nossas reuniões femininas, fazemos sempre um rodízio de locais e a anfitriã de cada reunião é responsável pelos alimentos oferecidos. Muitas das mulheres do nosso grupo são excelentes cozinheiras e preparam coisas deliciosas. Sempre que chega a minha vez, entretanto, minhas amigas brincam dizendo que quando Janie diz que "conseguiu" tal coisa, isso significa que ela "conseguiu" encontrá-la na padaria mais próxima.

Durante a minha separação, muitos amigos e parentes me convidavam para jantar com eles. Ainda hoje acho graça quando me lembro das amigas que telefonavam perguntando se "Janie, a Faminta" gostaria de ir jantar com elas. Talvez exista alguém que você conheça e que esteja precisando do companheirismo da sua família no jantar. Eu sei, por experiência própria, que essa é uma *excelente* maneira de servir alguém que detesta ter de ficar lidando com panelas e frigideiras.

Os anjos nos dão bênçãos inesperadas, e você pode ser um anjo fazendo uma surpresa a alguém, de preferência num momento em que essa pessoa mais esteja necessitando disso. É bastante freqüente dizermos: "Se houver qualquer coisa que eu possa fazer, telefone para mim." Somos sinceros quando nos oferecemos dessa maneira; no entanto, muitas pessoas se sentem embaraçadas, preferindo não telefonar e pedir o que lhes foi oferecido. Conforme expliquei num capítulo anterior, meu patrão teve uma atitude muito positiva por ocasião da minha separação, perguntando se eu tinha algum problema financeiro. Pensando nele, recomendo que você pergunte diretamente: "De que você está precisando? O que eu posso fazer por você agora?"

Os anjos estão sempre dispostos a aliviar o fardo de nossas vidas, ajudando-nos a carregar o peso de nossas responsabilidades e problemas. Você pode ser um anjo sempre que diz a alguém que está sobrecarregado ou esgotado: "Quero cuidar de você." Você pode se oferecer para tomar conta das crianças, permitindo que os pais passem algumas horas sozinhos. Observe os problemas que os outros estão enfrentando e simplesmente apareça, tal como um anjo faria, assumindo algumas das responsabilidades por uma hora, por uma noite ou até por um fim de semana. Compreendo perfeitamente que cada um de nós deve ser responsável pela sua própria vida, mas de vez em quando é muito agradável ouvir alguém dizendo: "Eu vou cuidar de você hoje e você não terá de mexer um dedo sequer."

Em Windsor, no Estado de Nova York, existe um convento de freiras católicas que supervisionam um centro de retiro espiritual. Freqüentemente visito esse centro para organizar meus grupos de trabalho com os anjos ou para participar de outras atividades. Recentemente, eu estava conversando com a Irmã Elizabeth pelo telefone, queixando-me do excesso de atividades na minha vida e expressando a minha profunda necessidade de um próximo retiro do qual planejava participar. E ela me disse: "Basta que você venha para cá, Janie, e eu cuidarei de você." Foi como se as palavras dela tivessem caído diretamente do céu.

Os anjos nunca exigem pagamento pelos serviços que prestam. Portanto, pouco importa qual seja a sua ocupação, procure sempre fazer um pouco mais do que está sendo pago para fazer. Lembre-se sempre de que uma oportunidade de servir é uma oportunidade de dar e de receber bênçãos — ou seja, de progredir espiritualmente.

Os anjos não se preocupam em fazer apenas o que é necessário ou apenas aquilo pelo que estão sendo "pagos" diretamente. Saiba que Deus é a fonte da sua riqueza e de tudo o que acontece e pode acontecer de bom na sua vida. E se você não for compensado de uma forma, certamente o será de outra.

Como Deus está sempre nos dando por intermédio dos anjos, podemos examinar nossa vida e perguntar: "O que posso dar hoje a alguma outra pessoa?" Se você não tem à sua disposição dinheiro ou bens materiais em abundância para serem compartilhados, lembre-se de que pode compartilhar o seu sorriso, o seu bom humor, o seu tempo, a sua energia e o seu coração amoroso e interessado.

Os anjos estão interessados em tudo o que fazemos, de maneira que, para nos qualificarmos para o cargo de anjo terrestre é preciso que nos interessemos pelos outros. Vocês costuma correr cegamente para onde quer ir ou tem o hábito de parar ao longo do caminho para ajudar os outros? Eu me lembro de que certa vez passei férias na Inglaterra e parei para pedir informações quanto ao caminho que deveria tomar. O homem ficou tão contente por eu ter pedido ajuda, que me respondeu: "A senhora quer saber o caminho mais rápido para chegar lá ou serve outro, mais comprido, mas que lhe dará a oportunidade de apreciar a paisagem?" Eu nunca vou me esquecer do desejo que esse homem demonstrou em compartilhar comigo a beleza da sua terra.

Você tem o costume de dizer "Eu te amo", ou é daquelas pessoas que preferem ouvir primeiro que são amadas? Você espera receber amor antes de se mostrar disposto a dá-lo? Você passa mais tempo pedindo ajuda do que oferecendo ajuda? É possível que a ajuda da qual você necessita esteja aguardando por você *como resultado* do serviço que você pode prestar aos outros.

Quando compramos nossos presentes de natal ou de aniversário, compramos coisas apenas para aqueles que nos dão presentes em troca? Apenas trocamos presentes? Pense em alguém a quem você poderia dar um presente e que não seria capaz de reagir da mesma forma. Seja um anjo numa missão secreta de amor. Tente fazer isso sem que a pessoa saiba que foi você quem lhe deu o presente. A sensação será *extremamente* satisfatória!

Seja um anjo e sirva de forma altruísta. Nossa cultura nos condicionou a sempre focalizar a nossa atenção naquilo que podemos receber do mundo e não naquilo que lhe podemos dar. Concentre-se no serviço que pode prestar e coloque toda a essência do seu coração neles. Você ficará surpreso ao constatar a enorme quantidade de coisas boas que irão fluir de volta para você com mais facilidade e sob aspectos múltiplos e maravilhosos. Entregue-se livremente, generosamente à vida e ame a vida. Essa é uma forma garantida para desviar a sua mente das suas preocupações, de permitir que suas necessidades sejam atendidas e de dar a você o espaço de que necessita para descobrir as soluções que os anjos lhe estão oferecendo.

Seja como os anjos e sinta a felicidade que existe em servir aos outros. A leitura 3659-1 de Cayce explica as bênçãos que recebemos servindo: "Esforce-se para ser um instrumento de ajuda para outra pessoa. E deixe que a alegria seja a sua própria recompensa de paz e harmonia e de uma personalidade agradável."

Deus quer que tenhamos consciência de que, a cada segundo, a cada momento da eternidade, Ele se preocupa conosco e nos envia os anjos para nos lembrar constantemente do Seu amor. Recentemente, ouvi a resposta dada por um adolescente quando estava sendo aconselhado a se manter longe das drogas. "E quem se importa comigo?", perguntou. Precisamos mostrar a todas as pessoas, tanto jovens quanto velhos, que nós nos importamos com os seus sentimentos, com a sua segurança e com a sua saúde. É preciso mostrar aos adolescentes que nos importamos — e muito — com eles.

Preste mais atenção a alguns dos comentários que estão sendo feitos na nossa sociedade. É triste, mas com demasiada freqüência ouvimos as pessoas dizerem: "Não se pode confiar em ninguém"; "Todos estão interessados apenas em suas próprias vantagens"; ou "É uma cultura extremamente egocêntrica". Se resolvermos simplesmente esperar até que as coisas mudem, teremos um longo período de espera pela frente. Precisamos começar a mudar dentro de nós mesmos, servindo a Deus na nossa própria vida. Treine e pratique as mensagens dos anjos oferecendo honestidade, bondade e consideração nos seus pensamentos, palavras e ações.

Olhe em torno de si à procura de oportunidades para prestar serviços. Primeiro, olhe dentro da sua família e depois examine os seus amigos, vizinhos e a comunidade onde vive. Os anjos estão sempre dispostos a ajudar seus irmãos na Terra. Será que estamos tomando essa mesma atitude?

Uma das maneiras pelas quais costumo encontrar as pessoas a comungar com os anjos é reunindo os amigos e trabalhando na prestação de serviço num grupo que eu chamo de "Aliança Angélica". Conforme já compartilhei com vocês no Capítulo 4, acredito muito no poder dos círculos de cura e de orações. Por meio desses círculos, as pessoas são capazes de se magnetizar e de multiplicar suas energias de cura com as energias dos anjos, trabalhando em conjunto com eles para prestar serviços a Deus. Existe uma energia igualmente forte que se forma quando pessoas se reúnem para prestar serviços numa "Aliança Angélica". Pelo seu esforço humano conjunto, bem como por intermédio da assistência dos anjos que trabalham com elas, seus serviços são magnetizados e multiplicados.

Quando tiver criado uma "Aliança Angélica" com seus amigos, procure desenvolver idéias de serviço. Recentemente, contaram-me a história de duas pessoas que, todos os anos, no Natal, compram mantimentos no valor de cem dólares e os deixam de madrugada na varanda de uma mulher necessitada que mora nas redondezas. Elas fazem isso há quinze anos, e a mulher — que elas conhecem socialmente — até hoje não sabe quem lhe traz os mantimentos. Pequenas conspirações como essa não parecem ser grande coisa, mas não existe maneira melhor de servir a Deus do que servindo àqueles que estão próximos de nós.

Pensem em conjunto a respeito de outras maneiras pelas quais a sua "Aliança Angélica" pode servir ao mundo. Por exemplo, atualmente, pessoas desabrigadas podem ser encontradas em quase todas as comunidades. Comunguem com os anjos e abram-se para receber uma inspiração angélica a respeito do que pode ser feito por essa gente infeliz.

Talvez vocês possam reunir-se um sábado por mês e trabalhar como equipe para limpar a rua ou visitar um hospital, ou ainda para eliminar as pichações dos muros. Vocês também podem organizar uma feira de bolos para levantar fundos para alguma boa causa; ou podem reunir-se e coletar cobertores e agasalhos para os desabrigados, distribuindo-os no inverno. Tanto como indivíduo quanto como membro de um grupo, consulte o seu coração e pergunte: "O que posso fazer para servir?" e "O que podemos fazer para servir em conjunto?" Você pode ter certeza de uma coisa: os anjos lhe darão a inspiração necessária.

De que outras maneiras podemos ser anjos? Adaptei um antigo jogo para nos ajudar a pensar em palavras que descrevam formas de ser angélico. É divertido fazer isso em grupo. À proporção que você passa as frases, cada participante precisa lembrar de todas as frases anteriores. Comece pela letra A e passe o alfabeto inteiro até chegar ao Z, associando uma ação angélica a cada letra. Trata-se do ABC das atividades angélicas. Minha lista começa mais ou menos assim:

QUERO SER UM ANJO HOJE,
POR ISSO, SEREI ALGUÉM QUE

Aprecia a vida
Beneficia a tudo e a todos
Coopera com todos os reinos
Distribui mensagens de esperança
Encoraja e inspira
Faz coisas boas
Generosamente dá aos outros...
(E assim por diante, até chegar à letra Z.)

Pense na sua própria lista de maneiras pelas quais pode ser um anjo hoje e envolva em suas asas a vida dos outros. Isso aproximará você dos anjos e também lhe facilitará aceitar a verdade de que todos formamos uma unidade com Deus e que todos temos a oportunidade de sermos anjos ativos e que prestam serviço.

No Capítulo 2, mencionei as nove ordens do reino angélico, tal como ele foi descrito por Dionísio. Eu gostaria de propor uma décima ordem do reino angélico, formada por um Coro chamado "Os Anjos da Terra". Eu sempre quis ser um anjo na Terra desde os meus tempos de criança. Eu costumava ficar pensando no que aconteceria no momento da minha morte e, na minha imaginação infantil, eu me via sendo recebida pelo amado Jesus, que me aguardava de braços abertos no meio dos anjos. Eu imaginava que Ele me diria: "Tudo foi muito bem feito, minha fiel servidora. Seu desejo será atendido. Agora você poderá se juntar aos anjos."

Que grande alegria seria poder ser um anjo em tempo integral e dispor dos poderes celestes para realizar as missões angélicas! Obviamente, compreendo que os humanos não "se tornam" anjos, porque somos membros de um reino diferente. No entanto, acredito que existe a possibilidade de nos tornarmos membros honorários desse outro reino, e essa é a minha aspiração.

Certo dia, compartilhei desse meu intenso desejo de ser um anjo com uma cliente enquanto estava realizando uma Harmonização Angélica. O que deveria ter sido uma sessão dedicada ao aconselhamento da minha cliente acabou se transformando em algo que trouxe uma mensagem para mim. A aura da sessão assumiu uma forte e intensa sensação de amor e de luz que me envolveu como se eu jamais tivesse vivido o amor antes daquele momento. A mulher, que também tinha muita prática em meditar com os anjos, sentiu-se impelida a me dizer o seguinte: "Eles estão dizendo: Você já é um anjo."

Passou-se um instante até eu absorver inteiramente essa mensagem, mas depois senti uma grande fé e compreendi que todos nós podemos ser anjos. Estou compartilhando essa importante mensagem com você, porque nós realmente formamos o décimo Coro de anjos — os Anjos da Terra. Cabe a nós difundir, uns aos outros, a mensagem do amor eterno de Deus.

Não é exagerado nem infantil querer ser um anjo. Eu me lembro de ter lido uma biografia de Mary Martin que, quando menina em Weatherford, no Estado do Texas, queria poder voar — não como um avião, mas como um anjo. Anos depois, seu desejo se tornou realidade quando lhe ofereceram o papel de Peter Pan na famosa encenação da Broadway. Esse papel lhe dava a oportunidade de voar como um anjo em cada apresentação. Se, como Mary Martin, você quiser voar em espírito, pode fazê-lo prestando serviços. A sensação de liberdade que a prestação de serviço nos dá é realmente transcendental e transformadora.

Existe uma história relativa à Guerra Civil envolvendo um soldado confederado chamado sargento Kirkland. Ele arriscou a vida arrastando-se em meio ao campo de batalha até chegar a um soldado adversário ferido que implorava que lhe desse água. Chegando lá, o sargento Kirkland lhe serviu água do próprio cantil e depois colocou o seu casaco sobre o corpo do soldado para mantê-lo aquecido. Durante os momentos em que esteve no campo cuidando do ferido como um anjo, o fogo milagrosamente cessou de ambos os lados. Mas no instante em que retornou a uma posição segura para pegar mais água, os tiros foram reiniciados. Mais tarde, ele passou a ser conhecido como "O Anjo de Marye's Heights" por ter cuidado de um inimigo. Estaríamos nós também dispostos a fazer o mesmo?

Em 1854, durante a Guerra da Criméia, Florence Nightingale organizou uma das primeiras unidades hospitalares. Ela travou muitas batalhas burocráticas e superou muitos desafios para garantir os suprimentos necessários e para estabelecer reformas sanitárias totalmente desconhecidas antes da sua intervenção. Por causa dos seus trabalhos entre os soldados, ela era chamada de "O Anjo de Balaklava". O poeta George Pope Morris homenageou-a escrevendo: "É sempre assim; quando na tempestade da vida a luz da esperança do homem fica mais fraca, um anjo se ajoelha, em forma de mulher, e sussurra uma prece por ele."[6] Estamos também nós dispostos a superar todos os desafios para podermos prestar serviços?

Para mim, minha mãe é o exemplo perfeito de um anjo da Terra. Se Deus a tivesse colocado como responsável pelo Jardim do Éden, a queda não teria ocorrido, pois ela não teria permitido que Adão e Eva *sequer* se aproximassem da árvore enquanto não tivesse acabado com todas as ervas daninhas. Ela não tem apenas os polegares verdes, mas todos os dez dedos. Tudo o que ela toca cresce, e a vida de todos os que são tocados por ela prospera exatamente como as flores do seu jardim.

Ela está sempre se dando. Nunca se sai da casa dela de mãos vazias. Se você não pode ficar para o jantar, ela faz questão que você leve uma marmita com a refeição já preparada. Ela compartilha a comida, as flores e, principalmente, o amor. Ela compartilha tudo o que tem e a bênção mais maravilhosa que compartilha é o seu sorriso. Ela é um anjo da Terra que está sempre se dando, uma atenta zeladora de tudo o que Deus colocou em suas mãos: um marido, seis filhos, uma casa, animais e plantas.

Nós temos poder e livre-arbítrio para decidirmos ou não ser anjos. A todo momento estamos optando entre uma coisa ou outra; entre ser felizes ou tristes, entre ser expansivos ou retraídos; entre ser fortes ou fracos. Viver ou não o amor aos outros, transformando-nos também em anjos, é uma opção nossa.

A maior dádiva que os anjos nos dão é o amor. Como já sabemos, não existe nada que se iguale ao poder do amor. Ele cura todas as coisas. O amor incondicional sabe e aceita que a vida vem de Deus. Quando queremos ser como os anjos, nós nos abrimos para a experiência de expressar compreensão e tolerância para todas as pessoas. Sabemos que cada pessoa que passa a fazer parte da nossa vida está agindo da melhor maneira possível, dependendo do ponto do caminho onde ela se encontre. Como os anjos expressam constantemente a harmonia de Deus por meio do seu serviço, nós também podemos trazer paz e ordem a este mundo de caos e confusão, compartilhando o nosso amor com os outros, em todos os lugares onde estivermos.

Numa época em que a Terra está assistindo aos assaltos da exploração e novas guerras parecem surgir de forma inevitável, muitas pessoas estão tendo uma sensação de urgência. Enquanto muitos se sentem impotentes diante de questões como a poluição, o desaparecimento da camada de ozônio e a queimada das florestas tropicais, muitos outros, no mundo inteiro, estão realizando coisas dinâmicas a serviço da Terra. Você pode resolver enviar vibrações de cura para a Terra todos os dias quando meditar e você pode participar, tal como eu faço, de um evento anual, a Meditação para a Cura do Mundo.

Sempre fui uma defensora entusiasmada dessa meditação que dura uma hora, realizada todos os anos desde 1986 no dia 31 de dezembro ao meio-dia, horácio de Greenwich. A Meditação para a Cura do Mundo foi escrita por John Randolph Price e foi publicada pela primeira vez em seu livro *The Planetary Commission.* Desde 1986, milhões de pessoas passaram a participar desse evento global. Durante esse serviço de uma hora, pessoas do mundo inteiro se reúnem em espírito para visualizar a paz mundial e, ao mesmo tempo, transmitir seu amor e sua luz através de meditações, preces, canções ou qualquer outra forma de culto que julguem mais apropriada.

Como parte dos serviços que presto à Terra, costumo organizar grupos no Estado de Maryland para participar desse evento global anual. Todos os anos, em novembro, começo a enviar material de apoio para jornais, revistas e estações de rádio e de televisão. Publico anúncios em jornais comunitários, convidando o público a participar do evento por conta própria ou participando de uma meditação em grupo. Todos os anos, tanto o prefeito de Baltimore quanto o governador de Maryland confirmam que o dia 31 de dezembro é o Dia da Cura Mundial na cidade e no Estado.

Acredito sinceramente que quando uma quantidade suficientemente grande de pessoas no mundo inteiro concentrar a mente e o coração no ideal da paz mundial, haverá uma mudança na consciência global e a paz reinará. Aparentemente, a popularidade do Dia da Cura Mundial aumenta cada vez mais, de maneira que essa crença lentamente está se transformando numa realidade. A Fundação Quartus de Pesquisas Espirituais, organização criada por Price, calcula que no primeiro ano pelo menos 50 milhões de pessoas participaram da meditação e que esse total tem aumentado a cada ano. O próprio Price costuma se referir ao Dia da Cura Mundial como uma espécie de "Super Bowl" espiritual, no qual "o prêmio é a paz para todas as pessoas".[7] Todos os anos, quando o dia 31 de dezembro se aproxima, fico excitada com a perspectiva de que milhões de pessoas estarão simultaneamente com a mente sintonizada num mesmo objetivo. Espero que neste e nos próximos anos você faça da Meditação para a Cura do Mundo uma parte integrante da sua prestação de serviço à Terra.

A meditação deve ser lida em voz alta e em uníssono pela maior quantidade possível de pessoas que você puder reunir. O texto é o seguinte:

Meditação para a Cura do Mundo[8]

No princípio
No princípio *Deus.*
No princípio Deus criou o céu e a Terra
E Deus disse, Haja luz: e houve luz.

Agora é o momento do *novo* princípio.
Eu sou um co-criador com Deus, e é um novo Céu que virá, quando a boa vontade de Deus for expressa na Terra através de mim.
É o Reino da Luz, do Amor, da Paz e da Compreensão.
E eu estou fazendo a minha parte para revelar a sua Realidade.

Eu começo comigo.
Eu sou uma Alma viva e o Espírito de Deus está em mim.
Eu e o Pai somos um, e tudo o que o Pai tem é meu.
Na verdade, eu sou o Cristo de Deus.

O que é a verdade de mim, é a verdade de todos, pois Deus é tudo e tudo é Deus.
Eu vejo apenas o Espírito de Deus em cada Alma.
E para cada homem, mulher e criança na Terra, eu digo:
Eu te amo, pois você é eu. Você é o meu Eu Sagrado.

Agora abro o meu coração, e deixo que a essência pura do Amor Incondicional extravase.
Eu a vejo como uma Luz Dourada irradiando-se a partir do centro do meu ser,
e sinto a sua Vibração Divina em mim e através de mim, acima e abaixo de mim.

Eu e a Luz somos um.
Estou repleto de Luz.
Estou iluminado pela Luz.
Eu sou a Luz do mundo.

Com forte resolução, transmito a Luz.
Deixo que a minha irradiação se junte às outras Luzes.
Eu sei que isso está acontecendo no mundo inteiro neste momento.
Eu vejo a fusão das Luzes.
Não existe Luz isolada. Nós somos a Luz do mundo.

A Luz única do Amor, da Paz e da Compreensão está se movimentando.
Ela flui por toda a superfície da Terra,
tocando e iluminando cada alma na sombra da ilusão.
E onde havia escuridão, existe agora a Luz da Realidade.

E a Radiação cresce, permeando e saturando todas as formas de vida.
Existe agora apenas a Vibração da Vida Perfeita e única.
Todos os reinos da Terra reagem,
e o Planeta está vivo com Luz e Amor.

Existe a Unidade total,
e nessa Unidade dizemos a Palavra.
Que a sensação de separação se dissolva.
Que a humanidade retorne à divindade.
Que a paz venha à tona em cada mente.
Que o Amor flua de cada coração.
Que o perdão reine em cada alma.
Que a compreensão seja o traço em comum.

E agora, da Luz do mundo,
responde a Presença Única e o Poder do Universo.
A atividade de Deus está curando a harmonizando o Planeta Terra.
A Onipotência se manifesta.
Estou vendo a salvação do planeta diante dos meus olhos, quando todas as crenças falsas e os padrões de erro se dissolvem.
A sensação de separação deixou de existir; a cura ocorreu, e o mundo teve a sua saúde restaurada.

Esse é o início da Paz na Terra e da Boa Vontade para todos, à medida que o Amor flui de cada coração, que o perdão reina em cada alma e que em todos os corações e em todas as mentes existe uma compreensão perfeita.
Foi feito. E é assim.

Espero que, durante a leitura deste livro, você tenha se sentido mais próximo dos anjos e da mensagem que eles trazem quanto ao amor eterno de Deus por você. Agradeço a Deus por esta oportunidade de apresentar a você esses gloriosos seres celestes de luz.

Vi isso acontecer na vida de muitos dos que estudaram comigo. Se você todos os dias utilizar seriamente os princípios expostos neste livro e se fizer as preces e as meditações nele sugeridas, você começará a ver como os anjos desempenham um importante papel na sua vida. Você constatará isso tanto na sua vida exterior quanto na interior — nos seus pensamentos e em suas meditações. Uma conscientização associada ao desejo provocará um ancoramento no seu mundo, algo que o beneficiará de muitas formas em todos os aspectos da sua vida. Com a dedicação intensificada para prestar serviço a homens, mulheres e crianças, você verá como o seu mundo se fundirá com o reino angélico, formando uma nova unidade com ele.

E enquanto você reflete sobre essa idéia de prestação de serviço, quero oferecer-lhe este sonho especial de encerramento, que costumo chamar de "Dedicação à Luz". A luz de Deus brilha por toda a vida e é a essa luz que dediquei a minha vida de prestação de serviço.

Dedicação à Luz

Inspire profundamente e sinta a luz divina se expandindo a partir do seu coração.

Acredite que algo de novo acontecerá para você, assim que se abrir para a possibilidade de uma alegria que você nunca sentiu antes. Sinta algo de novo no seu interior. Apesar de este livro estar chegando ao final, sua nova experiência com os anjos está apenas começando. Este pode ser o início da constatação de que você faz parte do reino dos anjos — faz parte de Deus. Talvez isso tenha aprofundado a consciência que você já tinha. Você sente que faz parte desse mundo maravilhoso de esplendor e luz infinita? Saiba que você é bem-vindo e que recebe agora o abraço dos seus guardiães celestes de luz.

Visualize-se entrando pelos portais de um templo magnífico. Na sua frente, uma grande procissão de anjos caminha pela neve central. Você percebe que os anjos participam de uma bela cerimônia de dedicação. De fato, você percebe que eles fazem parte de uma cerimônia em sua homenagem. Trata-se de uma cerimônia de dedicação da nova conscientização do reino angélico na sua vida. Você está-se apresentando diante das legiões celestes para se dedicar ao serviço da luz.

Visualize-se caminhando pela nave central. Olhando para a direita e para a esquerda, perceba e reconheça o rosto amoroso das legiões de anjos que estão compartilhando com você dessa alegre cerimônia.

Você chega à frente do templo e sobe a um altar, onde é recebido pela magnífica presença do Arcanjo Miguel. Você se inclina diante dele. Ele ergue sua espada luminosa em direção ao céu e proclama: "Você optou por dedicar-se à luz. Nós, que aqui estamos reunidos, somos testemunhas da sua dedicação e saudamos a luz de Deus que pulsa no seu interior. Agora, a luz de Deus está presente em cada um dos seus pensamentos, palavras, ações e sentimentos. Nada na sua vida é menos do que perfeito. Nada na sua vida deixa de irradiar a luz de Deus. Compreenda que todos os desafios, todas as provas e dificuldades que surgirem, são simplesmente oportunidades para você usar a luz de Deus. A luz de Deus no seu interior se expande e o une à Companhia do Céu."

Agora, a luz de Deus dá a você uma bênção tríplice. Você ouve a voz dos anjos exultando em uníssono, dizendo: "Você é o servidor. Você é o servido. Você é o serviço. Saiba que em tudo o que fizer — nos seus esforços, trabalhos e serviços — é você que desempenha a missão que veio desempenhar. Somente você é o servidor para realizar a sua vida. Saiba que, com cada pensamento, palavra, sentimento e ação, você é um ato de serviço. E saiba que o efeito de suas ações, pouco importando se elas forem físicas, mentais, emocionais ou espirituais, deste momento em diante será para o serviço de Deus."

O poder da luz de Deus é eternamente vitorioso. Saiba que quando aceitar esse poder no seu interior, você receberá uma assistência sem precedentes por parte dos anjos na sua transformação num ser de luz.

Neste momento, visualize-se ajoelhado diante do Arcanjo Miguel. Com a ponta da espada, ele toca suavemente o seu ombro direito e diz: "Com gratidão, reconheça na sua mente e aceite no seu coração a proteção cada vez maior da poderosa armadura da luz de Deus em sua vida." Depois, ele repete o gesto no ombro esquerdo e diz: "Com gratidão, reconheça na sua mente e aceite no seu coração o preenchimento da sua consciência com a luz da iluminação de Deus, com a Compreensão Dele e com constância do serviço."

Em seguida, o poderoso Arcanjo coloca a ponta da espada no alto da sua cabeça e diz: "Com gratidão, reconheça na sua mente e aceite no seu coração que a luz à qual você se dedicou também é dedicada a você. Vá em frente e expresse a luz na sua vida, em todas as atividades equilibradas no amor de Deus, na sabedoria e no poder, pois todas essas coisas também são você."

Visualize-se ficando novamente em pé. Agora você está parado diante do Arcanjo Miguel e está se conscientizando da possante Vibração de amor enviada do coração dele para o seu. Você sente o seu coração se abrindo, aceitando e transmitindo o seu amor. Agora, sinta a profunda alegria de saber que você foi dedicado à luz e que, finalmente, você será capaz de abandonar suas velhas ilusões e adquirir uma nova realidade de harmonia e equilíbrio. Equilíbrio e harmonia existem entre a sua personalidade e o seu Eu Superior. Não existe mais nenhum conflito entre o seu ego e o que

Deus quer para você. Mantenha esse belo intercâmbio de amor por quanto tempo quiser. E quando estiver preparado, traga a sua consciência de volta à sala em que estiver.

* * *

Qual é o seu objetivo na vida? Muitas pessoas não sabem responder a essa pergunta. Para muitas pessoas, a vida, seu rumo e sua meta são coisas extremamente vagas e imprecisas. Mesmo as pessoas que se consideram religiosas passam os dias esperando que as coisas nas quais acreditam se revelem como verdadeiras, sem conhecer a profunda realidade divina que está por trás de todas as conscientizações, de toda a vida e de todos os fenômenos. Onde está a clareza capaz de acabar com essa confusão? Onde está a prova capaz de eliminar essa dúvida?

A verdade é que a resposta a todas essas perguntas pode ser encontrada dentro do seu coração. Tão certo quanto o nome de Deus é EU SOU AQUELE QUE SOU — o nome que Ele deu a Moisés na sarça ardente — a sua parte EU SOU AQUELE QUE SOU arde intensamente nas profundezas da sarça ardente do seu coração. Esta é uma verdade simples, simples demais, talvez, para ser percebida pela mente moderna. Mas a verdade simples é a especialidade dos anjos. E é na busca dessa verdade, dessa clareza e dessas provas que os anjos mais podem ajudá-lo.

Espero que, com a leitura deste livro, você tenha tido uma experiência maravilhosa com os anjos ou que, pelo menos, tenha começado a sentir a presença do seu Anjo da Guarda. Caso continue com uma atitude cética, espero que pelo menos aceite a possibilidade de Deus realmente ter providenciado emissários para nós e que agora, mais do que nunca, Seus emissários estão a postos e trabalham conosco todos os dias e todas as horas. Mas se você acredita ou se já teve uma experiência com os anjos provocada pela leitura deste livro ou não, espero que dê continuidade ao seu processo de "iluminação" e que pratique as meditações e as preces que compartilhei com você.

Cura, amor e perdão. Compartilhar, harmonizar e esperar bênçãos palpáveis na sua vida. Espero que você deixe que os anjos ampliem e aumentem tudo o que receberá de bom e tudo o que você dará de bom aos outros em nome de Deus.

Deixe que as bênçãos fluam até você. E deixe também que elas fluam de você para os outros. Mostre-se interessado e procure as muitas maneiras — tanto as esperadas quanto (e principalmente) as inesperadas, através das quais os anjos podem abençoar a sua vida.

Eles estão dispostos e aguardando pela oportunidade de ajudá-lo a se livrar de todas as limitações, para você poder emergir como a expressão completa e plena da sua verdadeira realidade divina. Você dispõe do poder e do livre-arbítrio para convidá-los a participar da sua vida. É por isso que eu aconselho: "Não perca mais um minuto sequer esperando!"

Saiba que toda a sociedade celeste está aguardando para atender ao seu chamado. E saiba que a única coisa que você tem de fazer é decidir, na sua vida pessoal, abandonar as limitações que você impôs a você mesmo e, como os anjos, usar suas asas e VOAR!

Notas

Capítulo 1
Acredite nos Anjos

1. Alex Jones, *Creative Thought Remedies* (Marina del Ray: DeVorss & Company, 1986), p. 3.

2. Flower A. Newhouse, *Rediscovering the Angels* (Escondido, Califórnia: The Christward Ministry, 1950), p. 109. [*Redescobrindo os Anjos e os Habitantes Alados da Eternidade*. Editora Pensamento. São Paulo, 1994.]

3. Charles Fillmore, *The Revealing Word* (Unity, Montana: Unity School of Christianity), p. 13.

Capítulo 2
Aprenda sobre os Anjos

1. *The Golden Legend of Jacobus de Vorgine* (Volume II, tradução Ryan-Ripperger, 1941), p. 617.

2. Manly P. Hall, *The Blessed Angels* (Los Angeles: The Philosophical Research Society, Inc., 1980), p. 28.

3. Dionysius the Aeropagite, *The Mystical Theology and The Celestial Hierarchies* (Surrey, Inglaterra: The Shrine of Wisdom, 1965), p. 14.

4. Idem, p. 39.

5. Idem, p. 43.

6. Idem.

7. Idem, p. 46.

8. Idem, p. 18.

9. Tellis S. Papastavro, *The Gnosis and The Law* (Tucson: Balkow Printing Company, Inc., 1972), p. 63.

10. Patricia Diane Cota-Robles, *Your Time Is at Hand* (Tucson: The New Age Study of Humanity's Purpose, 1992), p. 78.

11. Idem, p. 181.

Capítulo 3
Medite com os Anjos

1. Joel S. Goldsmith, *The Art of Meditation* (Nova York: Harper & Row, 1984), p. 6.

2. *The Secret of the Golden Flower*, tradução de Richard Wilhelm, Comentários de Carl G. Jung (Nova York: Harcourt, Brace and World, 1962), p. 40.

Capítulo 4
Ore com os Anjos

1. Dr. William R. Parker e Elaine St. Johns, *Prayer Can Change Your Life* (Englewood Cliffs: Prentice-Hall, Inc., 1957), p. IX.

2. Phyllis Hobe, *The Guideposts Handbook of Prayer* (Carmel, N.Y.: Guideposts, 1982), p. 13.

3. Charles Fillmore, *The Revealing Word* (Unity, Montana: Unity School of Christianity), p. 10-11.

4. H.C. Moolenburgh, *A Handbook of Angels* (Essex, Inglaterra: The C.W. Daniel Company Limited, 1988), p. 205.

5. Sangreal Foundation, Inc. *The Office of the Holy Tree of Life* (Dallas: Sangreal Foundation, Inc., 1970), p. 62-63.

Capítulo 5
Compartilhe com os Anjos

1. Robert Fulghum, *All I Really Need to Know I Learned in Kindergarden* (Nova York: Villard Books, 1989), p. 6.

2. Rev. Bruce Larson, *There's a Lot More to Health Than Not Being Sick* (Garden Grove, Califórnia: The Cathedral Press, 1981), p. 43.

Capítulo 6
Cure com os Anjos

1. Fr. Alessio Parente, O.F.M., Cap., *Send Me Your Guardian Angel, Padre Pio* (Foggia, Itália: Editions, 1984), p. 113.

2. Idem, p. 115.

3. Idem, p. 176.

4. Flower A. Newhouse, *Rediscovering the Angels* (Escondido, Califórnia: The Christward Ministry, 1950), p. 106. [*Redescobrindo os Anjos e os Habitantes Alados da Eternidade*. Editora Pensamento. São Paulo, 1994.]

5. William Bloom, *Devas, Fairies, and Angels: A Modern Approach* (Glastonbury, Inglaterra: Gothic Image Publications, 1986), p. 27.

6. Idem, p. 28.

7. Robert Kent Myers, *Shaping your Personal Vision for a New World Order* (Euclid, Ohio: RKM Enterprises, Inc., 1992), fita cassete.

Capítulo 7
Honre a Presença dos Anjos em Toda a Vida

1. Patricia Diane Cota-Robles, revista *Take Charge of Your Life* (Tucson: The New Age Study of Humanity's Purpose, setembro de 1990), p. 13.

2. Geoffrey Hodson, *The Angelic Hosts* (Londres: The Theosophical Publishing House, Ltd., 1958), p. 25.

3. Dionysius the Aeropagite, *The Divine Names* (Surrey, Inglaterra: The Shrine of Wisdom, 1957), p. 32.

Capítulo 8
Harmonize-se com os Anjos

1. William Bloom, *Devas, Fairies, and Angels: A Modern Approach* (Glastonbury, Inglaterra: Gothic Image Publications, 1986), p. 24.

2. Stuart Wilde, *The Quickening* (Taos, N.M.: White Dove International, Inc., 1988), p. 1.

3. Patricia Diane Cota-Robles, *The Next Step* (Tucson: The New Age Study of Humanity's Purpose, Inc., 1989) p. 10.

4. Herbert B. Puryear e Mark A. Thurston, *Meditation and the Mind of Mind* (Virginia Beach: A.R.E. Press, 1975), p. 11.

5. Max Heindel, *The Web of Destiny* (Londres: L.N. Fowler & Company, 1928), p. 124.

6. Charles Fillmore, *The Revealing Word* (Unity, Montana: Unity School of Christianity), p. 34.

7. David Spangler, *Attunement* (Moray, Escócia: The Findhorn Foundation), p. 12.

Capítulo 9
Espere Bênçãos Angélicas

1. Fr. Pascal P. Parente, *Beyond Space* (Rockford, Illinois: Tan Books and Publishers, Inc., 1961), p. 106.

2. Rev. J. Oatmar, Jr., e E.O. Excell, "Count Your Blessings" (Chicago: Hope Publishing Co., 1925), tal como reproduzido em *Hymns for Christian Service* (Chicago: Tabernacle Publishing Co., 1958), p. 78.

Capítulo 10
Seja um Anjo

1. Eleanor Doan, *The Speaker's Sourcebook of 4.000 Ilustrations* (Grand Rapids: Zondervan Publishing House, 1960), p. 21.

2. Flower A. Newhouse, *Rediscovering the Angels* (Escondido, Califórnia: Christward Ministry, 1950), p. 102. [*Redescobrindo os Anjos e os Habitantes Alados da Eternidade.* Editora Pensamento. São Paulo, 1994.]

3. Alice A. Bailey e Djwhal Khul, *Ponder on This* (Nova York: Lucis Publishing Company, 1971), p. 36.

4. Albert Einstein, *Out of My Later Years* (Nova York: Philosophical Library, Inc., 1950), p. 36.

5. John Wesley, *The Letters of the Rev. John Wesley, A.M., Vol. III*, organizado por John Tolford, B.A. (Londres: The Epworth Press, 1931), p. 96.

6. J. Carter Swain, *Body, Soul, and Spirit* (Nova York: Thomas Nelson & Sons, 1957), p. 51.

7. John Randolph Price, "Commission Update: World Healing Day Five" (Boerne, Texas: The Quartus Foundation, 1990), p. 1.

8. John Randolph Price, *The Planetary Commission* (Boerne, Texas: The Quartus Foundation, 1984), p. 157.

Serviços de Grupos de Orações

As seguintes organizações fornecem serviços contínuos de orações, atendendo a pedidos feitos pelo telefone ou por correspondência:

Angel Power Healing Circle
c/o Angel Power Fellowship, Inc.
P.O. Box 4713
Carmel-by-the-Sea, CA 93921
(408) 624-2108
Os membros do grupo Angel Power rezam por você todos os dias, várias vezes por dia, durante pelo menos duas semanas.

A.R.E. Prayer Services
P.O. Box 595
Virginia Beach, VA 23451-0595
(804) 428-3588
Escreva ou telefone fazendo o seu pedido de orações para qualquer necessidade. Você também pode juntar-se ao grupo de orações, independentemente de onde você more, bastando solicitar sua inclusão como participante.

Silent Unity
Unity School of Christianity
Unity Village, MO 64065
(816) 246-5400
Escreva ou telefone para a Silent Unity a respeito de qualquer tipo de necessidade e eles irão rezar com você. Os serviços de orações estão disponíveis 24 horas por dia, sete dias por semana.

Bibliografia Adicional

Bloom, William. *Devas, Fairies and Angels: A Modern Approach.* Glastonbury, Inglaterra: Gothic Image Publications, 1986.

Burnham, Sophy. *A Book of Angels.* Nova York: Ballantine Books, 1990.

Burnham, Sophy. *Angel Letters.* Nova York: Ballantine Books, 1991.

Cota-Robles, Patricia Diane. *The Next Step.* Tucson: The New Age Study of Humanity's Purpose, 1989.

Cota-Robles, Patricia Diane. *Your Time Is at Hand.* Tucson: The New Age Study of Humanity's Purpose, 1992.

Dionysius the Aeropagite. *The Divine Names.* Surrey, Inglaterra: The Shrine of Wisdom, 1957.

Dionysius the Aeropagite. *The Mystical Theology and The Celestial Hierarchies.* Surrey, Inglaterra: The Shrine of Wisdom, 1965.

Godwin, Malcolm. *Angels, an Endangered Species.* Nova York: Simon and Schuster, 1990.

Hall, Manly P. *The Blessed Angels.* Los Angeles: The Philosophical Research Society, Inc., 1980.

Hodson, Geoffrey. *The Angelic Hosts.* Londres: The Theosophical Publishing House, Ltd., 1958.

Hodson, Geoffrey. *Brotherhood of Angels and of Men.* Londres: The Theosophical Publishing House, Ltd. 1973.

Leadbeater, C.W. *Invisible Helpers.* Adyar, Índia: The Theosophical Publishing House, Ltd., 1956. [*Auxiliares Invisíveis*, Editora Pensamento, São Paulo, 1976.]

MacGregor, Geddes. *Angels — Ministers of Grace.* Nova York: Paragon House, 1988.

Maclean, Dorothy. *To Hear the Angels Sing.* Hudson, Nova York: Lindisfarne Press, 1980.

Moolenburgh, H.C. *A Handbook of Angels.* Essex, Inglaterra: The C.W. Daniel Company Limited, 1988.

Newhouse, Flower A. *The Kingdom of the Shining Ones.* Vista, Califórnia: The Christward Ministry, 1955.

Newhouse, Flower A. *Rediscovering the Angels.* Escondido, Califórnia: The Christward Ministry, 1950. [*Redescobrindo os Anjos e os Habitantes Alados da Eternidade.* Editora Pensamento. São Paulo, 1994.]

Parente, Fr. Alessio, O.F.M., Cap. *Send Me Your Guardian Angel, Padre Pio.* Foggia, Itália: Editions, 1984.

Parente, Fr. Pascal P. *Beyond Space.* Rockford, Illinois: Tan Books and Publishers, Inc., 1961.

Price, John Randolph. *The Planetary Commission.* Boerne, Texas: The Quartus Foundation, 1984. (The Quartus Foundation, P.O. Box 1768, Boerne, TX 78006-6768.)

Sugrue, Thomas. *There Is a River.* Virginia Beach: A.R.E. Press, 1970.

Taylor, Terry Lynn. *Guardians of Hope: The Angel's Guide to Personal Growth.* Tiburon, Califórnia: H.J. Kramer, Inc., 1992. [Os Anjos *Guardiães da Esperança.* Editora Pensamento. São Paulo, 1993.]

Taylor, Terry Lynn. *Messengers of Light.* Tiburon, Califórnia: H.J. Kramer, Inc., 1990. *[Anjos — Mensageiros da Luz.* Editora Pensamento. São Paulo, 1991.]

O que é a A.R.E.?

A Association for Research and Enlightenment, Inc. (A.R.E.), é a sede internacional para o trabalho de Edgar Cayce (1877-1945), considerado o médium com as obras mais bem documentadas do século XX. Fundada em 1931, a A.R.E. é uma comunidade de pessoas vindas de todos os tipos de vida e de todas as tradições espirituais que encontraram ensinamentos significativos e transformadores nas leituras de Edgar Cayce.

Apesar de a sede da A.R.E. estar localizada em Virginia Beach, no Estado de Virginia — onde os visitantes sempre são bem-vindos — a comunidade da A.R.E. é uma rede global de pessoas que oferece conferências, atividades educacionais e companheirismo no mundo inteiro. Pessoas de todas as faixas etárias são convidadas para participar de programas que tratam de vários assuntos, tais como saúde holística, sonhos, reencarnação, ESP, o poder da mente, meditação e espiritualidade pessoal.

Além dos grupos de estudo e de várias atividades, a A.R.E. oferece aos seus membros benefícios e serviços, uma revista bimensal, um boletim de notícias, extratos das leituras de Cayce, conferências, excursões internacionais, um currículo de escola de massagem, uma considerável rede de voluntários, um campo de retiro para crianças e adultos, além de contatos A.R.E. no mundo inteiro. A A.R.E. também é filiada à Atlantic University, que oferece um programa de mestrado em Estudos Transpessoais.

Para obter maiores informações a respeito das atividades da A.R.E. realizadas nas suas imediações, por favor entre em contato com:

A.R.E.
67th St. and Atlantic Ave.
P.O. Box 595
Virginia Beach, VA 23451-0595
(804) 428-3588

A A.R.E. Press

A A.R.E. Press é uma editora e distribuidora de livros, de fitas de áudio e de vídeo que oferecem ajuda para uma vida mais realizada. Nossos produtos se baseiam nos conceitos encontrados nas leituras psíquicas de Edgar Cayce, ou são compatíveis com eles.

Procuramos principalmente criar produtos que transmitam a história inspiradora de pessoas que tenham aplicado na prática o legado de Cayce.

Para receber um catálogo gratuito, por favor escreva para a A.R.E. Press, no endereço abaixo, ou telefone gratuitamente para 1-800-723-1112. Para quaisquer outras informações, telefone para 804-428-3588, ramal 220.

A.R.E. Press
Sixty-Eighth & Atlantic Avenue
P.O. Box 656
Virginia Beach, VA 23451-0656

OS ANJOS RESPONDEM — Um Livro de Mensagens Angélicas

Terry Lynn Taylor

"Este livro é uma coletânea maravilhosa das diferentes maneiras com que somos brindados com a ajuda, a inspiração e o toque muito especial dos anjos."

Dorothy Maclean, autora de *Comunicação com os Anjos e os Devas*, Editora Pensamento.

Os anjos são mensageiros da energia divina que permeia o Universo. A alegria que eles nos trazem é uma dádiva de Deus. Eles são os nossos ajudantes espirituais e querem nos ensinar a viver de acordo com os princípios mais elevados do Universo.

Os Anjos Respondem é o resultado de milhares de cartas que a autora recebeu de pessoas de todo o mundo que se beneficiaram com a ajuda angélica em diferentes situações de suas vidas. São cartas cheias de esperança e de inspiração e que compartilham temas que surgem como mensagem dos anjos, tais como:

- Não estamos sós.
- Somos protegidos.
- Tudo vai dar certo.
- Isso também vai passar.
- O caminho espiritual é de leveza e prazer.
- A vida ainda pode ser alegre e prazerosa, não importa o quanto o resto do mundo pareça sombrio.
- Alegre-se e não leve as coisas tão a sério.

* * *

Terry Lynn Taylor, autora de *Anjos — Mensageiros da Luz* e *Anjos — Guardiães da Esperança* publicados pela Editora Pensamento —, neste livro compartilha com o leitor as mensagens que nos permitem ver um lado da vida que aquece o coração e enche nossa alma de alegria.

A BUSCA

Paul Brunton

Este livro da série THE NOTEBOOKS OF PAUL BRUNTO
traz indicações oportunas, imparciais e de utilidade imediata sobre
promessas e armadilhas da busca espiritual. Esboçando de maneira cri
tiva e única os *insights* filosóficos tanto do Oriente quanto do Ocide
te, ele mostra com clareza e simplicidade como as dificuldades e exp
riências diárias da vida moderna podem ser transformadas, com êxit
em passos significativos na eterna procura do autoconhecimento.

A BUSCA é um livro de inestimável valor também por conciliar
necessidade de liberdade interna absoluta com a importância da instr
ção competente. Apresenta, agora detalhada e amplamente, os assu
tos abordados em anotações diárias, que de maneira sucinta e bre
foram trazidas ao público na obra IDÉIAS EM PERSPECTIVA, já p
blicada por esta Editora.

Nestes momentos de imensa crise de valores éticos e profund
que se espalha pelo mundo, momentos em que caminhos de harmonia
paz se fazem prementes, estão aqui ofertados poderosos impulsos pa
a renovação espiritual do leitor, vislumbres da sabedoria universal q
o aproximam de sua realidade íntima e divina.

EDITORA PENSAMENTO

ALEGRIA E TRIUNFO

Eis um livro que apresenta verdadeiras receitas contra a angústia, o medo, a incerteza, a falta de confiança própria e outros obstáculos que, somados, resultam no "atraso de vida".

Nele não encontrará o leitor nenhum ritual cabalístico ou fórmula misteriosa, de difícil enunciação, mas simplesmente os meios de despertar em seu íntimo as poderosas forças do Eu Superior ou seu Cristo Interno.

Com efeito, desde a leitura de suas primeiras páginas, sentimo-nos animados daquela *fé dinâmica*, que tantos prodígios tem realizado no mundo.

Fugindo ao processo adotado pela maioria dos tratadistas da matéria em questão, o autor procurou demonstrar como devemos aplicar a Fé em nossa vida prática, citando centenas de animadores exemplos, em que a alegria e o triunfo voltaram a brilhar na vida dos desesperados e necessitados.

"O vosso Eu Sou, ou Cristo Interno, é o vosso deus pessoal ou a partícula divina em vós, *a qual tem todas as qualidades de Deus e todos os poderes para realizar as vossas aspirações*, desde que não sejam prejudiciais às dos outros."

Baseados neste princípio citado pelo autor, repetindo as *afirmações especiais* oferecidas para casos de urgência, sentimos tamanha convicção da existência do *poder interno* que possuímos, que dificilmente voltaremos a ser dominados pelos nossos piores inimigos: a angústia, o ódio, o ressentimento, o temor das dívidas e outras torturas que, em geral, acabrunham a maior parte da Humanidade.

Como os pensamentos negativos abatem o nosso sistema nervoso, prejudicando a nossa saúde física e moral, notarão os que seguirem os conselhos e os contagiantes exemplos apontados no livro que, ao cabo de pouco tempo, estarão com boa disposição mental e saúde normal.

"*É vontade de Deus que prospereis e vivais na abundância de tudo o que é bom e desejável.*"

Ora, mantendo viva essa afirmação em nosso espírito, fortalecemos o nosso subconsciente e passamos a repelir a idéia de que viemos a este mundo para cumprirmos uma "provação" de miséria, fome, pobreza. . .

Deus nos vê como seres perfeitos, *criados à sua imagem e semelhança*, possuindo poder e domínio.

Essa é a perfeita idéia de nossa entidade, registrada na Mente Divina, à espera do nosso reconhecimento, pois só poderemos manifestar o que a nossa mente puder ver que somos e alcançarmos *aquilo que ela nos vê alcançando*.

Portanto, mediante a disciplina da imaginação e os esplendores da Fé Dinâmica, tão bem apresentada neste livro, terá o leitor a chave da sua alegria e seu triunfo!

Ilustrado com inúmeros exemplos de difíceis problemas, que encontraram rápida solução *através da força interna que possuímos*, o livro apresenta ao leitor muitos casos que lhe dizem respeito, como também aos seus familiares e amigos, apontando-lhes uma saída salvadora.

É o que a todos desejamos, para que doravante possam viver com alegria e triunfo!

EDITORA PENSAMENTO

Outras obras de interesse:

COM A AJUDA DOS ANJOS
Eileen Elias Freeman

MEDITANDO COM OS ANJOS
Texto: *Sônia Café*
Ilustrações: *Neide Innecco*

CONTATO COM GUIAS ESPIRITUAIS - Pequeno Manual de Canalização
Celina Fioravanti

A FRATERNIDADE DE ANJOS E DE HOMENS
Geoffrey Hodson

COMUNICAÇÃO COM OS ANJOS E OS DEVAS
Dorothy Maclean

HARMONIZE-SE COM O SEU ANJO DA GUARDA
Anita Godoy

OS ANJOS - Guardiães da Esperança
Terry Lynn Taylor

OS ANJOS RESPONDEM - Um Livro de Mensagens Angélicas
Terry Lynn Taylor

OS ANJOS INSPIRADORES DA CRIATIVIDADE
Terry Lynn Taylor

NA PRESENÇA DOS ANJOS
Histórias Reais de Pessoas que Tiveram Contato com seus Anjos da Guarda
Robert C. Smith

OS ANJOS QUE REGEM A NOSSA VIDA - Um Guia Espiritual
John Randolph Price

CONTATOS COM O ANJO DA GUARDA
Penny McLean

NOSSOS GUIAS ESPIRITUAIS
Penny McLean

OS ANJOS - Espíritos Protetores
Penny McLean

GUIAS ESPIRITUAIS - Não Estamos Sozinhos
Iris Belhayes

REDESCOBRINDO OS ANJOS e os Habitantes Alados da Eternidade
Flower A. Newhouse